DIDEROT
SELECTED PHILOSOPHICAL WRITINGS

DIDEROT, *Denis*

SELECTED PHILOSOPHICAL WRITINGS

EDITED BY

J. LOUGH

Professor of French in the Durham Colleges
University of Durham

CAMBRIDGE
AT THE UNIVERSITY PRESS
1953

PUBLISHED BY
THE SYNDICS OF THE CAMBRIDGE UNIVERSITY PRESS

London Office: Bentley House, N.W. 1
American Branch: New York

Agents for Canada, India, and Pakistan: Macmillan

Printed in Great Britain at the University Press, Cambridge
(Brooke Crutchley, University Printer)

CONTENTS

PREFACE

The purpose of this selection is to provide both the general reader and the university student with the text of Diderot's more important philosophical writings. Books and articles on Diderot pour forth from the printing presses.[1] At long last critical editions of his works are beginning to make their appearance. And yet in recent years one has searched in vain in catalogues and bookshops for reprints of his better known philosophical works. As the main need at present is for the text of Diderot, none of the limited space at the editor's disposal has been given up to a discussion of the complexities and contradictions in Diderot's ideas, since, if attempted at all, such a study would require a substantial portion of the book: everything has been sacrificed to the main purpose of packing as much as possible of Diderot's writings into the space available.

In less than 250 pages there is clearly no room for anything but a severely limited number of works. To print all Diderot's writings on philosophical subjects, including the relevant articles from the *Encyclopédie* and all those of his letters which throw light on the development of his ideas, would require several volumes. After much anxious thought and counting of words, the choice was finally limited to five works which, spread over some thirty years of Diderot's career as a writer, seemed to offer as representative a selection as was possible. The one regrettable omission is the *Lettre sur les Aveugles*; but it could only have been included by sacrificing one or more of the works reproduced here.

A brief bibliographical note precedes each of the five works reprinted here. Much valuable material for footnotes has been provided by previous editors, but all of it has been carefully

[1] See H. Dieckmann, 'Bibliographical Data on Diderot' in *Washington University Studies, Language and Literature*, No. 14, pp. 181–220; and Jean Fabre's critical edition of the *Neveu de Rameau* (Geneva-Lille, 1950), pp. 287–329.

sifted, and an attempt has been made to deal with points hitherto ignored, particularly those which are likely to cause difficulties to English-speaking readers. Annotation is, of course, necessarily brief and reduced to bare essentials.

Though nothing in the nature of a critical edition is offered, great pains have been taken to secure the most reliable text available for each of the works selected. Thanks are due to M. Paul Vernière and M. J. Martino for permission to reproduce the text of the critical edition of the *Entretien entre d'Alembert et Diderot*, the *Rêve de d'Alembert* and the *Suite de l'Entretien*, published by the Société des Textes Français Modernes (Paris, 1951). Spelling and punctuation have been modernized throughout, and one or two obvious misprints corrected. References to the *Œuvres Complètes* are to the edition of Diderot's works in twenty volumes published by Assézat and Tourneux between 1875 and 1877.

It is hoped that the texts made available here will be of service both in universities and among a wider reading public.

J. L.

CAMBRIDGE
October 1951

PENSÉES PHILOSOPHIQUES

Quis leget hæc? PERS. *Sat.* I.

According to Diderot's daughter, the *Pensées philosophiques* were composed between Good Friday and Easter Sunday 1746. The title-page of the first edition: Pensées / Philosophiques. / *Piscis hic non est omnium.* / A La Haye, / Aux dépens de la Compagnie. / M. DCC. XLVI. reveals the name of neither author nor publisher. The book was actually published in Paris by Laurent Durand who gave Diderot 50 louis for it. On 7 July the Paris Parlement ordered the work to be burnt by the hangman, but as no action was taken against the author, Diderot was no doubt grateful for such publicity. Three years later, when imprisoned at Vincennes after the publication of the *Lettre sur les Aveugles*, he admitted to the authorities that he was responsible for the work, describing its contents as 'des intempérances d'esprit qui me sont échappées'. The work had a considerable success as altogether at least fifteen editions of it appeared, in one form or another, during Diderot's lifetime (cf. the critical edition, ed. by R. Niklaus, Geneva-Lille, 1950).

The text which follows is that of the first edition. Lack of space has compelled the omission of the later *Addition aux Pensées Philosophiques* (*Œuvres Complètes*, I, 158–70).

J'écris de Dieu; je compte sur peu de lecteurs, et n'aspire qu'à quelques suffrages. Si ces pensées ne plaisent à personne, elles pourront n'être que mauvaises; mais je les tiens pour détestables, si elles plaisent à tout le monde.

I. On déclame sans fin contre les passions; on leur impute toutes les peines de l'homme, et l'on oublie qu'elles sont aussi la source de tous ses plaisirs. C'est dans sa constitution un élément dont on ne peut dire ni trop de bien ni trop de mal. Mais ce qui me donne de l'humeur, c'est qu'on ne les regarde jamais que du mauvais côté. On croirait faire injure à la raison, si l'on disait un mot en faveur de ses rivales. Cependant il n'y a que les passions, et les grandes passions, qui puissent élever l'âme aux grandes choses. Sans elles, plus de sublime, soit dans les mœurs, soit dans les ouvrages; les beaux-arts retournent en enfance, et la vertu devient minutieuse.

II. Les passions sobres font les hommes communs. Si j'attends l'ennemi, quand il s'agit du salut de ma patrie, je ne suis qu'un citoyen ordinaire. Mon amitié n'est que circonspecte, si le péril d'un ami me laisse les yeux ouverts sur le mien. La vie m'est-elle plus chère que ma maîtresse? Je ne suis qu'un amant comme un autre.

III. Les passions amorties dégradent les hommes extraordinaires. La contrainte anéantit la grandeur et l'énergie de la nature. Voyez cet arbre; c'est au luxe de ses branches que vous devez la fraîcheur et l'étendue de ses ombres: vous en jouirez jusqu'à ce que l'hiver vienne le dépouiller de sa chevelure. Plus d'excellence en poésie, en peinture, en musique, lorsque la supersition aura fait sur le tempérament l'ouvrage de la vieillesse.

IV. Ce serait donc un bonheur, me dira-t-on, d'avoir les passions fortes? Oui, sans doute, si toutes sont à l'unisson. Établissez entre elles une juste harmonie, et n'en appréhendez point de désordres. Si l'espérance est balancée par la crainte, le point d'honneur par l'amour de la vie, le penchant au plaisir par l'intérêt de la santé, vous ne verrez ni libertins, ni téméraires, ni lâches.

V. C'est le comble de la folie, que de se proposer la ruine des passions. Le beau projet que celui d'un dévot qui se tourmente comme un forcené pour ne rien désirer, ne rien aimer, ne rien sentir, et qui finirait par devenir un vrai monstre s'il réussissait!

VI. Ce qui fait l'objet de mon estime dans un homme pourrait-il être l'objet de mes mépris dans un autre? Non, sans doute. Le vrai, indépendant de mes caprices, doit être la règle de mes jugements; et je ne ferai point un crime à celui-ci de ce que j'admirerai dans celui-là comme une vertu. Croirai-je qu'il était réservé à quelques-uns de pratiquer des actes de perfection que la nature et la religion doivent ordonner indifféremment à tous? Encore moins; car d'où leur viendrait ce privilège exclusif? Si Pacôme[1] a bien fait de rompre avec le genre humain pour s'enterrer dans une solitude, il ne m'est pas défendu de l'imiter: en l'imitant, je serai tout aussi vertueux que lui; et je ne devine pas pourquoi cent autres n'auraient pas le même droit que moi. Cependant il ferait beau voir une province entière, effrayée des dangers de la société, se disperser dans les forêts; ses habitants vivre en bêtes farouches pour se sanctifier; mille colonnes élevées sur les ruines de toutes affections sociales; un nouveau peuple de stylites[2] se dépouiller, par religion, des sentiments de la nature, cesser d'être hommes, et faire les statues pour être vrais chrétiens.

VII. Quelles voix! quels cris! quels gémissements! Qui a renfermé dans ces cachots tous ces cadavres plaintifs? Quels crimes ont commis tous ces malheureux? Les uns se frappent la poitrine avec des cailloux; d'autres se déchirent le corps avec des ongles de fer; tous ont les regrets, la douleur et la mort dans les yeux. Qui les condamne à ces tourments?... *Le Dieu qu'ils ont offensé...* Quel est donc ce Dieu?... *Un Dieu plein de bonté...* Un Dieu plein de bonté trouverait-il du plaisir à se baigner dans les larmes? Les frayeurs ne feraient-elles pas injure à sa clémence? Si des criminels avaient à calmer les fureurs d'un tyran, que feraient-ils de plus?

VIII. Il y a des gens dont il ne faut pas dire qu'ils craignent Dieu, mais bien qu'ils en ont peur.

IX. Sur le portrait qu'on me fait de l'Être suprême, sur son penchant à la colère, sur la rigueur de ses vengeances, sur certaines comparaisons qui nous expriment en nombres le rapport de ceux qu'il laisse périr à ceux à qui il daigne tendre la main, l'âme la plus

---

[1] Pachomius, a fourth-century saint.
[2] 'Surnom donné à quelques solitaires chrétiens qui avaient placé leurs cellules au-dessus de portiques ou de colonnes' (LITTRÉ).

droite serait tentée de souhaiter qu'il n'existât pas. L'on serait assez tranquille en ce monde, si l'on était bien assuré que l'on n'a rien à craindre dans l'autre: la pensée qu'il n'y a point de Dieu n'a jamais effrayé personne, mais bien celle qu'il y en a un tel que celui qu'on me peint.

X. Il ne faut imaginer Dieu ni trop bon, ni méchant. La justice est entre l'excès de la clémence et la cruauté, ainsi que les peines finies sont entre l'impunité et les peines éternelles.

XI. Je sais que les idées sombres de la superstition sont plus généralement approuvées que suivies; qu'il est des dévots qui n'estiment pas qu'il faille se haïr cruellement pour bien aimer Dieu, et vivre en désespérés pour être religieux: leur dévotion est enjouée, leur sagesse est fort humaine; mais d'où naît cette différence de sentiments entre des gens qui se prosternent au pied des mêmes autels? La piété suivrait-elle aussi la loi de ce maudit tempérament? Hélas! comment en disconvenir? Son influence ne se remarque que trop sensiblement dans le même dévot: il voit, selon qu'il est affecté, un Dieu vengeur ou miséricordieux, les enfers ou les cieux ouverts; il tremble de frayeur ou il brûle d'amour; c'est une fièvre qui a ses accès froids et chauds.

XII. Oui, je le soutiens, la superstition est plus injurieuse à Dieu que l'athéisme. 'J'aimerais mieux', dit Plutarque,[1] 'qu'on pensât qu'il n'y eut jamais de Plutarque au monde, que de croire que Plutarque est injuste, colère, inconstant, jaloux, vindicatif, et tel qu'il serait bien fâché d'être.'

XIII. Le déiste seul peut faire tête à l'athée. Le superstitieux n'est pas de sa force. Son Dieu n'est qu'un être d'imagination. Outre les difficultés de la matière, il est exposé à toutes celles qui résultent de la fausseté de ses notions. Un C...,[2] un S...[3]

---

[1] In *De Superstitione*.

[2] Ralph Cudworth (1617–88), one of the leading Cambridge Platonists.

[3] Anthony Ashley Cooper, third Earl of Shaftesbury (1671–1713). In the previous year Diderot had published a translation of his *Inquiry concerning Virtue or Merit*; several parts of the *Pensées Philosophiques* show that he was still strongly influenced by him.

auraient été mille fois plus embarrassants pour un Vanini,[1] que tous les Nicole[2] et les Pascal* du monde.

XIV. Pascal avait de la droiture; mais il était peureux et crédule. Élégant écrivain et raisonneur profond, il eût sans doute éclairé l'univers, si la Providence ne l'eût abandonné à des gens qui sacrifièrent ses talents à leurs haines. Qu'il serait à souhaiter qu'il eût laissé aux théologiens de son temps le soin de vider leurs querelles; qu'il se fût livré à la recherche de la vérité, sans réserve et sans crainte d'offenser Dieu, en se servant de tout l'esprit qu'il en avait reçu, et surtout qu'il eût refusé pour maîtres des hommes qui n'étaient pas dignes d'être ses disciples! On pourrait bien lui appliquer ce que l'ingénieux La Mothe[3] disait de La Fontaine: Qu'il fut assez bête pour croire qu'Arnauld,[4] de Sacy[5] et Nicole valaient mieux que lui.

XV. 'Je vous dis qu'il n'y a point de Dieu; que la création est une chimère; que l'éternité du monde n'est pas plus incommode que l'éternité d'un esprit; que, parce que je ne conçois pas comment le mouvement a pu engendrer cet univers qu'il a si bien la vertu de conserver, il est ridicule de lever cette difficulté par l'existence supposée d'un être que je ne conçois pas davantage; que, si les merveilles qui brillent dans l'ordre physique décèlent quelque intelligence, les désordres qui règnent dans l'ordre moral anéantissent toute Providence. Je vous dis que, si tout est l'ouvrage d'un Dieu, tout doit être le mieux qu'il est possible: car, si tout n'est pas le mieux qu'il est possible, c'est en Dieu impuissance ou mauvaise volonté. C'est donc pour le mieux que je ne suis pas plus éclairé sur son existence: cela posé, qu'ai-je à faire de vos lumières? Quand il serait aussi démontré qu'il l'est peu que tout mal est la source d'un bien; qu'il était bon qu'un

---

* Jansénistes célèbres.
[1] The Italian materialist philosopher, Lucilio Vanini (b. 1585), who was burnt at the stake at Toulouse in 1619.
[2] Pierre Nicole (1625–95), Jansenist philosopher and theologian.
[3] The poet, Houdar de Lamotte (1672–1731).
[4] Antoine Arnauld (1612–94), Jansenist theologian.
[5] Louis Isaac Le Maistre de Sacy (1613–84), Jansenist writer.

Britannicus, que le meilleur des princes pérît; qu'un Néron, que le plus méchant des hommes régnât; comment prouverait-on qu'il était impossible d'atteindre au même but sans user des mêmes moyens? Permettre des vices pour relever l'éclat des vertus, c'est un bien frivole avantage pour un inconvénient si réel.' Voilà, dit l'athée, ce que je vous objecte; qu'avez-vous à répondre?... 'Que je suis un scélérat, et que si je n'avais rien à craindre de Dieu, je n'en combattrais pas l'existence.' Laissons cette phrase aux déclamateurs: elle peut choquer la vérité; l'urbanité la défend, et elle marque peu de charité. Parce qu'un homme a tort de ne pas croire en Dieu, avons-nous raison de l'injurier? On n'a recours aux invectives que quand on manque de preuves. Entre deux controversistes, il y a cent à parier contre un que celui qui aura tort se fâchera. 'Tu prends ton tonnerre au lieu de répondre', dit Ménippe[1] à Jupiter; 'tu as donc tort?'

XVI. On demandait un jour à quelqu'un s'il y avait de vrais athées. Croyez-vous, répondit-il, qu'il y ait de vrais chrétiens?

XVII. Toutes les billevesées de la métaphysique ne valent pas un argument *ad hominem*. Pour convaincre, il ne faut quelquefois que réveiller le sentiment ou physique ou moral. C'est avec un bâton qu'on a prouvé au pyrrhonien qu'il avait tort de nier son existence. Cartouche,[2] le pistolet à la main, aurait pu faire à Hobbes une pareille leçon: 'La bourse ou la vie; nous sommes seuls, je suis le plus fort, et il n'est pas question entre nous d'équité.'

XVIII. Ce n'est pas de la main du métaphysicien que sont partis les grands coups que l'athéisme a reçus. Les méditations sublimes de Malebranche et de Descartes étaient moins propres à ébranler le matérialisme qu'une observation de Malpighi.[3] Si cette dangereuse hypothèse chancèle de nos jours, c'est à la physique expérimentale que l'honneur en est dû. Ce n'est que dans les ouvrages de Newton, de Musschenbroek,[4] d'Hartsoeker[5]

---

[1] Menippus, the Cynic philosopher (third century B.C.).
[2] A famous highwayman, executed in 1721.
[3] Marcello Malpighi (1628–94), Italian anatomist and naturalist.
[4] Pieter van Musschenbroek (1692–1761), Dutch scientist.
[5] Nicolas Hartsoeker (1656–1725), Dutch doctor and scientist.

et de Nieuwentyt,[1] qu'on a trouvé des preuves satisfaisantes de l'existence d'un être souverainement intelligent. Grâce aux travaux de ces grands hommes, le monde n'est plus un dieu, c'est une machine qui a ses roues, ses cordes, ses poulies, ses ressorts et ses poids.

XIX. Les subtilités de l'ontologie ont fait tout au plus des sceptiques; c'est à la connaissance de la nature qu'il était réservé de faire de vrais déistes. La seule découverte des germes a dissipé une des plus puissantes objections de l'athéisme. Que le mouvement soit essentiel ou accidentel à la matière, je suis maintenant convaincu que ses effets se terminent à des développements: toutes les observations concourent à me démontrer que la putréfaction seule ne produit rien d'organisé;[2] je puis admettre que le mécanisme de l'insecte le plus vil n'est pas moins merveilleux que celui de l'homme, et je ne crains pas qu'on en infère qu'une agitation intestine des molécules étant capable de donner l'un, il est vraisemblable qu'elle a donné l'autre. Si un athée avait avancé, il y a deux cents ans, qu'on verrait peut-être un jour des hommes sortir tout formés des entrailles de la terre, comme on voit éclore une foule d'insectes d'une masse de chair échauffée, je voudrais bien savoir ce qu'un métaphysicien aurait eu à lui répondre.

XX. C'était en vain que j'avais essayé contre un athée les subtilités de l'école; il avait même tiré de la faiblesse de ces raisonnements une objection assez forte. 'Une multitude de vérités inutiles me sont démontrées sans réplique', disait-il; 'et l'existence de Dieu, la réalité du bien et du mal moral, l'immortalité de l'âme sont encore des problèmes pour moi. Quoi donc! me serait-il moins important d'être éclairé sur ces sujets, que d'être convaincu que les trois angles d'un triangle sont égaux à deux droits?' Tandis qu'en habile déclamateur il me faisait avaler

[1] Bernard Nieuwentyt (1654–1718), Dutch doctor and mathematician.
[2] In 1668 the Italian doctor and naturalist, Francesco Redi (1621–97) had shown that the maggots in rotten meat were not produced by spontaneous generation, but came from eggs laid by flies. (Cf. the discussion of the experiments on the same problem, conducted by Needham, in the *Rêve de d'Alembert*, p. 107.)

à longs traits toute l'amertume de cette réflexion, je rengageai le combat par une question qui dut paraître singulière à un homme enflé de ses premiers succès... Êtes-vous un être pensant? lui demandai-je... 'En pourriez-vous douter?' me répondit-il d'un air satisfait... Pourquoi non? qu'ai-je aperçu qui m'en convainque?... des sons et des mouvements?... Mais le philosophe en voit autant dans l'animal qu'il dépouille de la faculté de penser: pourquoi vous accorderais-je ce que Descartes refuse à la fourmi? Vous produisez à l'extérieur des actes assez propres à m'en imposer; je serais tenté d'assurer que vous pensez en effet; mais la raison suspend mon jugement. 'Entre les actes extérieurs et la pensée, il n'y a point de liaison essentielle', me dit-elle; 'il est possible que ton antagoniste ne pense non plus que sa montre: fallait-il prendre pour un être pensant le premier animal à qui l'on apprit à parler? Qui t'a révélé que tous les hommes ne sont pas autant de perroquets instruits à ton insu?...' 'Cette comparaison est tout au plus ingénieuse', me répliqua-t-il; 'ce n'est pas sur le mouvement et les sons, c'est sur le fil des idées, la conséquence qui règne entre les propositions et la liaison des raisonnements, qu'il faut juger qu'un être pense: s'il se trouvait un perroquet qui répondît à tout, je prononcerais sans balancer que c'est un être pensant... Mais qu'a de commun cette question avec l'existence de Dieu? quand vous m'aurez démontré que l'homme en qui j'aperçois le plus d'esprit n'est peut-être qu'un automate, en serais-je mieux disposé à reconnaître une intelligence dans la nature?...' C'est mon affaire, repris-je: convenez cependant qu'il y aurait de la folie à refuser à vos semblables la faculté de penser. 'Sans doute; mais que s'ensuit-il de là?...' Il s'ensuit que si l'univers, que dis-je l'univers! que si l'aile d'un papillon m'offre des traces mille fois plus distinctes d'une intelligence que vous n'avez d'indices que votre semblable est doué de la faculté de penser, il serait mille fois plus fou de nier qu'il existe un Dieu que de nier que votre semblable pense. Or, que cela soit ainsi, c'est à vos lumières, c'est à votre conscience que j'en appelle: avez-vous jamais remarqué dans les raisonnements, les actions et la conduite de quelque homme que ce soit, plus d'intelligence, d'ordre, de sagacité, de conséquence que dans le mécanisme d'un insecte? La Divinité n'est-elle pas aussi clairement empreinte dans l'œil d'un ciron que la faculté de penser dans les ouvrages du grand Newton? Quoi! le monde formé prouve moins une intelligence que le monde expliqué?... Quelle assertion!.. 'Mais', répliquez-vous, 'j'admets la faculté de penser dans un autre d'autant plus volontiers que je pense moi-même...' Voilà, j'en tombe d'accord, une présomption que je n'ai point; mais n'en suis-je pas dédommagé par la supériorité de mes preuves sur les vôtres? L'intelligence d'un premier être ne m'est-elle pas mieux démontrée dans la nature par ses ouvrages, que la faculté de penser dans un philosophe par ses écrits? Songez donc que je ne vous objectais qu'une aile de papillon, qu'un œil de ciron, quand je pouvais vous écraser du poids de l'univers. Ou je me trompe lourdement, ou cette preuve vaut bien la meilleure qu'on ait encore dictée dans les écoles. C'est sur ce raisonnement, et quelques autres de la même simplicité, que j'admets l'existence d'un Dieu, et non sur ces tissus d'idées sèches et métaphysiques, moins propres à dévoiler la vérité qu'à lui donner l'air du mensonge.

XXI. J'ouvre les cahiers d'un professeur célèbre, et je lis: 'Athées, je vous accorde que le mouvement est essentiel à la matière; qu'en concluez-vous?... que le monde résulte du jet fortuit des atomes? J'aimerais autant que vous me dissiez que l'*Iliade* d'Homère, ou la *Henriade* de Voltaire est un résultat de jets fortuits de caractères.' Je me garderai bien de faire ce raisonnement à un athée: cette comparaison lui donnerait beau jeu. Selon les lois de l'analyse des sorts, me dirait-il, je ne dois point être surpris qu'une chose arrive lorsqu'elle est possible, et que la difficulté de l'événement est compensée par la quantité des jets. Il y a un tel nombre de coups dans lesquels je gagerais, avec avantage, d'amener cent mille six à la fois avec cent mille dés. Quelle que fût la somme finie des caractères avec laquelle on me proposerait d'engendrer fortuitement l'*Iliade*, il y a telle somme finie de jets qui me rendrait la proposition avantageuse: mon avantage serait même infini si la quantité de jets accordée était infinie. Vous voulez bien convenir avec moi, continuerait-il, que la matière existe de toute éternité, et que le mouvement lui est essentiel. Pour répondre à cette faveur, je vais supposer avec vous que le monde n'a point de bornes; que la multitude des atomes était infinie, et que cet ordre qui vous étonne ne se dément nulle part: or, de ces aveux réciproques, il ne s'ensuit autre chose, sinon que la possibilité d'engendrer fortuitement l'univers est très petite, mais que la quantité des jets est infinie, c'est-à-dire que la difficulté de l'événement est plus que suffisamment compensée par la multitude des jets. Donc, si quelque chose doit répugner à la raison, c'est la supposition que, la matière s'étant mue de toute éternité, et qu'y ayant peut-être dans la somme infinie des combinaisons possibles un nombre infini d'arrangements admirables, il ne se soit rencontré aucun de ces arrangements admirables dans la multitude infinie de ceux qu'elle a pris successivement. Donc, l'esprit doit être plus étonné de la durée hypothétique du chaos que de la naissance réelle de l'univers.

XXII. Je distingue les athées en trois classes. Il y en a quelques-uns qui vous disent nettement qu'il n'y a point de Dieu, et qui le pensent: *ce sont les vrais athées*; un assez grand nombre, qui ne savent qu'en penser, et qui décideraient volontiers la question à croix ou pile: *ce sont les athées sceptiques*; beaucoup plus qui voudraient qu'il n'y en eût point, qui font semblant d'en être persuadés, qui vivent comme s'ils l'étaient: *ce sont les fanfarons du parti*. Je déteste les fanfarons; ils sont faux: je plains les vrais athées; toute consolation me semble morte pour eux; *et je prie Dieu* pour les sceptiques; ils manquent de lumières.

XXIII. Le déiste assure l'existence d'un Dieu, l'immortalité de l'âme et ses suites: le sceptique n'est point décidé sur ces articles; l'athée les nie. Le sceptique a donc, pour être vertueux, un motif de plus que l'athée, et quelque raison de moins que le déiste. Sans la crainte du législateur, la pente du tempérament et la connaissance des avantages actuels de la vertu, la probité de l'athée manquerait de fondement, et celle du sceptique serait fondée sur un *peut-être*.

XXIV. Le scepticisme ne convient pas à tout le monde. Il suppose un examen profond et désintéressé: celui qui doute parce qu'il ne connaît pas les raisons de crédibilité n'est qu'un ignorant. Le vrai sceptique a compté et pesé les raisons. Mais ce n'est pas une petite affaire que de peser des raisonnements. Qui de nous en connaît exactement la valeur? Qu'on apporte cent preuves de la même vérité, aucune ne manquera de partisans. Chaque esprit a son télescope. C'est un colosse à mes yeux que cette objection qui disparaît aux vôtres: vous trouvez légère une raison qui m'écrase. Si nous sommes divisés sur la valeur intrinsèque, comment nous accorderons-nous sur le poids relatif? Dites-moi, combien faut-il de preuves morales pour contre-balancer une conclusion métaphysique? Sont-ce mes lunettes qui péchent ou les vôtres? Si donc il est si difficile de peser des raisons, et s'il n'est point de questions qui n'en aient pour et contre, et presque toujours à égale mesure, pourquoi tranchons-nous si vite? D'où nous vient ce ton si décidé? N'avons-nous pas éprouvé cent fois que la suffisance dogmatique révolte? 'On me fait haïr les choses vraisemblables, dit l'auteur des *Essais*, quand on me les plante pour infaillibles. J'aime ces mots qui amollissent et modèrent la témérité de nos propositions, *à l'aventure*, *aucunement*, *quelquefois*, *on dit*, *je pense*, et autres semblables: et si j'eusse eu à dresser des enfans, je leur eusse tant mis en la bouche cette façon de répondre enquestante et non résolutive, *qu'est-ce à dire?* *je ne l'entens pas*, *il pourroit être*, *est-il vrai*, qu'ils eussent plutôt gardé la forme d'apprentifs à soixante ans, que de représenter les docteurs à l'âge de quinze.'[1]

XXV. Qu'est-ce que Dieu? question qu'on fait aux enfants, et à laquelle les philosophes ont bien de la peine à répondre.

On sait à quel âge un enfant doit apprendre à lire, à chanter, à danser, le latin, la géométrie. Ce n'est qu'en matière de religion

---

[1] This quotation is taken, somewhat inaccurately, from Book III, Chap. 11, *Des Boyteux*.

qu'on ne consulte point sa portée; à peine entend-il, qu'on lui demande: Qu'est que Dieu? C'est dans le même instant, c'est de la même bouche qu'il apprend qu'il y a des esprits follets, des revenants, des loups-garous, et un Dieu. On lui inculque une des plus importantes vérités d'une manière capable de la décrier un jour au tribunal de sa raison. En effet, qu'y aura-t-il de surprenant, si, trouvant à l'âge de vingt ans l'existence de Dieu confondue dans sa tête avec une foule de préjugés ridicules, il vient à la méconnaître et à la traiter ainsi que nos juges traitent un honnête homme qui se trouve engagé par accident dans une troupe de coquins?

XXVI. On nous parle trop tôt de Dieu: autre défaut; on n'insiste pas assez sur sa présence. Les hommes ont banni la Divinité d'entre eux; ils l'ont réléguée dans un sanctuaire; les murs d'un temple bornent sa vue; elle n'existe point au delà. Insensés que vous êtes! détruisez ces enceintes qui rétrécissent vos idées; élargissez Dieu; voyez-le partout où il est, ou dites qu'il n'est point. Si j'avais un enfant à dresser, moi, je lui ferais de la Divinité une compagnie si réelle, qu'il lui en coûterait peut-être moins pour devenir athée que pour s'en distraire. Au lieu de lui citer l'exemple d'un autre homme qu'il connaît quelquefois pour plus méchant que lui, je lui dirais brusquement: *Dieu t'entend, et tu mens.* Les jeunes gens veulent être pris par les sens. Je multiplierais donc autour de lui les signes indicatifs de la présence divine. S'il se faisait, par exemple, un cercle chez moi, j'y marquerais une place à Dieu, et j'accoutumerais mon élève à dire: Nous étions quatre, Dieu, mon ami, mon gouverneur et moi.

XXVII. L'ignorance et l'*incuriosité* sont deux oreillers fort doux; mais pour les trouver tels, il faut avoir *la tête aussi bien faite* que Montaigne.[1]

XXVIII. Les esprits bouillants, les imaginations ardentes ne s'accommodent pas de l'indolence du sceptique. Ils aiment mieux hasarder un choix que de n'en faire aucun; se tromper que de vivre incertains: soit qu'ils se méfient de leurs bras, soit qu'ils craignent

[1] See *Essais*, Book III, Chap. 13, 'De l'Experience'.

la profondeur des eaux, on les voit toujours suspendus à des branches dont ils sentent toute la faiblesse, et auxquelles ils aiment mieux demeurer accrochés que de s'abandonner au torrent. Ils assurent tout, bien qu'ils n'aient rien soigneusement examiné: ils ne doutent de rien, parce qu'ils n'en ont ni la patience ni le courage. Sujets à des lueurs qui les décident, si par hasard ils rencontrent la vérité, ce n'est point à tâtons, c'est brusquement, et comme par révélation. Ils sont, entre les dogmatiques, ce qu'on appelle les illuminés chez le peuple dévot. J'ai vu des individus de cette espèce inquiète qui ne concevaient pas comment on pouvait allier la tranquillité d'esprit avec l'indécision. 'Le moyen de vivre heureux sans savoir qui l'on est, d'où l'on vient, où l'on va, pourquoi l'on est venu!' Je me pique d'ignorer tout cela, sans en être plus malheureux, répondait froidement le sceptique: ce n'est point ma faute si j'ai trouvé ma raison muette quand je l'ai questionnée sur mon état. Toute ma vie j'ignorerai sans chagrin ce qu'il m'est impossible de savoir. Pourquoi regretterais-je des connaissances que je n'ai pu me procurer, et qui, sans doute, ne me sont pas fort nécessaires, puisque j'en suis privé? J'aimerais autant, a dit un des premiers génies de notre siècle,[1] m'affliger sérieusement de n'avoir pas quatre yeux, quatre pieds et deux ailes.

XXIX. On doit exiger de moi que je cherche la vérité, mais non que je la trouve. Un sophisme ne peut-il pas m'affecter plus vivement qu'une preuve solide? Je suis nécessité de consentir au faux que je prends pour le vrai, et de rejeter le vrai que je prends pour le faux: mais, qu'ai-je à craindre, si c'est innocemment que je me trompe? L'on n'est point récompensé dans l'autre monde, pour avoir eu de l'esprit dans celui-ci: y serait-on puni pour en avoir manqué? Damner un homme pour de mauvais raisonnements, c'est oublier qu'il est un sot pour le traiter comme un méchant.

[1] Voltaire, in the chapter of the *Lettres philosophiques* entitled 'Sur les Pensées de M. Pascal', § VI. 'Il faudrait autant se désespérer que de n'avoir pas quatre pieds et deux ailes'.

XXX. Qu'est-ce qu'un sceptique? C'est un philosophe qui a douté de tout ce qu'il croit, et qui croit ce qu'un usage légitime de sa raison et de ses sens lui a démontré vrai. Voulez-vous quelque chose de plus précis? rendez sincère le pyrrhonien, et vous aurez le sceptique.

XXXI. Ce qu'on n'a jamais mis en question n'a point été prouvé. Ce qu'on n'a point examiné sans prévention n'a jamais été bien examiné. Le scepticisme est donc le premier pas vers la vérité. Il doit être général, car il en est la pierre de touche. Si, pour s'assurer de l'existence de Dieu, le philosophe commence par en douter, y a-t-il quelque proposition qui puisse se soustraire à cette épreuve?

XXXII. L'incrédulité est quelquefois le vice d'un sot, et la crédulité le défaut d'un homme d'esprit. L'homme d'esprit voit loin dans l'immensité des possibles; le sot ne voit guère de possible que ce qui est. C'est là peut-être ce qui rend l'un pusillanime, et l'autre téméraire.

XXXIII. On risque autant à croire trop, qu'à croire trop peu. Il n'y a ni plus ni moins de danger à être polythéiste qu'athée: or, le scepticisme peut seul garantir également, en tout temps et en tout lieu, de ces deux excès opposés.

XXXIV. Un semi-scepticisme est la marque d'un esprit faible; il décèle un raisonneur pusillanime, qui se laisse effrayer par les conséquences; un superstitieux, qui croit honorer son Dieu par les entraves où il met sa raison; une espèce d'incrédule, qui craint de se démasquer à lui-même: car si la vérité n'a rien à perdre à l'examen, comme en est convaincu le semi-sceptique, que pense-t-il au fond de son âme de ces notions privilégiées qu'il appréhende de sonder, et qui sont placées dans un recoin de sa cervelle, comme dans un sanctuaire dont il n'ose approcher?

XXXV. J'entends crier de toute part à l'impiété. Le chrétien est impie en Asie, le musulman en Europe, le papiste à Londres, le calviniste à Paris, le janséniste au haut de la rue Saint-Jacques,[1]

---

[1] Where the Jesuit Collège de Clermont (later Louis-le-Grand) was situated.

le moliniste[1] au fond du faubourg Saint-Médard.[2] Qu'est-ce donc qu'un impie? Tout le monde l'est-il, ou personne?

XXXVI. Quand les dévots se déchaînent contre le scepticisme, il me semble qu'ils entendent mal leur intérêt, ou qu'ils se contredisent. S'il est certain qu'un culte vrai, pour être embrassé, et qu'un faux culte, pour être abandonné, n'ont besoin que d'être bien connus, il serait à souhaiter qu'un doute universel se répandît sur la surface de la terre, et que tous les peuples voulussent bien mettre en question la vérité de leurs religions: nos missionnaires trouveraient la bonne moitié de leur besogne faite.

XXXVII. Celui qui ne conserve pas par choix le culte qu'il a reçu par éducation, ne peut non plus se glorifier d'être chrétien ou musulman, que de n'être point né aveugle ou boiteux. C'est un bonheur, et non pas un mérite.

XXXVIII. Celui qui mourrait pour un culte dont il connaîtrait la fausseté, serait un enragé.

Celui qui meurt pour un culte faux, mais qu'il croit vrai, ou pour un culte vrai, mais dont il n'a point de preuves, est un fanatique.

Le vrai martyr est celui qui meurt pour un culte vrai, et dont la vérité lui est démontrée.

XXXIX. Le vrai martyr attend la mort; l'enthousiaste[3] y court.

XL. Celui qui, se trouvant à la Mecque, irait insulter aux cendres de Mahomet,[4] renverser ses autels, et troubler toute une mosquée, se ferait empaler, à coup sûr, et ne serait peut-être pas canonisé. Ce zèle n'est plus à la mode. Polyeucte ne serait de nos jours qu'un insensé.

[1] The name derives from Luis Molina (1535–1600), a Spanish Jesuit, who propounded the doctrine of 'sufficient' grace in 1588, and was used to designate those who supported the Jesuits in their controversy with the Jansenists.

[2] Among the Jansenists (cf. *Pensées* LI, LIII and LIV).

[3] 'Visionnaire qui se croit inspiré' (LITTRÉ).

[4] In his *Pensées raisonnables opposées aux Pensées philosophiques* (Berlin, 1749), Formey enjoyed pointing out to Diderot that Mohammed's tomb is at Medina, not Mecca.

XLI. Le temps des révélations, des prodiges et des missions extraordinaires est passé. Le christianisme n'a plus besoin de cet échafaudage. Un homme qui s'aviserait de jouer parmi nous le rôle de Jonas,[1] de courir les rues en criant: 'Encore trois jours, et Paris ne sera plus: Parisiens, faites pénitence, couvrez-vous de sacs et de cendres, ou dans trois jours vous périrez', serait incontinent saisi et traîné devant un juge, qui ne manquerait pas de l'envoyer aux Petites-Maisons. Il aurait beau dire: 'Peuples, Dieu vous aime-t-il moins que le Ninivite? Êtes-vous moins coupables que lui?' On ne s'amuserait point à lui répondre; et pour le traiter en visionnaire, on n'attendrait pas le terme de sa prédiction.

Élie[2] peut revenir de l'autre monde quand il voudra; les hommes sont tels, qu'il fera de grands miracles s'il est bien accueilli dans celui-ci.

XLII. Lorsqu'on annonce au peuple un dogme qui contredit la religion dominante, ou quelque fait contraire à la tranquillité publique, justifiât-on sa mission par des miracles, le gouvernement a droit de sévir, et le peuple de crier: *Crucifige.* Quel danger n'y aurait-il pas à abandonner les esprits aux séductions d'un imposteur, ou aux rêveries d'un visionnaire? Si le sang de Jésus-Christ a crié vengeance contre les Juifs, c'est qu'en le répandant, ils fermaient l'oreille à la voix de Moïse et des Prophètes, qui le déclaraient le Messie. Un ange vînt-il à descendre des cieux, appuyât-il ses raisonnements par des miracles, s'il prêche contre la loi de Jésus-Christ, Paul veut qu'on lui dise anathème. Ce n'est donc pas par les miracles qu'il faut juger de la mission d'un homme, mais c'est par la conformité de sa doctrine avec celle du peuple auquel il se dit envoyé, *surtout lorsque la doctrine de ce peuple est démontrée vraie.*

XLIII. Toute innovation est à craindre dans un gouvernement. La plus sainte et la plus douce des religions, le christianisme même

---

[1] 'And Jonah...cried, and said, Yet forty days, and Nineveh shall be overthrown' (Book of Jonah iii. 4).
[2] The prophet Elijah.

ne s'est pas affermi sans causer quelques troubles. Les premiers enfants de l'Église sont sortis plus d'une fois de la modération et de la patience qui leur étaient prescrites. Qu'il me soit permis de rapporter ici quelques fragments d'un édit de l'empereur Julien;[1] ils caractériseront à merveille le génie de ce prince philosophe, et l'humeur des zélés de son temps.

'J'avais imaginé', dit Julien, 'que les chefs des Galiléens sentiraient combien mes procédés sont différents de ceux de mon prédécesseur, et qu'ils m'en sauraient quelque gré: ils ont souffert sous son règne l'exil et les prisons; et l'on a passé au fil de l'épée une multitude de ceux qu'ils appellent entre eux hérétiques... Sous le mien, on a rappelé les exilés, élargi les prisonniers, et rétabli les proscrits dans la possession de leurs biens. Mais telle est l'inquiétude et la fureur de cette espèce d'hommes, que, depuis qu'ils ont perdu le privilège de se dévorer les uns les autres, de tourmenter et ceux qui sont attachés à leurs dogmes, et ceux qui suivent la religion autorisée par les lois, ils n'épargnent aucun moyen, ne laissent échapper aucune occasion d'exciter des révoltes; gens sans égard pour la vraie piété, et sans respect pour nos constitutions... Toutefois nous n'entendons pas qu'on les traîne au pied de nos autels, et qu'on leur fasse violence... Quant au menu peuple, il paraît que ce sont ses chefs qui fomentent en lui l'esprit de sédition; furieux qu'ils sont des bornes que nous avons mises à leurs pouvoirs; car nous les avons bannis de nos tribunaux, et ils n'ont plus la commodité de disposer des testaments, de supplanter les héritiers légitimes, et de s'emparer des successions... C'est pourquoi nous défendons à ce peuple de s'assembler en tumulte, et de cabaler chez ses prêtres séditieux... Que cet édit fasse la sûreté de nos magistrats que les mutins ont insultés plus d'une fois, et mis en danger d'être lapidés... Qu'ils se rendent paisiblement chez leurs chefs, qu'ils

---

[1] Julian, Roman Emperor 361–363 A.D. (commonly called Julian the Apostate), who was brought up in the doctrines of Christianity, attempted on his accession to revive paganism. He is frequently eulogized in the writings of the *Philosophes*. The extracts quoted here come from the Epistle to the Bostrenians.

y prient, qu'ils s'y instruisent, et qu'ils y satisfassent au culte qu'ils en ont reçu; nous le leur permettons: mais qu'ils renoncent à tout dessein factieux... Si ces assemblées sont pour eux une occasion de révolte, ce sera à leurs risques et fortunes; je les en avertis... Peuples incrédules, vivez en paix... Et vous qui êtes demeurés fidèles à la religion de votre pays et aux dieux de vos pères, ne persécutez point des voisins, des concitoyens, dont l'ignorance est encore plus à plaindre que la méchanceté n'est à blâmer... C'est par la raison et non par la violence qu'il faut ramener les hommes à la vérité. Nous vous enjoignons donc à vous tous, nos fidèles sujets, de laisser en repos les Galiléens.'

Tels étaient les sentiments de ce prince, à qui l'on peut reprocher le paganisme, mais non l'apostasie: il passa les premières années de sa vie sous différents maîtres, et dans différentes écoles, et fit, dans un âge plus avancé, un choix infortuné: il se décida malheureusement pour le culte de ses aïeux et les dieux de son pays.

XLIV. Une chose qui m'étonne, c'est que les ouvrages de ce savant empereur soient parvenus jusqu'à nous. Ils contiennent des traits qui ne nuisent point à la vérité du christianisme, mais qui sont assez désavantageux à quelques chrétiens de son temps, pour qu'ils se sentissent de l'attention singulière que les Pères de l'Église ont eue de supprimer les ouvrages de leurs ennemis. C'est apparemment de ces prédécesseurs que saint Grégoire le Grand[1] avait hérité du zèle barbare qui l'anima contre les lettres et les arts. S'il n'eût tenu qu'à ce pontife, nous serions dans le cas des mahométans, qui en sont réduits pour toute lecture à celle de leur Alcoran. Car quel eût été le sort des anciens écrivains, entre les mains d'un homme qui solécisait par principe de religion; qui s'imaginait qu'observer les règles de la grammaire, c'était soumettre Jésus-Christ à Donat,[2] et qui se crut obligé en conscience de combler les ruines de l'antiquité?

XLV. Cependant, la divinité des Écritures n'est point un caractère si clairement empreint en elles, que l'autorité des

---

[1] Gregory I, Pope from 590 to 604.   [2] Fourth-century Latin grammarian.

historiens sacrés soit absolument indépendante du témoignage des auteurs profanes. Où en serions-nous, s'il fallait reconnaître le doigt de Dieu dans la forme de notre Bible! Combien la version latine n'est-elle pas misérable? Les originaux mêmes ne sont pas des chefs-d'œuvre de composition. Les prophètes, les apôtres et les évangélistes ont écrit comme ils y entendaient. S'il nous était permis de regarder l'histoire du peuple hébreu comme une simple production de l'esprit humain, Moïse et ses continuateurs ne l'emporteraient pas sur Tite-Live, Salluste, César et Josèphe,[1] tous gens qu'on ne soupçonne pas assurément d'avoir écrit par inspiration. Ne préfère-t-on pas même le jésuite Berruyer[2] à Moïse? On conserve dans nos églises des tableaux qu'on nous assure avoir été peints par des anges et par la Divinité même: si ces morceaux étaient sortis de la main de Le Sueur ou de Le Brun,[3] que pourrais-je opposer à cette tradition immémoriale? Rien du tout, peut-être. Mais quand j'observe ces célestes ouvrages, et que je vois à chaque pas les règles de la peinture violées dans le dessin et dans l'exécution, le vrai de l'art abandonné partout, ne pouvant supposer que l'ouvrier était un ignorant, il faut bien que j'accuse la tradition d'être fabuleuse. Quelle application ne ferais-je point de ces tableaux aux saintes Écritures, si je ne savais combien il importe peu que ce qu'elles contiennent soit bien ou mal dit? Les prophètes se sont piqués de dire vrai, et non pas de bien dire. Les apôtres sont-ils morts pour autre chose que pour la vérité de ce qu'ils ont dit ou écrit? Or, pour en revenir au point que je traite, de quelle conséquence n'était-il pas de conserver des auteurs profanes qui ne pouvaient manquer de s'accorder avec les auteurs sacrés, au moins sur l'existence et les miracles de Jésus-Christ, sur les qualités et le caractère de Ponce-Pilate, et sur les actions et le martyre des premiers chrétiens?

---

[1] Flavius Josephus (A.D. 37–c. 98), Jewish historian.

[2] Joseph-Isaac Berruyer (1681–1758), whose *Histoire du peuple de Dieu* (1728–) was condemned by the ecclesiastical authorities for its very worldly style, but none the less enjoyed a great vogue.

[3] Eustache Le Sueur (1616–55) and Charles Le Brun (1619–90).

XLVI. Un peuple entier, me direz-vous, est témoin de ce fait; oserez-vous le nier? Oui, j'oserai, tant qu'il ne me sera pas confirmé par l'autorité de quelqu'un qui ne soit pas de votre parti, et que j'ignorerai que ce quelqu'un était incapable de fanatisme et de séduction. Il y a plus. Qu'un auteur d'une impartialité avouée[1] me raconte qu'un gouffre s'est ouvert au milieu d'une ville; que les dieux consultés sur cet événement ont répondu qu'il se refermera si l'on y jette ce que l'on possède de plus précieux; qu'un brave chevalier s'y est précipité, et que l'oracle s'est accompli: je le croirai beaucoup moins que s'il eût dit simplement qu'un gouffre s'étant ouvert, on employa un temps et des travaux considérables pour le combler. Moins un fait a de vraisemblance, plus le témoignage de l'histoire perd de son poids. Je croirais sans peine un seul honnête homme qui m'annoncerait *que Sa Majesté vient de remporter une victoire complète sur les alliés*;[2] mais tout Paris m'assurerait qu'un mort vient de ressusciter à Passy, que je n'en croirais rien. Qu'un historien nous en impose, ou que tout un peuple se trompe, ce ne sont pas des prodiges.

XLVII. Tarquin projette d'ajouter de nouveaux corps de cavalerie à ceux que Romulus avait formés. Un augure lui soutient que toute innovation dans cette milice est sacrilège, si les dieux ne l'ont autorisée. Choqué de la liberté de ce prêtre, et résolu de le confondre et de décrier en sa personne un art qui croisait son autorité, Tarquin le fait appeler sur la place publique, et lui dit: 'Devin, ce que je pense est-il possible? Si ta science est telle que tu la vantes, elle te met en état de répondre.' L'augure ne se déconcerte point, consulte les oiseaux et répond: 'Oui, prince, ce que tu penses se peut faire.' Lors Tarquin, tirant un rasoir de dessous sa robe, et prenant à la main un caillou: 'Approche', dit-il au devin, 'coupe-moi ce caillou avec ce rasoir; car j'ai pensé que cela se pouvait.' Navius, c'est le nom de l'augure, se tourne vers le peuple, et dit avec assurance: 'Qu'on

---

[1] The story of the knight, Marcus Curtius, is related by Livy (Book VI, Chap. 6).
[2] France was then engaged in the War of the Austrian Succession.

applique le rasoir au caillou, et qu'on me traîne au supplice, s'il n'est divisé sur-le-champ.' L'on vit en effet, contre toute attente, la dureté du caillou céder au tranchant du rasoir: ses parties se séparent si promptement que le rasoir porte sur la main de Tarquin, et en tire du sang. Le peuple étonné fait des acclamations; Tarquin renonce à ses projets, et se déclare protecteur des augures; on enferme sous un autel le rasoir et les fragments du caillou. On élève une statue au devin: cette statue subsistait encore sous le règne d'Auguste; et l'antiquité profane et sacrée nous atteste la vérité de ce fait, dans les écrits de Lactance,[1] de Denys d'Halicarnasse,[2] et de saint Augustin.

Vous avez entendu l'histoire; écoutez la superstition. 'Que répondez-vous à cela? Il faut, dit le superstitieux Quintus à Cicéron son frère, il faut se précipiter dans un monstrueux pyrrhonisme, traiter les peuples et les historiens de stupides, et brûler les annales, ou convenir de ce fait. Nierez-vous tout, plutôt que d'avouer que les dieux se mêlent de nos affaires?'

Hoc ego philosophi non arbitror testibus uti, qui aut casu veri aut malitia falsi, fictique esse possunt. Argumentis et rationibus oportet, quare quidque ita sit, docere, non eventis, iis præsertim quibus mihi non liceat credere...[3] Omitte igitur lituum Romuli, quem in maximo incendio negas potuisse comburi? Contemne cotem Accii Navii? Nihil debet esse in philosophia commentitiis fabellis loci. Illud erat philosophi, totius augurii primum naturam ipsam videre, deinde Inventionem, deinde Constantiam... Habent Etrusci exaratum puerum auctorem disciplinæ suæ. Nos quem? Accium ne Navium?... Placet igitur humanitatis expertes habere Divinitatis auctores?[4]

---

[1] Lactantius, Christian apologist, born c. A.D. 250.

[2] Dionysius of Halicarnassus, Greek historian (*fl. c.* 25 B.C.).

[3] Cicero, *De Divinatione*, Book II, Chap. 11: 'I think that a philosopher ought not to use evidence which may be true by accident, or false and fictitious through malice. It behoves you to show by reason and argument why each circumstance happens as it does, rather than by events, especially when they are such that it is open to me to disbelieve them.'

[4] *Ibid.* Chap. 37: 'I say nothing then of the staff of Romulus, which you say remained unconsumed by fire in the midst of a general conflagration, and pass over the whetstone of Attius Navius. Such fables as these should not be admitted into

Mais c'est la croyance des rois, des peuples, des nations et du monde. *Quasi vere quidquam sit tam valde, quam nihil sapere vulgare? Aut quasi tibi ipsi in judicando placeat multitudo.*[1] Voilà la réponse du philosophe. Qu'on me cite un seul prodige auquel elle ne soit pas applicable! Les Pères de l'Église, qui voyaient sans doute de grands inconvénients à se servir des principes de Cicéron, ont mieux aimé convenir de l'aventure de Tarquin et attribuer l'art de Navius au diable. C'est une belle machine que le diable!

XLVIII. Tous les peuples ont de ces faits, à qui, pour être merveilleux, il ne manque que d'être vrais; avec lesquels on démontre tout, mais qu'on ne prouve point; qu'on n'ose nier sans être impie, et qu'on ne peut croire sans être imbécile.

XLIX. Romulus, frappé de la foudre ou massacré par les sénateurs, disparaît d'entre les Romains. Le peuple et le soldat en murmurent. Les ordres de l'État se soulèvent les uns contre les autres; et Rome naissante, divisée au dedans, et environnée d'ennemis au dehors, était au bord du précipice, lorsqu'un certain Proculeius s'avance gravement et dit: 'Romains, ce prince, que vous regrettez, n'est point mort: il est monté aux cieux, où il est assis à la droite de Jupiter. Va, m'a-t-il dit, calme tes concitoyens, annonce-leur que Romulus est entre les dieux; assure-les de ma protection; qu'ils sachent que les forces de leurs ennemis ne prévaudront jamais contre eux. Le destin veut qu'ils soient un jour les maîtres du monde; qu'ils en fassent seulement passer la prédiction d'âge en âge à leur postérité la plus reculée.' Il est des conjonctures favorables à l'imposture; et si l'on examine quel était alors l'état des affaires de Rome, on conviendra que Pro-

philosophical discussions. What a philosopher has to do is to examine, first, the nature of the augural science, then its origin, and then its consistency....The Etruscans hold as the author of their discipline a boy turned up by a ploughshare. Whom do we Romans look upon as the author of ours? Is it Attius Navius? ...Shall we, by speaking thus, call men devoid of all civilization the authors of divination?'

[1] *Ibid.* Chap. 39: 'But what is more common in the world than error? And do you yourself allow yourself to be guided in your judgments by the opinion of the multitude?'

culeius était homme de tête, et qu'il avait su prendre son temps. Il introduisit dans les esprits un préjugé qui ne fut pas inutile à la grandeur future de sa patrie... *Mirum est quantum illi viro, hæc nuntianti fidei fuerit; quamque desiderium Romuli apud plebem, facta fide immortalitatis, lenitum sit. Famam hanc admiratio viri et pavor præsens nobilitavit; factoque a paucis initio, Deum, Deo natum, salvere universi Romulum jubent.*[1] C'est-à-dire, que le peuple crut à cette apparition; que les sénateurs firent semblant d'y croire, et que Romulus eut des autels. Mais les choses n'en demeurèrent pas là. Bientôt ce ne fut point un simple particulier à qui Romulus s'était apparu. Il s'était montré à plus de mille personnes en un jour. Il n'avait point été frappé de la foudre, les sénateurs ne s'en étaient point défaits à la faveur d'un temps orageux, mais il s'était élevé dans les airs au milieu des éclairs et au bruit du tonnerre, à la vue de tout un peuple; et cette aventure se *calfeutra*, avec le temps, d'un si grand nombre de pièces, que les esprits forts du siècle suivant devaient en être fort embarrassés.

L. Une seule démonstration me frappe plus que cinquante faits. Grâce à l'extrême confiance que j'ai en ma raison, ma foi n'est point à la merci du premier saltimbanque. Pontife de Mahomet, redresse des boiteux; fais parler des muets; rends la vue aux aveugles; guéris des paralytiques; ressuscite des morts; restitue même aux estropiés les membres qui leur manquent, miracle qu'on n'a point encore tenté, et à ton grand étonnement ma foi n'en sera point ébranlée. Veux-tu que je devienne ton prosélyte? laisse tous ces prestiges, et raisonnons. Je suis plus sûr de mon jugement que de mes yeux.

Si la religion que tu m'annonces est vraie, sa vérité peut être mise en évidence et se démontrer par des raisons invincibles. Trouve-les, ces raisons. Pourquoi me harceler par des prodiges,

---

[1] Livy, Book I, Chap. 16: 'It is wonderful what credence the people placed in that man's tale, and how the grief for the loss of Romulus which the plebeians felt was quieted by the assurance of his immortality. The admiration which was felt for the man and the terror which was experienced gave currency to this story; thus carried away by the example of a few, all, by unanimous acclamation, salute Romulus as God, the son of God.'

quand tu n'as besoin, pour me terrasser, que d'un syllogisme?
Quoi donc! te serait-il plus facile de redresser un boiteux que
de m'éclairer?

LI. Un homme est étendu sur la terre, sans sentiment, sans
voix, sans chaleur, sans mouvement. On le tourne, on le retourne,
on l'agite, le feu lui est appliqué, rien ne l'émeut: le fer chaud n'en
peut arracher un symptôme de vie; on le croit mort: l'est-il? non.
C'est le pendant du prêtre de Calame.[1] *Qui, quando ei placebat, ad
imitatas lamentantis hominis voces, ita se auferebat a sensibus et
jacebat simillimus mortuo, ut non solum vellicantes atque pungentes
minime sentiret, sed aliquando etiam igne uretur admoto, sine ullo
doloris sensu, nisi post modum ex vulnere.* (Saint Augustin, *Cité
de Dieu*, Liv. XIV, chap. XXIV.[2]) Si certaines gens avaient rencontré, de nos jours, un pareil sujet, ils en auraient tiré bon parti.
On nous aurait fait voir un cadavre se ranimer sur la cendre d'un
prédestiné;[3] le recueil du magistrat janséniste[4] se serait enflé d'une
résurrection, et le constitutionnaire[5] se tiendrait peut-être pour
confondu.

LII. Il faut avouer, dit le logicien de Port-Royal,[6] que saint
Augustin a eu raison de soutenir avec Platon que le jugement
de la vérité et la règle pour discerner n'appartiennent pas aux
sens, mais à l'esprit: *non est veritatis judicium in sensibus*. Et
même que cette certitude que l'on peut tirer des sens ne s'étend
pas bien loin, et qu'il y a plusieurs choses que l'on croit savoir

[1] Calama, a city of Numidia, a few miles south of Hippo, of which St Augustine
was bishop.

[2] 'Who, when he pleased, could, at the feigning of a sort of plaintive human
cry, deprive himself of all sensation and lie like death; so much so as not only to
feel no pain when pinched and pricked, but at times even when burnt, except
afterwards from the wound.'

[3] A Jansenist. The allusion is to the miracles performed on the tomb of François
de Pâris (1690–1727), a devout Jansenist, in the Cimetière St-Médard.

[4] *La Vérité des Miracles opérés à l'intercession de M. de Pâris et autres appelants,
démontrée contre M. l'Archevêque de Sens* (3 vols., Utrecht, 1737–48) by Carré de
Montgeron (1686–1754), Conseiller au Parlement de Paris.

[5] A supporter of the Papal *constitution*, the Bull Unigenitus (1713), which
condemned the Jansenist position.

[6] Arnauld and Nicole, *La Logique ou l'Art de Penser* (Paris, 1662).

par leur entremise, et dont on n'a point une pleine assurance. Lors donc que le témoignage des sens contredit ou ne contrebalance point l'autorité de la raison, il n'y a pas à opter: en bonne logique, c'est à la raison qu'il faut s'en tenir.

LIII. Un faubourg[1] retentit d'acclamations: la cendre d'un prédestiné y fait, en un jour, plus de prodiges que Jésus-Christ n'en fit en toute sa vie. On y court; on s'y porte; j'y suis la foule. J'arrive à peine que j'entends crier: miracle! miracle! J'approche, je regarde, et je vois un petit boiteux[2] qui se promène à l'aide de trois ou quatre personnes charitables qui le soutiennent; et le peuple qui s'en émerveille, de répéter: miracle! miracle! Où donc est le miracle, peuple imbécile? Ne vois-tu pas que ce fourbe n'a fait que changer de béquilles? Il en était, dans cette occasion, des miracles, comme il en est toujours des esprits. Je jurerais bien que tous ceux qui ont vu des esprits, les craignaient d'avance, et que tous ceux qui voyaient là des miracles, étaient bien résolus d'en voir.

LIV. Nous avons toutefois, de ces miracles prétendus, un vaste recueil[3] qui peut braver l'incrédulité la plus déterminée. L'auteur est un sénateur, un homme grave qui faisait profession d'un matérialisme assez mal entendu, à la vérité, mais qui n'attendait pas sa fortune de sa conversion: témoin oculaire des faits qu'il raconte, et dont il a pu juger sans prévention et sans intérêt, son témoignage est accompagné de mille autres. Tous disent qu'ils ont vu, et leur déposition a toute l'authenticité possible: les actes originaux en sont conservés dans les archives publiques. Que répondre à cela? Que répondre? que ces miracles ne prouvent rien, tant que la question de ses sentiments ne sera point décidée.

LV. Tout raisonnement qui prouve pour deux partis, ne prouve ni pour l'un ni pour l'autre. Si le fanatisme a ses martyrs, ainsi que la vraie religion, et si, entre ceux qui sont morts pour

---

[1] The Faubourg Saint Marcel in which the Église Saint-Médard is situated.
[2] The *Table des Matières* gives the name of the Abbé Bécheran.
[3] *La Vérité des Miracles* by Carré de Montgeron. He relates there the miracle of his own conversion after a very dissolute and irreligious life.

la vraie religion, il y a eu des fanatiques; ou comptons, si nous le pouvons, le nombre des morts, et croyons, ou cherchons d'autres motifs de crédibilité.

LVI. Rien n'est plus capable d'affermir dans l'irréligion, que de faux motifs de conversion. On dit tous les jours à des incrédules: Qui êtes-vous pour attaquer une religion que les Paul, les Tertullien, les Athanase, les Chrysostôme, les Augustin, les Cyprien, et tant d'autres illustres personnages ont si courageusement défendue? Vous avez sans doute aperçu quelque difficulté qui avait échappé à ces génies supérieurs; montrez-nous donc que vous en savez plus qu'eux; ou sacrifiez vos doutes à leurs décisions, si vous convenez qu'ils en savaient plus que vous. Raisonnement frivole. Les lumières des ministres ne sont point une preuve de la vérité d'une religion. Quel culte plus absurde que celui des Égyptiens, et quels ministres plus éclairés!... Non, je ne peux adorer cet oignon. Quel privilège a-t-il sur les autres légumes? Je serais bien fou de prostituer mon hommage à des êtres destinés à ma nourriture! La plaisante divinité qu'une plante que j'arrose, qui croît et meurt dans mon potager!... 'Tais-toi, misérable, tes blasphèmes me font frémir: c'est bien à toi à raisonner! en sais-tu là-dessus plus que le sacré Collège? Qui es-tu, pour attaquer tes dieux, et donner des leçons de sagesse à leurs ministres? Es-tu plus éclairé que ces oracles que l'univers entier vient interroger? Quelle que soit ta réponse, j'admirerai ton orgueil ou ta témérité...' Les chrétiens ne sentiront-ils jamais toute leur force, et n'abandonneront-ils point ces malheureux sophismes à ceux dont ils sont l'unique ressource? *Omittamus ista communia quæ ex utraque parte dici possunt, quanquam vere ex utraque parte dici non possint* (Saint Augustin).[1] L'exemple, les prodiges et l'autorité peuvent faire des dupes ou des hypocrites. La raison seule fait des croyants.

LVII. On convient qu'il est de la dernière importance de n'employer à la défense d'un culte que des raisons solides;

---

[1] 'Let us leave all these common arguments which may be used by either party, although they cannot justly be used by either.'

cependant on persécuterait volontiers ceux qui travaillent à décrier les mauvaises. Quoi donc! n'est-ce pas assez que l'on soit chrétien; faut-il encore l'être par de mauvaises raisons? Dévots, je vous en avertis; je ne suis pas chrétien parce que saint Augustin l'était; mais je le suis, parce qu'il est raisonnable de l'être.

LVIII. Je connais les dévots; ils sont prompts à prendre l'alarme. S'ils jugent une fois que cet écrit contient quelque chose de contraire à leurs idées, je m'attends à toutes les calomnies qu'ils ont répandues sur le compte de mille gens qui valaient mieux que moi. Si je ne suis qu'un déiste et qu'un scélérat, j'en serai quitte à bon marché. Il y a longtemps qu'ils ont damné Descartes, Montaigne, Locke et Bayle; et j'espère qu'ils en damneront bien d'autres. Je leur déclare cependant que je ne me pique d'être ni plus honnête homme, ni meilleur chrétien que la plupart de ces philosophes. Je suis né dans l'Église catholique, apostolique et romaine; et je me soumets de toute ma force à ses décisions. Je veux mourir dans la religion de mes pères, et je la crois bonne autant qu'il est possible à quiconque n'a jamais eu aucun commerce immédiat avec la Divinité, et qui n'a jamais été témoin d'aucun miracle. Voilà ma profession de foi; je suis presque sûr qu'ils en seront mécontents, bien qu'il n'y en ait peut-être pas un entre eux qui soit en état d'en faire une meilleure.

LIX. J'ai lu quelquefois Abbadie,[1] Huet,[2] et les autres. Je connais suffisamment les preuves de ma religion, et je conviens qu'elles sont grandes; mais le seraient-elles cent fois davantage, le christianisme ne me serait point encore démontré. Pourquoi donc exiger de moi que je croie qu'il y a trois personnes en Dieu, aussi fermement que je crois que les trois angles d'un triangle sont égaux à deux droits? Toute preuve doit produire en moi une certitude proportionnée à son degré de force; et l'action des

---

[1] Jacques Abbadie (1657–1727), chiefly known for his *Traité de la vérité de la religion chrétienne* (1684).

[2] Pierre Daniel Huet (1630–1721), Bishop of Avranches. The reference is presumably to his posthumous *Traité philosophique de la faiblesse de l'esprit humain* (1723).

démonstrations géométriques, morales et physiques sur mon esprit, doit être différente, ou cette distinction est frivole.

LX. Vous présentez à un incrédule un volume d'écrits dont vous prétendez lui démontrer la divinité. Mais avant que d'entrer dans l'examen de vos preuves, il ne manquera pas de vous questionner sur cette collection. A-t-elle toujours été la même? vous demandera-t-il. Pourquoi est-elle à présent moins ample qu'elle ne l'était il y a quelques siècles? De quel droit en a-t-on banni tel et tel ouvrage, qu'une autre secte révère, et conservé tel et tel autre qu'elle a rejeté? Sur quel fondement avez-vous donné la préférence à ce manuscrit? Qui vous a dirigé dans le choix que vous avez fait entre tant de copies différentes, qui sont des preuves évidentes que ces sacrés auteurs ne vous ont pas été transmis dans leur pureté originale et première? Mais si l'ignorance des copistes ou la malice des hérétiques les a corrompus, comme il faut que vous en conveniez, vous voilà forcés de les restituer dans leur état naturel, avant que d'en prouver la divinité; car ce n'est pas sur un recueil d'écrits mutilés que tomberont vos preuves, et que j'établirai ma croyance. Or, qui chargerez-vous de cette réforme? l'Église. Mais je ne peux convenir de l'infaillibilité de l'Église, que la divinité des Écritures ne me soit prouvée. Me voilà donc dans un scepticisme nécessité.

On ne répond à cette difficulté qu'en avouant que les premiers fondements de la foi sont purement humains; que le choix entre les manuscrits, que la restitution des passages, enfin que la collection s'est faite par des règles de critique; et je ne refuse point d'ajouter à la divinité des livres sacrés un degré de foi, proportionné à la certitude de ces règles.

LXI. C'est en cherchant des preuves que j'ai trouvé des difficultés. Les livres qui contiennent les motifs de ma croyance, m'offrent en même temps les raisons de l'incrédulité. Ce sont des arsenaux communs. Là j'ai vu le déiste s'armer contre l'athée; le déiste et l'athée lutter contre le juif; l'athée, le déiste et le juif se liguer contre le chrétien; le chrétien, le juif, le déiste et l'athée, se mettre aux prises avec le musulman; l'athée, le déiste, le juif, le musulman, et la multitude des sectes du christianisme, fondre sur le chrétien, et le sceptique seul contre tous. J'étais juge des coups : je tenais la balance entre les combattants ; ses bras s'élevaient ou s'abaissaient en raison des poids dont ils étaient chargés. Après de longues oscillations, elle pencha du côté du chrétien, mais avec le seul excès de sa pesanteur, sur la résistance du côté opposé. Je me suis témoin à moi-même de mon équité. Il n'a pas tenu à moi que cet excès m'ait paru fort grand. J'atteste Dieu de ma sincérité.

LXII. Cette diversité d'opinions a fait imaginer aux déistes un raisonnement plus singulier peut-être que solide. Cicéron ayant à prouver que les Romains étaient les peuples les plus belliqueux de la terre, tire adroitement cet aveu de la bouche de leurs rivaux. Gaulois, à qui le cédez-vous en courage, si vous le cédez à quelqu'un ? aux Romains. Parthes, après vous, quels sont les hommes les plus courageux ? les Romains. Africains, qui redouteriez-vous, si vous aviez à redouter quelqu'un ? les Romains. Interrogeons, à son exemple, le reste des religionnaires, vous disent les déistes. Chinois, quelle religion serait la meilleure, si ce n'était la vôtre ? la religion naturelle. Musulmans, quel culte embrasseriez-vous, si vous abjuriez Mahomet ? le naturalisme.[1] Chrétiens, quelle est la vraie religion, si ce n'est la chrétienne ? la religion des juifs. Mais vous, juifs, quelle est la vraie religion, si le judaïsme est faux ? le naturalisme. Or, ceux, continue Cicéron, à qui l'on accorde la seconde place d'un consentement unanime, et qui ne cèdent la première à personne, méritent incontestablement celle-ci.

[1] Littré gives the sense of 'la religion naturelle' with a reference to Diderot's use of the word.

PENSÉES SUR L'INTERPRÉTATION
DE LA NATURE

Quæ sunt in luce tuemur
E tenebris.
LUCRET., *De Rerum natura*, lib. VI

The history of the publication of this work is rather complicated. According to Tchemerzine (*Bibliographie d'éditions originales et rares*, IV, 442–4), the first edition of this work, which is extremely rare, appeared in 1753 without any indication of place of publication, and under the title of *De l'Interprétation de la Nature*. It appeared in a much enlarged form and with the title of *Pensées sur l'Interprétation de la Nature* in three editions dated 1754. The place of publication of two of these editions is not given, but the third bears the imprint 'Londres'. This work appears to have aroused much less interest than the *Pensées Philosophiques*; the only later reprints of it to appear during Diderot's lifetime were those in the three editions of his works which appeared in 1772 and 1773.

The text reproduced here is that of the 1754 edition (*s.l.*), 206 pp.

The 'Dr Baumann' whose name occurs frequently in this work was a pseudonym employed by the French mathematician and scientist Maupertuis (1698–1759), when he published the Latin essay, *Dissertatio inauguralis metaphysica, de universali naturae systemate* (Erlangen, 1751), to which Diderot alludes. This work was later translated into French under the title of *Essai sur la formation des corps organisés*, and in the edition of his works which he published at Lyons in 1756 (4 vols.), Maupertuis reprinted the essay under the title of *Système de la Nature*, adding to it (vol. II, pp. 169–84) a 'Réponse aux Objections de M. Diderot' in which he repudiated the materialistic conclusions which the latter had attempted to draw from his work. In this and other writings Maupertuis shows a clear grasp of the principles of the evolution of species.

AUX JEUNES GENS
QUI SE DISPOSENT A L'ÉTUDE
DE LA PHILOSOPHIE NATURELLE

Jeune homme, prends et lis. Si tu peux aller jusqu'à la fin de cet ouvrage, tu ne seras pas incapable d'en entendre un meilleur. Comme je me suis moins proposé de t'instruire que de t'exercer, il m'importe peu que tu adoptes mes idées ou que tu les rejettes, pourvu qu'elles emploient toute ton attention. Un plus habile t'apprendra à connaître les forces de la nature; il me suffira de t'avoir fait essayer les tiennes. Adieu.

P.S. Encore un mot, et je te laisse. Aie toujours présent à l'esprit que la nature n'est pas Dieu; qu'un homme n'est pas une machine; qu'une hypothèse n'est pas un fait: et sois assuré que tu ne m'auras point compris, partout où tu croiras apercevoir quelque chose de contraire à ces principes.

I. C'est de la nature que je vais écrire. Je laisserai les pensées se succéder sous ma plume dans l'ordre même selon lequel les objets se sont offerts à ma réflexion; parce qu'elles n'en représenteront que mieux les mouvements et la marche de mon esprit. Ce seront, ou des vues générales sur l'art expérimental, ou des vues particulières sur un phénomène qui paraît occuper tous nos philosophes et les diviser en deux classes. Les uns ont, ce me semble, beaucoup d'instruments et peu d'idées; les autres ont beaucoup d'idées et n'ont point d'instruments. L'intérêt de la vérité demanderait que ceux qui réfléchissent daignassent enfin s'associer à ceux qui se remuent, afin que le spéculatif fût dispensé de se donner du mouvement; que le manœuvre eût un but dans les mouvements infinis qu'il se donne; que tous nos efforts se trouvassent réunis et dirigés en même temps contre la résistance de la nature; et que, dans cette espèce de ligue philosophique, chacun fît le rôle qui lui convient.

II. Une des vérités qui aient été annoncées de nos jours avec le plus de courage et de force,* qu'un bon physicien ne perdra point de vue, et qui aura certainement les suites les plus avantageuses; c'est que la région des mathématiciens est un monde intellectuel, où ce que l'on prend pour des vérités rigoureuses perd absolument cet avantage, quand on l'apporte sur notre terre. On en a conclu que c'était à la philosophie expérimentale à rectifier les calculs de la géométrie; et cette conséquence a été avouée, même par les géomètres. Mais à quoi bon corriger le calcul géométrique par l'expérience? N'est-il pas plus court de s'en tenir au résultat de celle-ci? d'où l'on voit que les mathématiques, transcendantes surtout, ne conduisent à rien de précis sans l'expérience; que c'est une espèce de métaphysique générale, où les corps sont dépouillés de leurs qualités individuelles; et qu'il resterait au moins à faire un grand ouvrage qu'on pourrait appeler l'*Application de l'expérience à la géométrie*, ou *Traité de l'aberration des mesures*.

III. Je ne sais s'il y a quelque rapport entre l'esprit du jeu et le génie mathématicien; mais il y en a beaucoup entre un jeu et les mathématiques. Laissant à part ce que le sort met d'incertitude d'un côté, ou le comparant avec ce que l'abstraction met d'inexactitude de l'autre, une partie de jeu peut être considérée comme une suite indéterminée de problèmes à résoudre, d'après des conditions données. Il n'y a point de questions de mathématiques à qui la même définition ne puisse convenir, et la *chose* du mathématicien n'a pas plus d'existence dans la nature que celle du joueur. C'est, de part et d'autre, une affaire de conventions. Lorsque les géomètres ont décrié les métaphysiciens, ils étaient bien éloignés de penser que toute leur science n'était qu'une métaphysique. On demandait un jour: Qu'est-ce qu'un métaphysicien? Un géomètre répondit: C'est un homme qui ne sait rien. Les chimistes, les physiciens, les naturalistes et tous ceux qui se livrent à l'art expérimental, non moins outrés dans leur

* Voyez l'*Histoire naturelle générale et particulière*, vol. 1, Discours 1. [The *Histoire naturelle* of Buffon and Daubenton began publication in 1749.—Ed.]

jugement, me paraissent sur le point de venger la métaphysique et d'appliquer la même définition au géomètre. Ils disent: A quoi servent toutes ces profondes théories des corps célestes, tous ces énormes calculs de l'astronomie rationnelle, s'ils ne dispensent point Bradley[1] ou Le Monnier[2] d'observer le ciel? Et je dis: heureux le géomètre en qui une étude consommée des sciences abstraites n'aura point affaibli le goût des beaux-arts; à qui Horace et Tacite seront aussi familiers que Newton; qui saura découvrir les propriétés d'une courbe et sentir les beautés d'un poète; dont l'esprit et les ouvrages seront de tous les temps, et qui aura le mérite de toutes les académies! Il ne se verra point tomber dans l'obscurité; il n'aura point à craindre de survivre à sa renommée.

IV. Nous touchons au moment d'une grande révolution dans les sciences. Au penchant que les esprits me paraissent avoir à la morale, aux belles-lettres, à l'histoire de la nature et à la physique expérimentale, j'oserais presque assurer qu'avant qu'il soit cent ans, on ne comptera pas trois grands géomètres en Europe. Cette science s'arrêtera tout court, où l'auront laissée les Bernouilli, les Euler, les Maupertuis, les Clairaut, les Fontaine et les D'Alembert.[3] Ils auront posé les colonnes d'Hercule. On n'ira point au delà. Leurs ouvrages subsisteront dans les siècles à venir, comme ces pyramides d'Égypte dont les masses chargées d'hiéroglyphes réveillent en nous une idée effrayante de la puissance et des ressources des hommes qui les ont élevées.

V. Lorsqu'une science commence à naître, l'extrême considération qu'on a dans la société pour les inventeurs; le désir de connaître par soi-même une chose qui fait beaucoup de bruit; l'espérance de s'illustrer par quelque découverte; l'ambition de partager un titre avec des hommes illustres, tournent tous les esprits de ce côté. En un moment, elle est cultivée par une

[1] James Bradley (1693–1762) discovered the aberration of light in 1729 and nutation in 1748.

[2] Pierre Charles Le Monnier (1715–99) who made many importan astronomical discoveries.

[3] Eighteenth-century mathematicians.

infinité de personnes de caractères différents. Ce sont, ou des gens du monde à qui leur oisiveté pèse, ou des transfuges qui s'imaginent acquérir dans la science à la mode une réputation, qu'ils ont inutilement cherchée dans d'autres sciences qu'ils abandonnent pour elle; les uns s'en font un métier; d'autres y sont entraînés par goût. Tant d'efforts réunis portent assez rapidement la science jusqu'où elle peut aller. Mais, à mesure que ses limites s'étendent, celles de la considération se resserrent. On n'en a plus que pour ceux qui se distinguent par une grande supériorité. Alors la foule diminue. On cesse de s'embarquer pour une contrée où les fortunes sont devenues rares et difficiles. Il ne reste à la science que des mercenaires à qui elle donne du pain, et que quelques hommes de génie qu'elle continue d'illustrer longtemps encore après que le prestige est dissipé, et que les yeux se sont ouverts sur l'inutilité de leurs travaux. On regarde toujours ces travaux comme des tours de force qui font honneur à l'humanité. Voilà l'abrégé historique de la géométrie, et celui de toutes les sciences qui cesseront d'instruire ou de plaire; je n'en excepte pas même l'histoire de la nature.

VI. Quand on vient à comparer la multitude infinie des phénomènes de la nature avec les bornes de notre entendement et la faiblesse de nos organes, peut-on jamais attendre autre chose de la lenteur de nos travaux, de leurs longues et fréquentes interruptions et de la rareté des génies créateurs, que quelques pièces rompues et séparées de la grande chaîne qui lie toutes choses?... La philosophie expérimentale travaillerait pendant les siècles des siècles, que les matériaux qu'elle entasserait, devenus à la fin par leur nombre au-dessus de toute combinaison, seraient encore bien loin d'une énumération exacte. Combien ne faudrait-il pas de volumes pour renfermer les termes seuls par lesquels nous désignerions les collections distinctes de phénomènes, si les phénomènes étaient connus? Quand la langue philosophique sera-t-elle complète? Quand elle serait complète, qui, d'entre les hommes, pourrait la savoir? Si l'Éternel, pour manifester sa toute-puissance plus évidemment encore que par les merveilles de la nature, eût daigné développer le mécanisme universel sur des feuilles tracées de sa propre main, croit-on que ce grand livre fût plus compréhensible pour nous que l'univers même? Combien de pages en aurait entendu ce philosophe qui, avec toute la force de tête qui lui avait été donnée, n'était pas sûr d'avoir seulement embrassé les conséquences par lesquelles un ancien géomètre a déterminé le rapport de la sphère au cylindre? Nous aurions, dans ces feuilles, une mesure assez bonne de la portée des esprits, et une satire beaucoup meilleure de notre vanité. Nous pourrions dire: Fermat[1] alla jusqu'à telle page; Archimède était allé quelques pages plus loin. Quel est donc notre but? L'exécution d'un ouvrage qui ne peut jamais être fait et qui serait fort au-dessus de l'intelligence humaine s'il était achevé. Ne sommes-nous pas plus insensés que les premiers habitants de la plaine de Sennaar?[2] Nous connaissons la distance infinie qu'il y a de la terre aux cieux, et nous ne laissons pas que d'élever la tour. Mais est-il à présumer qu'il ne viendra point un temps où notre orgueil découragé abandonne l'ouvrage? Quelle apparence que, logé étroitement et mal à son aise ici bas, il s'opiniâtre à construire un palais inhabitable au delà de l'atmosphère? Quand il s'y opiniâtrerait, ne serait-il pas arrêté par la confusion des langues, qui n'est déjà que trop sensible et trop incommode dans l'histoire naturelle? D'ailleurs, l'utile circonscrit tout. Ce sera l'utile qui, dans quelques siècles, donnera des bornes à la physique expérimentale, comme il est sur le point d'en donner à la géométrie. J'accorde des siècles à cette étude, parce que la sphère de son utilité est infiniment plus étendue que celle d'aucune science abstraite, et qu'elle est, sans contredit, la base de nos véritables connaissances.

VII. Tant que les choses ne sont que dans notre entendement, ce sont nos opinions; ce sont des notions qui peuvent être vraies ou fausses, accordées ou contredites. Elles ne prennent de la consistance qu'en se liant aux êtres extérieurs. Cette liaison se fait

---

[1] Pierre de Fermat (1601–55), French mathematician.
[2] Shinar (i.e. those who built the Tower of Babel).

ou par une chaîne ininterrompue d'expériences, ou par une chaîne ininterrompue de raisonnements, qui tient d'un bout à l'observation, et de l'autre à l'expérience; ou par une chaîne d'expériences dispersées d'espace en espace entre des raisonnements, comme des poids sur la longueur d'un fil suspendu par ses deux extrémités. Sans ces poids le fil deviendrait le jouet de la moindre agitation qui se ferait dans l'air.

VIII. On peut comparer les notions qui n'ont aucun fondement dans la nature, à ces forêts du Nord dont les arbres n'ont point de racines. Il ne faut qu'un coup de vent, qu'un fait léger, pour renverser toute une forêt d'arbres et d'idées.

IX. Les hommes en sont à peine à sentir combien les lois de l'investigation de la vérité sont sévères, et combien le nombre de nos moyens est borné. Tout se réduit à revenir des sens à la réflexion, et de la réflexion aux sens: rentrer en soi et en sortir sans cesse. C'est le travail de l'abeille. On a battu bien du terrain en vain, si on ne rentre pas dans la ruche chargé de cire. On a fait bien des amas de cire inutile, si on ne sait pas en former des rayons.

X. Mais, par malheur, il est plus facile et plus court de se consulter soi que la nature. Aussi la raison est-elle portée à demeurer en elle-même, et l'instinct à se répandre au dehors. L'instinct va sans cesse regardant, goûtant, touchant, écoutant; et il y aurait peut-être plus de physique expérimentale à apprendre en étudiant les animaux, qu'en suivant les cours d'un professeur. Il n'y a point de charlatanerie dans leurs procédés. Ils tendent à leur but, sans se soucier de ce qui les environne: s'ils nous surprennent, ce n'est point leur intention. L'étonnement est le premier effet d'un grand phénomène: c'est à la philosophie à le dissiper. Ce dont il s'agit dans un cours de philosophie expérimentale, c'est de renvoyer son auditeur plus instruit, et non plus stupéfait. S'enorgueillir des phénomènes de la nature, comme si l'on en était soi-même l'auteur, c'est imiter la sottise d'un éditeur[1]

---

[1] Perhaps Pierre Coste whose edition of Montaigne (1724) was the principal one of the eighteenth century.

des *Essais*, qui ne pouvait entendre le nom de Montaigne sans rougir. Une grande leçon qu'on a souvent occasion de donner, c'est l'aveu de son insuffisance. Ne vaut-il pas mieux se concilier la confiance des autres par la sincérité d'un *je n'en sais rien*, que de balbutier des mots et se faire pitié à soi-même, en s'efforçant de tout expliquer ? Celui qui confesse librement qu'il ne sait pas ce qu'il ignore, me dispose à croire ce dont il entreprend de me rendre raison.

XI. L'étonnement vient souvent de ce qu'on suppose plusieurs prodiges où il n'y en a qu'un; de ce qu'on imagine dans la nature autant d'actes particuliers qu'on nombre de phénomènes, tandis qu'elle n'a peut-être jamais produit qu'un seul acte. Il semble même que, si elle avait été dans la nécessité d'en produire plusieurs, les différents résultats de ces actes seraient isolés; qu'il y aurait des collections de phénomènes indépendantes les unes des autres, et que cette chaîne générale, dont la philosophie suppose la continuité, se romprait en plusieurs endroits. L'indépendance absolue d'un seul fait est incompatible avec l'idée de tout; et sans l'idée de tout, plus de philosophie.

XII. Il semble que la nature se soit plu à varier le même mécanisme d'une infinité de manières différentes.* Elle n'abandonne un genre de productions qu'après en avoir multiplié les individus sous toutes les faces possibles. Quand on considère le règne animal, et qu'on s'aperçoit que, parmi les quadrupèdes, il n'y en a pas un qui n'ait les fonctions et les parties, surtout intérieures, entièrement semblables à un autre quadrupède, ne croirait-on pas volontiers qu'il n'y a jamais eu qu'un premier animal, prototype de tous les animaux, dont la nature n'a fait qu'allonger, raccourcir, transformer, multiplier, oblitérer certains organes ? Imaginez les doigts de la main réunis, et la matière des ongles si abondante que, venant à s'étendre et à se gonfler, elle

---

* Voyez l'*Histoire Naturelle*, Tome IV, 'Histoire de l'Ane'; et un petit ouvrage latin intitulé *Dissertatio inauguralis metaphysica, de universali naturae systemate, pro gradu doctoris habita*, imprimé à Erlangen en 1751 et apporté en France par M. de M * * * en 1753.

enveloppe et couvre le tout; au lieu de la main d'un homme, vous aurez le pied d'un cheval.* Quand on voit les métamorphoses successives de l'enveloppe du prototype, quel qu'il ait été, approcher un règne d'un autre règne par des degrés insensibles, et peupler les confins des deux règnes (s'il est permis de se servir du terme de *confins* où il n'y a aucune division réelle), et peupler, dis-je, les confins des deux règnes d'êtres incertains, ambigus, dépouillés en grande partie des formes, des qualités et des fonctions de l'un, et revêtus des formes, des qualités, des fonctions de l'autre, qui ne se sentirait porté à croire qu'il n'y a jamais eu qu'un premier être prototype de tous les êtres? Mais, que cette conjecture philosophique soit admise avec le docteur Baumann comme vraie, ou rejetée avec M. de Buffon comme fausse, on ne niera pas qu'il ne faille l'embrasser comme une hypothèse essentielle au progrès de la physique expérimentale, à celui de la philosophie rationnelle, à la découverte et à l'explication des phénomènes qui dépendent de l'organisation. Car il est évident que la nature n'a pu conserver tant de ressemblance dans les parties, et affecter tant de variété dans les formes, sans avoir souvent rendu sensible dans un être organisé ce qu'elle a dérobé dans un autre. C'est une femme qui aime à se travestir et dont les différents déguisements, laissant échapper tantôt une partie, tantôt une autre, donnent quelque espérance à ceux qui la suivent avec assiduité, de connaître un jour toute sa personne.

XIII. On a découvert qu'il y a dans un sexe le même fluide séminal que dans l'autre sexe. Les parties qui contiennent ce fluide ne sont plus inconnues. On s'est aperçu des altérations singulières qui surviennent dans certains organes de la femelle, quand la nature la presse fortement de rechercher le mâle.† Dans l'approche des sexes, quand on vient à comparer les symptômes du plaisir de l'un aux symptômes du plaisir de l'autre, et qu'on

---

* Voyez l'*Histoire naturelle générale et particulière*, Tome IV, Description du Cheval, par M. Daubenton.

† Voyez dans l'*Histoire naturelle générale et particulière* le Discours sur la Génération.

s'est assuré que la volupté se consomme dans tous les deux par des élancements également caractérisés, distincts et battus, on ne peut douter qu'il n'y ait aussi des émissions semblables du fluide séminal. Mais où se fait cette émission dans la femme? que devient le fluide? quelle route suit-il? c'est ce qu'on ne saura que quand la nature, qui n'est pas également mystérieuse en tout et partout, se sera dévoilée dans une autre espèce: ce qui arrivera apparemment de l'une de ces deux manières; ou les formes seront plus évidentes dans les organes, ou l'émission du fluide se rendra sensible à son origine et sur toute sa route par son abondance extraordinaire. Ce qu'on a vu distinctement dans un être ne tarde pas à se manifester dans un être semblable. En physique expérimentale on apprend à apercevoir les petits phénomènes dans les grands, de même qu'en physique rationnelle on apprend à connaître les grands corps dans les petits.

XIV. Je me représente la vaste enceinte des sciences comme un grand terrain parsemé de places obscures et de places éclairées. Nos travaux doivent avoir pour but, ou d'étendre les limites des places éclairées, ou de multiplier sur le terrain les centres de lumières. L'un appartient au génie qui crée; l'autre à la sagacité qui perfectionne.

XV. Nous avons trois moyens principaux: l'observation de la nature, la réflexion et l'expérience. L'observation recueille les faits, la réflexion les combine, l'expérience vérifie le résultat de la combinaison. Il faut que l'observation de la nature soit assidue, que la réflexion soit profonde, et que l'expérience soit exacte. On voit rarement ces moyens réunis. Aussi les génies créateurs ne sont-ils pas communs.

XVI. Le philosophe, qui n'aperçoit souvent la vérité que comme le politique maladroit aperçoit l'occasion, par le côté chauve, assure qu'il est impossible de la saisir, dans le moment où la main du manœuvre est portée par le hasard sur le côté qui a des cheveux. Il faut cependant avouer que parmi ces manouvriers d'expériences, il y en a de bien malheureux: l'un d'eux emploiera toute sa vie à observer des insectes et ne verra rien de nouveau; un autre jettera sur eux un coup d'œil en passant, et apercevra le polype,[1] ou le puceron hermaphrodite.[2]

XVII. Sont-ce les hommes de génie qui ont manqué à l'univers? nullement. Est-ce en eux défaut de méditation et d'étude? encore moins. L'histoire des sciences fourmille de noms illustres; la surface de la terre est couverte des monuments de nos travaux. Pourquoi donc possédons-nous si peu de connaissances certaines? par quelle fatalité les sciences ont-elles fait si peu de progrès? sommes-nous destinés à n'être jamais que des enfants? j'ai déjà annoncé la réponse à ces questions. Les sciences abstraites ont occupé trop longtemps et avec trop peu de fruit les meilleurs esprits; ou l'on n'a point étudié ce qu'il importait de savoir, ou l'on n'a mis ni choix, ni vues, ni méthode dans ses études. Les mots se sont multipliés sans fin, et la connaissance des choses est restée en arrière.

XVIII. La véritable manière de philosopher, c'eût été et ce serait d'appliquer l'entendement à l'entendement; l'entendement et l'expérience aux sens; les sens à la nature; la nature à l'investigation des instruments; les instruments à la recherche et à la perfection des arts, qu'on jetterait au peuple pour lui apprendre à respecter la philosophie.

XIX. Il n'y a qu'un seul moyen de rendre la philosophie vraiment recommandable aux yeux du vulgaire; c'est de la lui montrer accompagnée de l'utilité. Le vulgaire demande toujours: *à quoi cela sert-il?* et il ne faut jamais se trouver dans le cas de lui répondre: *à rien.* Il ne sait pas que ce qui éclaire le philosophe et ce qui sert au vulgaire sont deux choses fort différentes, puisque l'entendement du philosophe est souvent éclairé par ce qui nuit, et obscurci par ce qui sert.

[1] Polyps were discovered in 1740 by the naturalist, Abraham Trembley (1700–84) and described in his *Mémoires pour servir à l'histoire d'un genre de Polypes d'eau douce à bras en forme de cornes* (Leyden, 1744).

[2] It was at Réaumer's suggestion that Charles Bonnet (1720–93) undertook the experiments which led to the discovery of parthenogenesis (reproduction without sexual union). They are described in his *Traité d'Insectologie ou observations sur les pucerons* (Paris, 1745).

XX. Les faits, de quelque nature qu'ils soient, sont la véritable richesse du philosophe. Mais un des préjugés de la philosophie rationnelle, c'est que celui qui ne saura pas nombrer ses écus, ne sera guère plus riche que celui qui n'aura qu'un écu. La philosophie rationnelle s'occupe malheureusement beaucoup plus à rapprocher et à lier les faits qu'elle possède, qu'à en recueillir de nouveaux.

XXI. Recueillir et lier les faits, ce sont deux occupations bien pénibles; aussi les philosophes les ont-ils partagées entre eux. Les uns passent leur vie à rassembler des matériaux, manœuvres utiles et laborieux; les autres, orgueilleux architectes, s'empressent à les mettre en œuvre. Mais le temps a renversé jusqu'aujourd'hui presque tous les édifices de la philosophie rationnelle. Le manœuvre poudreux apporte tôt ou tard, des souterrains où il creuse en aveugle, le morceau fatal à cette architecture élevée à force de tête; elle s'écroule; et il ne reste que des matériaux confondus pêle-mêle, jusqu'à ce qu'un autre génie téméraire en entreprenne une combinaison nouvelle. Heureux le philosophe systématique à qui la nature aura donné, comme autrefois à Épicure, à Lucrèce, à Aristote, à Platon, une imagination forte, une grande éloquence, l'art de présenter ses idées sous des images frappantes et sublimes! L'édifice qu'il a construit pourra tomber un jour; mais sa statue restera debout au milieu des ruines; et la pierre qui se détachera de la montagne ne la brisera point, parce que les pieds n'en sont pas d'argile.

XXII. L'entendement a ses préjugés; le sens, son incertitude; la mémoire, ses limites; l'imagination, ses lueurs; les instruments, leur imperfection. Les phénomènes sont infinis; les causes cachées; les formes peut-être transitoires. Nous n'avons contre tant d'obstacles que nous trouvons en nous, et que la nature nous oppose au dehors, qu'une expérience lente, qu'une réflexion bornée. Voilà les leviers avec lesquels la philosophie s'est proposé de remuer le monde.

XXIII. Nous avons distingué deux sortes de philosophie, l'expérimentale et la rationnelle. L'une a les yeux bandés, marche toujours en tâtonnant, saisit tout ce qui lui tombe sous les mains, et rencontre à la fin des choses précieuses. L'autre recueille ces matières précieuses, et tâche de s'en former un flambeau; mais ce flambeau prétendu lui a jusqu'à présent moins servi que le tâtonnement à sa rivale; et cela devait être. L'expérience multiplie ses mouvements à l'infini; elle est sans cesse en action; elle met à chercher des phénomènes tout le temps que la raison emploie à chercher des analogies. La philosophie expérimentale ne sait ni ce qui lui viendra, ni ce qui ne lui viendra pas de son travail; mais elle travaille sans relâche. Au contraire, la philosophie rationnelle pèse les possibilités, prononce et s'arrête tout court. Elle dit hardiment: *on ne peut décomposer la lumière*: la philosophie expérimentale l'écoute, et se tait devant elle pendant des siècles entiers; puis tout à coup elle montre le prisme,[1] et dit: *la lumière se décompose*.

XXIV. *Esquisse de la physique expérimentale.* La physique expérimentale s'occupe en général de l'*existence*, des *qualités*, et de l'*emploi*.

L'EXISTENCE embrasse l'*histoire*, la *description*, la *génération*, la *conservation* et la *destruction*.

L'*histoire* est des lieux, de l'importation, de l'exportation, du prix, des préjugés, etc....

La *description*, de l'intérieur et de l'extérieur, par toutes les qualités sensibles.

La *génération*, prise depuis la première origine jusqu'à l'état de perfection.

La *conservation*, de tous les moyens de fixer dans cet état.

La *destruction*, prise depuis l'état de perfection jusqu'au dernier degré connu de *décomposition* ou de *dépérissement*; de *dissolution* ou de *résolution*.

Les QUALITÉS sont générales ou particulières.

J'appelle *générales* celles qui sont communes à tous les êtres, et qui n'y varient que par la quantité.

---

[1] Newton's discoveries were communicated to the Royal Society in 1672.

J'appelle *particulières*, celles qui constituent l'être tel; ces dernières sont ou de la substance *en masse*, ou de la substance *divisée* ou *décomposée*.

L'EMPLOI s'étend à la *comparaison*, à l'*application* et à la *combinaison*.

La *comparaison* se fait ou par les ressemblances, ou par les différences.

L'*application* doit être la plus étendue et la plus variée qu'il est possible.

La *combinaison* est analogue ou bizarre.

XXV. Je dis *analogue* ou *bizarre*, parce que tout a son résultat dans la nature; l'expérience la plus extravagante, ainsi que la plus raisonnée. La philosophie expérimentale, qui ne se propose rien, est toujours contente de ce qui lui vient; la philosophie rationnelle est toujours instruite, lors même que ce qu'elle s'est proposé ne lui vient pas.

XXVI. La philosophie expérimentale est une étude innocente, qui ne demande presque aucune préparation de l'âme. On n'en peut pas dire autant des autres parties de la philosophie. La plupart augmentent en nous la fureur des conjectures. La philosophie expérimentale la réprime à la longue. On s'ennuie tôt ou tard de deviner maladroitement.

XXVII. Le goût de l'observation peut être inspiré à tous les hommes; il semble que celui de l'expérience ne doive être inspiré qu'aux hommes riches.

L'observation ne demande qu'un usage habituel des sens; l'expérience exige des dépenses continuelles. Il serait à souhaiter que les grands ajoutassent ce moyen de se ruiner à tant d'autres moins honorables qu'ils ont imaginés. Tout bien considéré, il vaudrait mieux qu'ils fussent appauvris par un chimiste que dépouillés par des gens d'affaires; entêtés de la physique expérimentale qui les amuserait quelquefois, qu'agités par l'ombre du plaisir qu'ils poursuivent sans cesse et qui leur échappe toujours. Je dirais volontiers aux philosophes dont la fortune est bornée et qui se sentent portés à la physique expérimentale, ce que je conseillerais à mon ami, s'il était tenté de la jouissance d'une belle courtisane:

Laïdem habeto, dummodo te Laïs non habeat.

C'est un conseil que je donnerais encore à ceux qui ont l'esprit assez étendu pour imaginer des systèmes, et qui sont assez opulents pour les vérifier par l'expérience: ayez un système, j'y consens; mais ne vous en laissez pas dominer: *Laïdem habeto*.

XXVIII. La physique expérimentale peut être comparée, dans ses bons effets, au conseil de ce père qui dit à ses enfants, en mourant, qu'il y avait un trésor caché dans son champ; mais qu'il ne savait point en quel endroit. Ses enfants se mirent à bêcher le champ; ils ne trouvèrent pas le trésor qu'ils cherchaient; mais ils firent dans la saison une récolte abondante à laquelle ils ne s'attendaient pas.

XXIX. L'année suivante, un des enfants dit à ses frères: J'ai soigneusement examiné le terrain que notre père nous a laissé, et je pense avoir découvert l'endroit du trésor. Ecoutez, voici comment j'ai raisonné. Si le trésor est caché dans le champ, il doit y avoir, dans son enceinte, quelques signes qui marquent l'endroit; or j'ai aperçu des traces singulières vers l'angle qui regarde l'orient; le sol y paraît avoir été remué. Nous nous sommes assurés par notre travail de l'année passée que le trésor n'est point à la surface de la terre; il faut donc qu'il soit caché dans ses entrailles. Prenons incessamment la bêche, et creusons jusqu'à ce que nous soyons parvenus au souterrain de l'avarice. Tous les frères, entraînés moins par la force de la raison que par le désir de la richesse, se mirent à l'ouvrage. Ils avaient déjà creusé profondément sans rien trouver; l'espérance commençait à les abandonner et le murmure à se faire entendre, lorsqu'un d'entre eux s'imagina reconnaître la présence d'une mine, à quelques particules brillantes. C'en était, en effet, une de plomb qu'on avait anciennement exploitée, qu'ils travaillèrent et qui leur produisit beaucoup. Telle est quelquefois la suite des expériences suggérées par les observations et les idées systématiques de la philosophie rationnelle. C'est ainsi que les chimistes et les géomètres, en s'opiniâtrant à la solution de problèmes peut-être impossibles, sont parvenus à des découvertes plus importantes que cette solution.

XXX. La grande habitude de faire des expériences donne aux manouvriers d'opérations les plus grossiers un pressentiment qui a le caractère de l'inspiration. Il ne tiendrait qu'à eux de s'y tromper comme Socrate et de l'appeler un *démon familier*. Socrate avait une si prodigieuse habitude de considérer les hommes et de peser les circonstances, que, dans les occasions les plus délicates, il s'exécutait secrètement en lui une combinaison prompte et juste, suivie d'un pronostic dont l'événement ne s'écartait guère. Il jugeait des hommes comme les gens de goût jugent des ouvrages d'esprit, par sentiment. Il en est de même en physique expérimentale, de l'instinct de nos grands manouvriers. Ils ont vu si souvent et de si près la nature dans ses opérations qu'ils devinent avec assez de précision le cours qu'elle pourra suivre dans le cas où il leur prend envie de la provoquer par les essais les plus bizarres. Ainsi le service le plus important qu'ils aient à rendre à ceux qu'ils initient à la philosophie expérimentale, c'est bien moins de les instruire du procédé et du résultat, que de faire passer en eux cet esprit de divination par lequel on *subodore*, pour ainsi dire, des procédés inconnus, des expériences nouvelles, des résultats ignorés.

XXXI. Comment cet esprit se communique-t-il? Il faudrait que celui qui en est possédé descendît en lui-même pour reconnaître distinctement ce que c'est; substituer au démon familier des notions intelligibles et claires, et les développer aux autres. S'il trouvait, par exemple, que c'est *une facilité de supposer ou d'apercevoir des oppositions ou des analogies, qui a sa source dans une connaissance pratique des qualités physiques des êtres considérés solitairement, ou de leurs effets réciproques, quand on les considère en combinaison*, il étendrait cette idée: il l'appuierait d'une infinité de faits qui se présenteraient à sa mémoire; ce serait une histoire fidèle de toutes les extravagances apparentes qui lui ont passé par la tête. Je dis *extravagances*; car quel autre nom donner à cet enchaînement de conjectures fondées sur des oppositions ou des ressemblances si éloignées, si imperceptibles, que les rêves d'un malade ne paraissent ni plus bizarres, ni plus décousus? Il n'y a quelquefois pas une proposition qui ne puisse être contredite, soit en elle-même, soit dans sa liaison avec celle qui la précède ou qui la suit. C'est un tout si précaire, et dans les suppositions et dans les conséquences, qu'on a souvent dédaigné de faire ou les observations ou les expériences qu'on en concluait.

EXEMPLES

XXXII. *Premières conjectures.* 1. Il est un corps que l'on appelle *môle*. Ce corps singulier s'engendre dans la femme, et, selon quelques-uns, sans le concours de l'homme. De quelque manière que le mystère de la génération s'accomplisse, il est certain que les deux sexes y coopèrent. La môle ne serait-elle point un assemblage, ou de tous les éléments qui émanent de la femme dans la production de l'homme, ou de tous les éléments qui émanent de l'homme dans ses différentes approches de la femme? Ces éléments qui sont tranquilles dans l'homme, répandus et retenus dans certaines femmes d'un tempérament ardent, d'une imagination forte, ne pourraient-ils pas s'y échauffer, s'y exalter et y prendre de l'activité? Ces éléments qui sont tranquilles dans la femme, ne pourraient-ils pas y être mis en action, soit par une présence sèche et stérile, et des mouvements inféconds et purement voluptueux de l'homme, soit par la violence et la contrainte des désirs provoqués de la femme, sortir de leurs réservoirs, se porter dans la matrice, s'y arrêter, et s'y combiner d'eux-mêmes? La môle ne serait-elle point le résultat de cette combinaison solitaire ou des éléments émanés de la femme, ou des éléments fournis par l'homme? Mais si la môle est le résultat d'une combinaison telle que je la suppose, cette combinaison aura ses lois aussi invariables que celles de la génération. La môle aura donc une organisation constante. Prenons le scalpel, ouvrons des môles, et voyons; peut-être même découvrirons-nous des môles distinguées par quelques vestiges relatifs à la différence des sexes. Voilà ce que l'on peut appeler l'art de procéder de ce qu'on ne connaît point à ce qu'on connaît moins encore. C'est cette habitude de déraison que possèdent dans un degré surprenant ceux qui ont acquis ou qui tiennent de la nature le génie de la physique expérimentale; c'est à ces sortes de rêves qu'on doit plusieurs découvertes. Voilà l'espèce de divination qu'il faut apprendre aux élèves, si toutefois cela s'apprend.

2. Mais si l'on vient à découvrir, avec le temps, que la môle ne s'engendre jamais dans la femme sans la coopération de l'homme, voici quelques conjectures nouvelles, beaucoup plus vraisemblables que les précédentes, qu'on pourra former sur ce corps extraordinaire. Ce tissu de vaisseaux sanguins qu'on appelle le *placenta*, est, comme on sait, une calotte sphérique, une espèce de champignon qui adhère, par sa partie convexe, à la matrice, pendant tout le temps de la grossesse; auquel le cordon ombilical sert comme de tige; qui se détache de la matrice dans les douleurs de l'enfantement, et dont la surface est égale quand une femme est saine et que son accouchement est heureux. Les êtres n'étant jamais, ni dans leur génération, ni dans leur conformation, ni dans leur usage, que ce que les résistances, les lois du mouvement et l'ordre universel les déterminent à être, s'il arrivait que cette calotte sphérique, qui ne paraît tenir à la matrice que par application et contact, s'en détachât peu à peu par ses bords dès le commencement de la grossesse, en sorte que les progrès de la séparation suivissent exactement ceux de l'accroissement du volume; j'ai pensé que ces bords, libres de toute attache, iraient toujours en s'approchant et en affectant la forme sphérique; que le cordon ombilical, tiré par deux forces contraires, l'une des bords séparés et convexes de la calotte qui tendrait à le raccourcir, et l'autre du poids du fœtus, qui tendrait à l'allonger, serait beaucoup plus court que dans les cas ordinaires; qu'il viendrait un moment où ces bords coïncideraient, s'uniraient entièrement, et formeraient une espèce d'œuf, au centre duquel on trouverait un fœtus bizarre dans son organisation, comme il l'a été dans sa production,

oblitéré, contraint, étouffé; et que cet œuf se nourrirait jusqu'à ce que sa pesanteur achevât de détacher la petite partie de sa surface qui resterait adhérente, qu'il tombât isolé dans la matrice, et qu'il en fût expulsé par une sorte de ponte, comme l'œuf de la poule, avec lequel il a quelque analogie, du moins par sa forme. Si ces conjectures se vérifiaient dans une môle, et qu'il fût cependant démontré que cette môle s'est engendrée dans la femme sans aucune approche de l'homme, il s'ensuivrait évidemment que le fœtus est tout formé dans la femme, et que l'action de l'homme ne concourt qu'au développement.

XXXIII. *Secondes conjectures.* Supposé que la terre ait un noyau solide de verre, ainsi qu'un de nos plus grands philosophes le prétend,[1] et que ce noyau soit revêtu de poussière, on peut assurer qu'en conséquence des lois de la force centrifuge, qui tend à approcher les corps libres de l'équateur et à donner à la terre la forme d'un sphéroïde aplati, les couches de cette poussière doivent être moins épaisses aux pôles que sous aucun autre parallèle; que peut-être le noyau est à nu aux deux extrémités de l'axe, et que c'est à cette particularité qu'il faut attribuer la direction de l'aiguille aimantée et les aurores boréales qui ne sont probablement que des courants de matière électrique.

Il y a grande apparence que le magnétisme et l'électricité dépendent des mêmes causes. Pourquoi ne seraient-ce pas des effets du mouvement de rotation du globe et de l'énergie des matières dont il est composé, combinée avec l'action de la lune? Le flux et reflux, les courants, les vents, la lumière, le mouvement des particules libres du globe, peut-être même celui de toute sa croûte entière sur son noyau, etc., opèrent d'une infinité de manières un frottement continuel. L'effet des causes qui agissent sensiblement et sans cesse, forme à la suite des siècles un produit considérable. Le noyau du globe est une masse de verre; sa surface n'est couverte que de détriments de verre, de sables, et de matières vitrifiables; le verre est, de toutes les substances, celle

---

[1] Buffon, in his *Histoire Naturelle*, vol. I, 'Preuves de la Théorie de la Terre', art. VII.

qui donne le plus d'électricité par le frottement. Pourquoi la masse totale de l'électricité terrestre ne serait-elle pas le résultat de tous les frottements opérés, soit à la surface de la terre, soit à celle de son noyau? Mais de cette cause générale, il est à présumer qu'on déduira, par quelques tentatives, une cause particulière qui constituera entre deux grands phénomènes, je veux dire la position de l'aurore boréale et la direction de l'aiguille aimantée, une liaison semblable à celle dont on a constaté l'existence entre le magnétisme et l'électricité, en aimantant des aiguilles sans aimant, et par le moyen seul de l'électricité. On peut avouer ou contredire ces notions, parce qu'elles n'ont encore de réalité que dans mon entendement. C'est aux expériences à leur donner plus de solidité, et c'est au physicien à en imaginer qui séparent les phénomènes, ou qui achèvent de les identifier.

XXXIV. *Troisièmes conjectures.* La matière électrique répand, dans les lieux où l'on électrise, une odeur sulfureuse sensible. Sur cette qualité, les chimistes n'étaient-ils pas autorisés à s'en emparer? Pourquoi n'ont-ils pas essayé, par tous les moyens qu'ils ont en main, des fluides chargés de la plus grande quantité possible de matière électrique? On ne sait seulement pas encore si l'eau électrisée dissout plus ou moins promptement le sucre que l'eau simple. Le feu de nos fourneaux augmente considérablement le poids de certaines matières, telles que le plomb calciné; si le feu de l'électricité, constamment appliqué sur ce métal en calcination, augmentait encore cet effet, n'en résulterait-il pas une nouvelle analogie entre le feu électrique et le feu commun? On a essayé si ce feu extraordinaire ne porterait point quelque vertu dans les remèdes, et ne rendrait point une substance plus efficace, un topique plus actif; mais n'a-t-on pas abandonné trop tôt ces essais? Pourquoi l'électricité ne modifierait-elle pas la formation des cristaux et leurs propriétés? Combien de conjectures à former d'imagination, et à confirmer ou détruire par l'expérience! *Voyez l'article suivant.*

XXXV. *Quatrièmes conjectures.* La plupart des météores, les feux follets, les exhalaisons, les étoiles tombantes, les phosphores naturels et artificiels, les bois pourris et lumineux, ont-ils d'autres causes que l'électricité? Pourquoi ne fait-on pas sur ces phosphores les expériences nécessaires pour s'en assurer? Pourquoi ne pense-t-on pas à reconnaître si l'air, comme le verre, n'est pas un corps électrique par lui-même, c'est-à-dire un corps qui n'a besoin que d'être frotté et battu pour s'électriser? Qui sait si l'air chargé de matière sulfureuse ne se trouverait pas plus ou moins électrique que l'air pur? Si l'on fait tourner avec une grande rapidité, dans l'air, une verge de métal qui lui oppose beaucoup de surface, on découvrira si l'air est électrique, et ce que la verge en aura reçu d'électricité. Si pendant l'expérience on brûle du soufre et d'autres matières, on reconnaîtra celles qui augmenteront et celles qui diminueront la qualité électrique de l'air. Peut-être l'air froid des pôles est-il plus susceptible d'électricité que l'air chaud de l'équateur; et comme la glace est électrique et que l'eau ne l'est point, qui sait si ce n'est pas à l'énorme quantité de ces glaces éternelles, amassées vers les pôles, et peut-être mues sur le noyau de verre plus découvert aux pôles qu'ailleurs, qu'il faut attribuer les phénomènes de la direction de l'aiguille et de l'apparition des aurores boréales, qui semblent dépendre également de l'électricité, comme nous l'avons insinué dans nos *conjectures secondes?* L'observation a rencontré un des ressorts les plus généraux et les plus puissants de la nature; c'est à l'expérience à en découvrir les effets.

XXXVI. *Cinquièmes conjectures.* 1. Si une corde d'instrument est tendue, et qu'un obstacle léger la divise en deux parties inégales, de manière qu'il n'empêche point la communication des vibrations de l'une des parties à l'autre, on sait que cet obstacle détermine la plus grande à se diviser en portions vibrantes, telles que les deux parties de la corde rendent un unisson, et que les portions vibrantes de la plus grande sont comprises chacune entre deux points immobiles. La résonnance du corps n'étant point la cause de la division de la plus grande, mais l'unisson des deux parties étant seulement un effet de cette division, j'ai pensé que, si on substituait à la corde d'instrument une verge de métal, et qu'on la frappât violemment, il se formerait sur sa longueur des ventres et des nœuds; qu'il en serait de même de tout corps élastique sonore ou non; que ce phénomène, qu'on croit particulier aux cordes vibrantes, a lieu d'une manière plus ou moins forte dans toute percussion; qu'il tient aux lois générales de la communication du mouvement; qu'il y a dans les corps choqués des parties oscillantes infiniment petites et des nœuds ou points immobiles infiniment proches; que ces parties oscillantes et ces nœuds sont les causes du frémissement que nous éprouvons par la sensation du toucher dans les corps après le choc, tantôt sans qu'il y ait de translation locale, tantôt après que la translation locale a cessé; que cette supposition est conforme à la nature du frémissement qui n'est pas de toute la surface touchée à toute la surface de la partie sensible qui touche, mais d'une infinité de points répandus sur la surface du corps touché, vibrant confusément entre une infinité de points immobiles; qu'apparemment, dans les corps continus élastiques, la force d'inertie, distribuée uniformément dans la masse, fait en un point quelconque la fonction d'un petit obstacle relativement à un autre point; qu'en supposant la partie frappée d'une corde vibrante infiniment petite, et conséquemment les ventres infiniment petits, et les nœuds infiniment près, on a, selon une direction et pour ainsi dire sur une seule ligne, une image de ce qui s'exécute en tout sens dans un solide choqué par un autre; que, puisque la longueur de la partie interceptée de la corde vibrante étant donnée, il n'y a aucune cause qui puisse multiplier sur l'autre partie le nombre des points immobiles; que puisque ce nombre est le même, quelle que soit la force du coup, et que puisqu'il n'y a que la vitesse des oscillations qui varie dans le choc des corps, le frémissement sera plus ou moins violent; mais que le rapport en nombre des points vibrants aux points immobiles sera le même, et que la quantité de matière en repos dans ces corps sera constante, quelles que soient la force du choc, la densité du corps, la cohésion des parties. Le géomètre n'a donc plus qu'à étendre le calcul de la corde vibrante au prisme, à la sphère, au cylindre, pour trouver la loi générale de la distribution du mouvement dans un corps choqué; loi qu'on était bien éloigné de rechercher jusqu'à présent, puisqu'on ne pensait pas même à l'existence du phénomène, et qu'on supposait au contraire la distribution du mouvement uniforme dans toute la masse, quoique dans le choc le frémissement indiquât, par la voie de la sensation, la réalité de points vibrants répandus entre des points immobiles: je dis *dans le choc*, car il est vraisemblable que, dans les communications de mouvement où le choc n'a aucun lieu, un corps est lancé comme le serait la molécule la plus petite, et que le mouvement est uniformément de toute la masse à la fois. Aussi le frémissement est-il nul dans tous ces cas; ce qui achève d'en distinguer le cas du choc.

2. Par le principe de la décomposition des forces on peut toujours réduire à une seule force toutes celles qui agissent sur un corps: si la quantité et la direction de la force qui agit sur le corps sont données, et qu'on cherche à déterminer le mouvement qui en résulte, on trouve que le corps va en avant, comme si la force passait par le centre de gravité; et qu'il tourne de plus autour du centre de gravité, comme si ce centre était fixe et que la force agît autour de ce centre comme autour d'un point d'appui. Donc, si deux molécules s'attirent réciproquement, elles se disposeront l'une par l'autre, selon les lois de leurs attractions, leurs figures, etc. Si ce système de deux molécules en attire une troisième dont il soit réciproquement attiré, ces trois molécules se disposeront les unes par rapport aux autres, selon les lois de leurs attractions, leurs figures, etc., et ainsi de suite des autres systèmes et des autres molécules. Elles formeront toutes un système *A*, dans lequel, soit qu'elles se touchent ou non, soit qu'elles se meuvent ou soient en repos, elles résisteront à une force qui tendrait à troubler leur coordination, et tendront toujours, soit à se restituer dans leur premier ordre, si la force perturbatrice vient à cesser, soit à se coordonner relativement aux lois de leurs attractions, à leurs figures, etc., et à l'action de la force perturbatrice, si elle continue d'agir. Ce système *A* est ce que j'appelle un corps élastique. En ce sens général et abstrait, le système plané-

taire, l'univers n'est qu'un corps élastique: le chaos est une impossibilité; car il est un ordre essentiellement conséquent aux qualités primitives de la matière.

3. Si l'on considère le système *A* dans le vide, il sera indestructible, imperturbable, éternel; si l'on en suppose les parties dispersées dans l'immensité de l'espace, comme les qualités, telles que l'attraction, se propagent à l'infini, lorsque rien ne resserre la sphère de leur action, ces parties, dont les figures n'auront point varié et qui seront animées des mêmes forces, se coordonneront derechef comme elles étaient coordonnées, et reformeront, dans quelque point de l'espace et dans quelque instant de la durée, un corps élastique.

4. Il n'en sera pas ainsi, si l'on suppose le système *A* dans l'univers; les effets n'y sont pas moins nécessaires; mais une action des causes, déterminément telle, y est quelquefois impossible, et le nombre de celles qui se combinent est toujours si grand dans le système général ou corps élastique universel, qu'on ne sait ce qu'étaient originairement les systèmes ou corps élastiques particuliers, ni ce qu'ils deviendront. Sans prétendre donc que l'attraction constitue dans le plein la dureté et l'élasticité, telles que nous les y remarquons, n'est-il pas évident que cette propriété de la matière suffit seule pour les constituer dans le vide, et donner lieu à la raréfaction, à la condensation, et à tous les phénomènes qui en dépendent? Pourquoi donc ne serait-elle pas la cause première de ces phénomènes dans notre système général, où une infinité de causes qui la modifieraient feraient varier à l'infini la quantité de ces phénomènes dans les systèmes ou corps élastiques particuliers? Ainsi un corps élastique plié ne se rompra que quand la cause qui en rapproche les parties en un sens, les aura tellement écartées dans le sens contraire, qu'elles n'auront plus d'action sensible les unes sur les autres par leurs attractions réciproques; un corps élastique choqué ne s'éclatera que quand plusieurs de ses molécules vibrantes auront été portées dans leur première oscillation à une distance des molécules immobiles entre lesquelles elles sont répandues, telle qu'elles n'auront plus d'action

sensible les unes sur les autres par leurs attractions réciproques. Si la violence du choc était assez grande pour que les molécules vibrantes fussent toutes portées au delà de la sphère de leur attraction sensible, le corps serait réduit dans ses éléments. Mais entre cette collision, la plus forte qu'un corps puisse éprouver, et la collision qui n'occasionnerait que le frémissement le plus faible, il y en a une, ou réelle ou intelligible, par laquelle tous les éléments du corps, séparés, cesseraient de se toucher, sans que leur système fût détruit et sans que leur coordination cessât. Nous abandonnerons au lecteur l'application des mêmes principes à la condensation, à la raréfaction, etc. Nous ferons seulement encore observer ici la différence de la communication du mouvement par le choc, et de la communication du mouvement sans le choc. La translation d'un corps sans le choc étant uniformément de toutes ses parties à la fois, quelle que soit la quantité du mouvement communiquée par cette voie, fût-elle infinie, le corps ne sera point détruit; il restera entier jusqu'à ce qu'un choc, faisant osciller quelques-unes de ses parties, entre d'autres qui demeurent immobiles, le ventre des premières oscillations ait une telle amplitude que les parties oscillantes ne puissent plus revenir à leur place, ni rentrer dans la coordination systématique.

5. Tout ce qui précède ne concerne proprement que les corps élastiques simples, ou les systèmes de particules de même matière, de même figure, animées d'une même quantité et mues selon une même loi d'attraction. Mais si toutes ces qualités sont variables, il en résultera une infinité de corps élastiques mixtes. J'entends par un corps élastique mixte un système composé de deux ou plusieurs systèmes de matières différentes, de différentes figures, animées de différentes quantités, et peut-être même mues selon des lois différentes d'attraction, dont les particules sont coordonnées les unes entre les autres par une loi qui est commune à toutes, et qu'on peut regarder comme le produit de leurs actions réciproques. Si l'on parvient par quelques opérations à simplifier le système composé, en en chassant toutes les particules d'une espèce de matière coordonnée, ou à le composer davantage, en

y introduisant une matière nouvelle dont les particules se coordonnent entre celles du système et changent la loi commune
à toutes; la dureté, l'élasticité, la compressibilité, la rarescibilité,
et les autres affections qui dépendent, dans le système composé,
de la différente coordination des particules, augmenteront ou
diminueront, etc. Le plomb, qui n'a presque point de dureté ni
d'élasticité, diminue encore en dureté et augmente en élasticité,
si on le met en fusion, c'est-à-dire, si on coordonne entre le
système composé des molécules qui le constituent plomb, un
autre système composé de molécules d'air, de feu, etc., qui le
constituent plomb fondu.

6. Il serait très aisé d'appliquer ces idées à une infinité d'autres
phénomènes semblables et d'en composer un traité fort étendu.
Le point le plus difficile à découvrir, ce serait par quel mécanisme
les parties d'un système, quand elles se coordonnent entre les
parties d'un autre système, le simplifient quelquefois, en en
chassant un système d'autres parties coordonnées, comme il
arrive dans certaines opérations chimiques. Des attractions selon
des lois différentes ne paraissent pas suffire pour ce phénomène;
et il est dur d'admettre des qualités répulsives. Voici comment
on pourrait s'en passer. Soit un système A composé des systèmes
B et C, dont les molécules sont coordonnées les unes entre les
autres, selon quelque loi commune à toutes. Si l'on introduit
dans le système composé A, un autre système D, il arrivera de
deux choses l'une; ou que les particules du système D se coordonneront entre les parties du système A, sans qu'il y ait de
choc, et, dans ce cas, le système A sera composé des systèmes B,
C, D: ou que la coordination des particules du système D entre
les particules du système A sera accompagnée de choc. Si le choc
est tel que les particules choquées ne soient point portées dans
leur première oscillation au delà de la sphère infiniment petite de
leur attraction, il y aura dans le premier moment trouble ou
multitude infinie de petites oscillations. Mais ce trouble cessera
bientôt; les particules se coordonneront; et il résultera de leur
coordination un système A composé des systèmes B, C, D. Si

les parties du système *B*, ou celles du système *C*, ou les unes et les autres sont choquées dans le premier instant de la coordination, et portées au delà de la sphère de leur attraction par les parties du système *D*; elles seront séparées de la coordination systématique pour n'y plus revenir, et le système *A* sera un système composé des systèmes *B* et *D*, ou des systèmes *C* et *D*; ou ce sera un système simple des seules particules coordonnées du système *D*: et ces phénomènes s'exécuteront avec des circonstances qui ajouteront beaucoup à la vraisemblance de ces idées, ou qui peut-être la *détruiront entièrement*. Au reste, j'y suis arrivé en partant *du frémissement d'un corps élastique choqué*. La séparation ne sera jamais spontanée où il y aura *coordination*; elle pourra l'être où il n'y aura que *composition*. La *coordination* est encore un principe d'*uniformité*, même dans un *tout* hétérogène.

XXXVII. *Sixièmes conjectures*. Les productions de l'art seront communes, imparfaites et faibles, tant qu'on ne se proposera pas une imitation plus rigoureuse de la nature. La nature est opiniâtre et lente dans ses opérations. S'agit-il d'éloigner, de rapprocher, d'unir, de diviser, d'amollir, de condenser, de durcir, de liquéfier, de dissoudre, d'assimiler, elle s'avance à son but par les degrés les plus insensibles. L'art, au contraire, se hâte, se fatigue et se relâche. La nature emploie des siècles à préparer grossièrement les métaux; l'art se propose de les perfectionner en un jour. La nature emploie des siècles à former les pierres précieuses; l'art prétend les contrefaire en un moment. Quand on posséderait le véritable moyen, ce ne serait pas assez; il faudrait encore savoir l'appliquer. On est dans l'erreur, si l'on s'imagine que, le produit de l'intensité de l'action multipliée par le temps de l'application étant le même, le résultat sera le même. Il n'y a qu'une application graduée, lente et continue qui transforme. Toute autre application n'est que destructive. Que ne tirerions-nous pas du mélange de certaines substances dont nous n'obtenons que des composés très imparfaits, si nous procédions d'une manière analogue à celle de la nature? Mais on est toujours pressé de jouir; on veut voir la fin de ce qu'on a commencé. De là tant de tentatives infructueuses ; tant de dépenses et de peines perdues ; tant de travaux que la nature suggère et que l'art n'entreprendra jamais, parce que le succès en paraît éloigné. Qui est-ce qui est sorti des grottes d'Arcy,[I] sans être convaincu, par la vitesse avec laquelle les stalactites s'y forment et s'y réparent, que ces grottes se rempliront un jour et ne formeront plus qu'un solide immense ? Où est le naturaliste qui, réfléchissant sur ce phénomène, n'ait pas conjecturé qu'en déterminant des eaux à se filtrer peu à peu à travers des terres et des rochers, dont les stillations seraient reçues dans des cavernes spacieuses, on ne parvînt avec le temps à en former des carrières artificielles d'albâtre, de marbre et d'autres pierres, dont les qualités varieraient selon la nature des terres, des eaux et des rochers ? Mais à quoi servent ces vues sans le courage, la patience, le travail, les dépenses, le temps et surtout ce goût antique pour les grandes entreprises dont il subsiste encore tant de monuments qui n'obtiennent de nous qu'une admiration froide et stérile ?

XXXVIII. *Septièmes conjectures*. On a tenté tant de fois sans succès de convertir nos fers en un acier qui égalât celui d'Angleterre et d'Allemagne et qu'on pût employer à la fabrication des ouvrages délicats. J'ignore quels procédés on a suivis ; mais il m'a semblé qu'on eût été conduit à cette découverte importante par l'imitation et la perfection d'une manœuvre très commune dans les ateliers des ouvriers en fer. On l'appelle *trempe en paquet*. Pour tremper en paquet, on prend de la suie la plus dure, on la pile, on la délaie avec de l'urine, on y ajoute de l'ail broyé, de la savate déchiquetée et du sel commun ; on a une boîte de fer ; on en couvre le fond d'un lit de ce mélange ; on place sur ce lit un lit de différentes pièces d'ouvrages en fer ; sur ce lit, un lit de mélange ; et ainsi de suite, jusqu'à ce que la boîte soit pleine ; on la ferme de son couvercle ; on l'enduit exactement à l'extérieur d'un mélange de terre grasse bien battue, de bourre et de fiente de cheval ; on la place au centre d'un tas de charbon proportionné

[I] Arcy-sur-Cure, near Auxerre.

à son volume; on allume le charbon; on laisse aller le feu, on l'entretient seulement; on a un vaisseau plein d'eau fraîche; trois ou quatre heures après qu'on a mis la boîte au feu, on l'en tire; on l'ouvre; on fait tomber les pièces qu'elle renferme dans l'eau fraîche, qu'on remue à mesure que les pièces tombent. Ces pièces sont trempées en paquet; et si l'on en casse quelques-unes, on en trouvera la surface convertie en un acier très dur et d'un grain très fin, à une petite profondeur. Cette surface en prend un poli plus éclatant et en garde mieux les formes qu'on lui a données à la lime. N'est-il pas à présumer que, si l'on exposait, *stratum super stratum*,[1] à l'action du feu et des matières employées dans la trempe en paquet, du fer bien choisi, bien travaillé, réduit en feuilles minces, telles que celles de la tôle, ou en verges très menues, et précipité au sortir du fourneau d'aciérage dans un courant d'eaux propres à cette opération, il se convertirait en acier? si, surtout, on confiait le soin des premières expériences à des hommes qui, accoutumés depuis longtemps à employer le fer, à connaître ses qualités et à remédier à ses défauts, ne manqueraient pas de simplifier les manœuvres et de trouver des matières plus propres à l'opération.

XXXIX. Ce qu'on montre de physique expérimentale dans des leçons publiques, suffit-il pour procurer cette espèce de délire philosophique? je n'en crois rien. Nos faiseurs de cours d'expériences ressemblent un peu à celui qui penserait avoir donné un grand repas parce qu'il aurait eu beaucoup de monde à sa table. Il faudrait donc s'attacher principalement à irriter l'appétit, afin que plusieurs, emportés par le désir de le satisfaire, passassent de la condition de disciples à celle d'amateurs, et de celle-ci à la profession de philosophes. Loin de tout homme public ces réserves si opposées aux progrès des sciences! Il faut révéler et la chose et le moyen. Que je trouve les premiers hommes qui découvrirent les nouveaux calculs, grands dans leur invention! que je les trouve petits dans le mystère qu'ils en firent! Si Newton se fût hâté de parler, comme l'intérêt de sa gloire et de la vérité le

[1] 'layer upon layer'.

demandait, Leibnitz ne partagerait pas avec lui le nom d'inventeur.[1] L'Allemand imaginait l'instrument, tandis que l'Anglais se complaisait à étonner les savants par les applications surprenantes qu'il en faisait. En mathématiques, en physique, le plus sûr est d'entrer d'abord en possession, en produisant ses titres au public. Au reste, quand je demande la révélation du moyen, j'entends de celui par lequel on a réussi: on ne peut être trop succinct sur ceux qui n'ont point eu de succès.

XL. Ce n'est pas assez de révéler; il faut encore que la révélation soit entière et claire. Il est une sorte d'obscurité que l'on pourrait définir *l'affectation des grands maîtres*. C'est un voile qu'ils se plaisent à tirer entre le peuple et la nature. Sans le respect qu'on doit aux noms célèbres, je dirais que telle est l'obscurité qui règne dans quelques ouvrages de Stahl*[2] et dans les *Principes mathématiques* de Newton. Ces livres ne demandaient qu'à être entendus pour être estimés ce qu'ils valent; et il n'en eût pas coûté plus d'un mois à leurs auteurs pour les rendre clairs; ce mois eût épargné trois ans de travail et d'épuisement à mille bons esprits. Voilà donc à peu près trois mille ans de perdus pour autre chose. Hâtons-nous de rendre la philosophie populaire. Si nous voulons que les philosophes marchent en avant, approchons le peuple du point où en sont les philosophes. Diront-ils qu'il est des ouvrages qu'on ne mettra jamais à la portée du commun des esprits? S'ils le disent, ils montreront seulement qu'ils ignorent ce que peuvent la bonne méthode et la longue habitude.

* Le *Specimen Becherianum*; la *Zimotechnie*; les *Trecenta*. Voyez l'article *Chimie*, vol. iv de l'*Encyclopédie*.

[1] Newton invented the calculus in 1669, but although he made use of it in his *Principia* (1687), it was not until 1704 that he published a full account of it. Leibniz published his work in 1684. Hence the violent controversy between the supporters of Newton and Leibniz in the early eighteenth century as to who had first invented it.

[2] Georg Ernst Stahl (1660–1734), chemist and doctor, chiefly known to-day as the inventor of the phlogiston theory demolished by Lavoisier. His animism had a considerable influence on the Medical School at Montpellier and consequently on Théophile Bordeu who was a student there (cf. the *Rêve de d'Alembert*).

S'il était permis à quelques auteurs d'être obscurs, dût-on m'accuser de faire ici mon apologie, j'oserais dire que c'est aux seuls métaphysiciens proprement dits. Les grandes abstractions ne comportent qu'une lueur sombre. L'acte de la généralisation tend à dépouiller les concepts de tout ce qu'ils ont de sensible. A mesure que cet acte s'avance, les spectres corporels s'évanouissent; les notions se retirent peu à peu de l'imagination vers l'entendement; et les idées deviennent purement intellectuelles. Alors le philosophe spéculatif ressemble à celui qui regarde du haut de ces montagnes dont les sommets se perdent dans les nues: les objets de la plaine ont disparu devant lui; il ne lui reste plus que le spectacle de ses pensées, et que la conscience de la hauteur à laquelle il s'est élevé et où il n'est peut-être pas donné à tous de le suivre et de respirer.

XLI. La nature n'a-t-elle pas assez de son voile, sans le doubler encore de celui du mystère; n'est-ce pas assez des difficultés de l'art? Ouvrez l'ouvrage de Franklin,[1] feuilletez les livres des chimistes, et vous verrez combien l'art expérimental exige de vues, d'imagination, de sagacité, de ressources: lisez-les attentivement, parce que s'il est possible d'apprendre en combien de manières une expérience se retourne, c'est là que vous l'apprendrez. Si, au défaut de génie, vous avez besoin d'un moyen technique qui vous dirige, ayez sous les yeux une table des qualités qu'on a reconnues jusqu'à présent dans la matière; voyez, entre ces qualités, celles qui peuvent convenir à la substance que vous voulez mettre en expérience; assurez-vous qu'elles y sont; tâchez ensuite d'en connaître la quantité; cette quantité se mesurera presque toujours par un instrument, où l'application uniforme d'une partie analogue à la substance pourra se faire, sans interruption et sans reste, jusqu'à l'entière exhaustion de la qualité. Quant à l'existence, elle ne se constatera que par des moyens qui ne se suggèrent pas. Mais si l'on n'apprend point comment il faut chercher, c'est quelque chose du moins que de savoir ce qu'on

---

[1] His *Experiments and Observations on Electricity* which appeared in London in 1751 and was translated into French in the following year.

cherche. Au reste, ceux qui seront forcés de s'avouer à eux-mêmes leur stérilité, soit par une impossibilité bien éprouvée de rien découvrir, soit par une envie secrète qu'ils porteront aux découvertes des autres, le chagrin involontaire qu'ils en ressentiront, et les petites manœuvres qu'ils mettraient volontiers en usage pour en partager l'honneur, ceux-là feront bien d'abandonner une science qu'ils cultivent sans avantage pour elle, et sans gloire pour eux.

XLII. Quand on a formé dans sa tête un de ces systèmes qui demandent à être vérifiés par l'expérience, il ne faut ni s'y attacher opiniâtrément, ni l'abandonner avec légèreté. On pense quelquefois de ses conjectures qu'elles sont fausses, quand on n'a pas pris les mesures convenables pour les trouver vraies. L'opiniâtreté a même ici moins d'inconvénient que l'excès opposé. A force de multiplier les essais, si l'on ne rencontre pas ce que l'on cherche, il peut arriver qu'on rencontre mieux. Jamais le temps qu'on emploie à interroger la nature n'est entièrement perdu. Il faut mesurer sa constance sur le degré de l'analogie. Les idées absolument bizarres ne méritent qu'un premier essai. Il faut accorder quelque chose de plus à celles qui ont de la vraisemblance, et ne renoncer que quand on est épuisé à celles qui promettent une découverte importante. Il semble qu'on n'ait guère besoin de préceptes là-dessus. On s'attache naturellement aux recherches à proportion de l'intérêt qu'on y prend.

XLIII. Comme les systèmes dont il s'agit ne sont appuyés que sur des idées vagues, des soupçons légers, des analogies trompeuses, et même, puisqu'il faut le dire, sur des chimères que l'esprit échauffé prend facilement pour des vues, il n'en faut abandonner aucun sans auparavant l'avoir fait passer par l'épreuve de l'*inversion*. En philosophie purement rationnelle, la vérité est assez souvent l'extrême opposé de l'erreur; de même en philosophie expérimentale, ce ne sera pas l'expérience qu'on aura tentée, ce sera son contraire qui produira le phénomène qu'on attendait. Il faut regarder principalement aux deux points diamétralement opposés. Ainsi, dans la seconde de nos rêveries, après avoir couvert l'équateur du globe électrique et découvert les pôles, il faudra couvrir les pôles et laisser l'équateur à découvert; et comme il importe de mettre le plus de ressemblance qu'il est possible entre le globe expérimental et le globe naturel qu'il représente, le choix de la matière dont on couvrira les pôles ne sera pas indifférent. Peut-être faudrait-il y pratiquer des ɘmas d'un fluide, ce qui n'a rien d'impossible dans l'exécution, et ce qui pourrait donner dans l'expérience quelque nouveau phénomène extraordinaire, et différent de celui qu'on se propose d'imiter.

XLIV. Les expériences doivent être répétées pour le détail des circonstances et pour la connaissance des limites. Il faut les transporter à des objets différents, les compliquer, les combiner de toutes les manières possibles. Tant que les expériences sont éparses, isolées, sans liaison, irréductibles, il est démontré par l'irréduction même qu'il en reste encore à faire. Alors il faut s'attacher uniquement à son objet et le tourmenter, pour ainsi dire, jusqu'à ce qu'on ait tellement enchaîné les phénomènes, qu'un d'eux étant donné tous les autres le soient. Travaillons d'abord à la réduction des effets, nous songerons après à la réduction des causes. Or, les effets ne se réduiront jamais qu'à force de les multiplier. Le grand art dans les moyens qu'on emploie pour exprimer d'une cause tout ce qu'elle peut donner, c'est de bien discerner ceux dont on est en droit d'attendre un phénomène nouveau, de ceux qui ne produiront qu'un phénomène travesti. S'occuper sans fin de ces métamorphoses, c'est se fatiguer beaucoup et ne point avancer. Toute expérience qui n'étend pas la loi à quelque cas nouveau, ou qui ne la restreint pas par quelque exception, ne signifie rien. Le moyen le plus court de connaître la valeur de son essai, c'est d'en faire l'antécédent d'un enthymème, et d'examiner le conséquent.[1] La conséquence est-elle exactement la même que celle que l'on a déjà tirée d'un autre essai? on n'a rien découvert; on a tout au plus confirmé une

---

[1] '*Enthymème*: raisonnement qui n'est qu'un syllogisme réduit à deux propositions, dont la première est appelée *antécédent*, et la seconde *conséquent*. La célèbre proposition de Descartes: Je pense, donc je suis, est un enthymème' (Littré).

découverte. Il y a peu de gros livres de physique expérimentale que cette règle si simple ne réduisît à un petit nombre de pages; et il est un grand nombre de petits livres qu'elle réduirait à rien.

XLV. De même qu'en mathématiques, en examinant toutes les propriétés d'une courbe, on trouve que ce n'est que la même propriété présentée sous des faces différentes; dans la nature on reconnaîtra, lorsque la physique expérimentale sera plus avancée, que tous les phénomènes, ou de la pesanteur, ou de l'élasticité, ou de l'attraction, ou du magnétisme, ou de l'électricité, ne sont que des faces différentes de la même affection. Mais, entre les phénomènes connus que l'on rapporte à l'une de ces causes, combien y a-t-il de phénomènes intermédiaires à trouver pour former les liaisons, remplir les vides et démontrer l'identité? C'est ce qui ne peut se déterminer. Il y a peut-être un phénomène central qui jetterait des rayons, non seulement à ceux qu'on a, mais encore à tous ceux que le temps ferait découvrir, qui les unirait et qui en formerait un système. Mais au défaut de ce centre de correspondance commune, ils demeureront isolés; toutes les découvertes de la physique expérimentale ne feront que les rapprocher en s'interposant, sans jamais les réunir, et quand elles parviendraient à les réunir, elles en formeraient un cercle continu de phénomènes où l'on ne pourrait discerner quel serait le premier et quel serait le dernier. Ce cas singulier, où la physique expérimentale, à force de travail, aurait formé un labyrinthe dans lequel la physique rationnelle, égarée et perdue, tournerait sans cesse, n'est pas impossible dans la nature, comme il l'est en mathématiques. On trouve toujours en mathématiques, ou par la synthèse ou par l'analyse, les propositions intermédiaires qui séparent la propriété fondamentale d'une courbe de sa propriété la plus éloignée.

XLVI. Il y a des phénomènes trompeurs qui semblent, au premier coup d'œil, renverser un système, et qui, mieux connus, achèveraient de le confirmer. Ces phénomènes deviennent le supplice du philosophe, surtout lorsqu'il a le pressentiment que la nature lui en impose et qu'elle se dérobe à ses conjectures par quelque mécanisme extraordinaire et secret. Ce cas embarrassant aura lieu toutes les fois qu'un phénomène sera le résultat de plusieurs causes conspirantes ou opposées. Si elles conspirent, on trouvera la quantité du phénomène trop grande pour l'hypothèse qu'on aura faite; si elles sont opposées, cette quantité sera trop petite. Quelquefois même elle deviendra nulle, et le phénomène disparaîtra, sans qu'on sache à quoi attribuer ce silence capricieux de la nature. Vient-on à en soupçonner la raison? on n'en est guère plus avancé. Il faut travailler à la séparation des causes, décomposer le résultat de leurs actions et réduire un phénomène très compliqué à un phénomène simple; ou du moins manifester la complication des causes, leur concours ou leur opposition, par quelque expérience nouvelle; opération souvent délicate, quelquefois impossible. Alors le système chancelle; les philosophes se partagent; les uns lui demeurent attachés; les autres sont entraînés par l'expérience qui paraît le contredire; et l'on dispute jusqu'à ce que la sagacité ou le hasard, qui ne se repose jamais, plus fécond que la sagacité, lève la contradiction et remette en honneur des idées qu'on avait presque abandonnées.

XLVII. Il faut laisser l'expérience à sa liberté; c'est la tenir captive que de n'en montrer que le côté qui prouve, et que d'en voiler le côté qui contredit. C'est l'inconvénient qu'il y a, non pas à avoir des idées, mais à s'en laisser aveugler, lorsqu'on tente une expérience. On n'est sévère dans son examen que quand le résultat est contraire au système. Alors on n'oublie rien de ce qui peut faire changer de face au phénomène ou de langage à la nature. Dans le cas opposé, l'observateur est indulgent; il glisse sur les circonstances; il ne songe guère à proposer des objections à la nature; il l'en croit sur son premier mot; il n'y soupçonne point d'équivoque, et il mériterait qu'on lui dît: 'Ton métier est d'interroger la nature, et tu la fais mentir ou tu crains de la faire expliquer.'

XLVIII. Quand on suit une mauvaise route, plus on marche vite, plus on s'égare. Et le moyen de revenir sur ses pas, quand on a parcouru un espace immense? L'épuisement des forces ne le permet pas; la vanité s'y oppose sans qu'on s'en aperçoive;

l'entêtement des principes répand sur tout ce qui environne un prestige qui défigure les objets. On ne les voit plus comme ils sont, mais comme il conviendrait qu'ils fussent. Au lieu de réformer ses notions sur les êtres, il semble qu'on prenne à tâche de modeler les êtres sur ses notions. Entre tous les philosophes, il n'y en a point en qui cette fureur domine plus évidemment que dans les méthodistes.[1] Aussitôt qu'un méthodiste a mis dans son système l'homme à la tête des quadrupèdes, il ne l'aperçoit plus dans la nature que comme un animal à quatre pieds. C'est en vain que la raison sublime dont il est doué, se récrie contre la dénomination d'*animal* et que son organisation contredit celle de *quadrupède*; c'est en vain que la nature a tourné ses regards vers le ciel: la prévention systématique lui courbe le corps vers la terre. La raison n'est, suivant elle, qu'un instinct plus parfait; elle croit sérieusement que ce n'est que par défaut d'habitude que l'homme perd l'usage de ses jambes quand il s'avise de transformer ses mains en deux pieds.

XLIX. Mais c'est une chose trop singulière que la dialectique de quelques méthodistes, pour n'en pas donner un échantillon. L'homme, dit Linnæus[2] (*Fauna Suecica, pref.*), n'est ni une pierre, ni une plante; c'est donc un animal. Il n'a pas un seul pied; ce n'est donc pas un ver. Ce n'est pas un insecte puisqu'il n'a point d'antennes. Il n'a point de nageoires; ce n'est donc pas un poisson. Ce n'est pas un oiseau, puisqu'il n'a point de plumes. Qu'est-ce donc que l'homme? il a la bouche du quadrupède. Il a quatre pieds; les deux de devant lui servent à l'attouchement, les deux de derrière au marcher. C'est donc un quadrupède. 'Il est vrai', continue le méthodiste, 'qu'en conséquence de mes principes d'histoire naturelle, je n'ai jamais su distinguer l'homme du singe; car il y a certains singes qui ont moins de poils que certains hommes: ces singes marchent sur deux pieds, et ils se servent de

---

[1] Larousse defines *méthode* as 'mode de classement des espèces végétales', and gives under *méthodiste* the example: 'Linné fut un grand méthodiste.'

[2] Carolus Linnaeus (1701–78), the Swedish naturalist, chiefly famous for his classification of plants and animals. His *Fauna Svecica* appeared at Stockholm in 1746.

leurs pieds et de leurs mains comme les hommes. D'ailleurs la parole n'est point pour moi un caractère distinctif; je n'admets, selon ma méthode, que des caractères qui dépendent du nombre, de la figure, de la proportion et de la situation.' Donc votre méthode est mauvaise, dit la logique. 'Donc l'homme est un animal à quatre pieds', dit le naturaliste.

L. Pour ébranler une hypothèse, il ne faut quelquefois que la pousser aussi loin qu'elle peut aller. Nous allons faire l'essai de ce moyen sur celle du docteur d'Erlangen, dont l'ouvrage, rempli d'idées singulières et neuves, donnera bien de la torture à nos philosophes. Son objet est le plus grand que l'intelligence humaine puisse se proposer; c'est le système universel de la nature. L'auteur commence par exposer rapidement les sentiments de ceux qui l'ont précédé, et l'insuffisance de leurs principes pour le développement général des phénomènes. Les uns n'ont demandé que l'*étendue* et le *mouvement*.[1] D'autres ont cru devoir ajouter à l'étendue, l'*impénétrabilité*, la *mobilité* et l'*inertie*. L'observation des corps célestes, ou plus généralement la physique des grands corps, a démontré la nécessité d'une force par laquelle toutes les parties tendissent ou pesassent les unes vers les autres, selon une certaine loi; et l'on a admis l'*attraction*[2] en raison simple de la masse, et en raison réciproque du carré de la distance. Les opérations les plus simples de la chimie, ou la physique élémentaire des petits corps, a fait recourir à des *attractions* qui suivent d'autres lois; et l'impossibilité d'expliquer la formation d'une plante ou d'un animal avec les attractions, l'inertie, la mobilité, l'impénétrabilité, le mouvement, la matière ou l'étendue, a conduit le philosophe Baumann à supposer encore d'autres propriétés dans la nature. Mécontent des *natures plastiques*,[3] à qui l'on fait exécuter toutes les merveilles de la nature sans matière et sans intelligence; des *substances intelligentes subalternes*,

---

[1] Descartes and his followers.   [2] Newton's theory of gravitation.

[3] Term first used by Cudworth (see p. 4, n. 2) and defined thus in his *True Intellectual System of the Universe* (1678): 'There is a plastic nature under [God] which, as an inferior and subordinate instrument, doth...execute that part of his providence, which consists in the regular and orderly motion of matter.'

qui agissent sur la matière d'une manière inintelligible; de la *simultanéité de la création et de la formation des substances*, qui, contenues les unes dans les autres, se développent dans le temps par la continuation d'un premier miracle; et de l'*extemporanéité de leur production* qui n'est qu'un enchaînement de miracles réitérés à chaque instant de la durée; il a pensé que tous ces systèmes peu philosophiques n'auraient point eu lieu, sans la crainte mal fondée d'attribuer des modifications très connues à un être dont l'essence nous étant inconnue, peut être par cette raison même et malgré notre préjugé très compatible avec ces modifications. Mais quel est cet être? quelles sont ces modifications? Le dirai-je? Sans doute, répond le docteur Baumann, l'être corporel est cet être; ces modifications sont le *désir*, l'*aversion*, la *mémoire* et l'*intelligence*; en un mot, toutes les qualités que nous reconnaissons dans les animaux, que les Anciens comprenaient sous le nom d'*âme sensitive*, et que le docteur Baumann admet, proportion gardée des formes et des masses, dans la particule la plus petite de matière, comme dans le plus gros animal. S'il y avait, dit-il, du péril à accorder aux molécules de la matière quelques degrés d'intelligence, ce péril serait aussi grand à les supposer dans un éléphant ou dans un singe, qu'à les reconnaître dans un grain de sable. Ici le philosophe de l'académie d'Erlangen emploie les derniers efforts pour écarter de lui tout soupçon d'athéisme; et il est évident qu'il ne soutient son hypothèse avec quelque chaleur que parce qu'elle lui paraît satisfaire aux phénomènes les plus difficiles, sans que le matérialisme en soit une conséquence. Il faut lire son ouvrage pour apprendre à concilier les idées philosophiques les plus hardies avec le plus profond respect pour la religion. Dieu a créé le monde, dit le docteur Baumann, et c'est à nous à trouver, s'il est possible, les lois par lesquelles il a voulu qu'il se conservât, et les moyens qu'il a destinés à la reproduction des individus. Nous avons le champ libre de ce côté; nous pouvons proposer nos idées; et voici les principales idées du docteur.

L'élément séminal, extrait d'une partie semblable à celle qu'il doit former dans l'animal sentant et pensant, aura quelque mémoire de sa situation première; de là la conservation des espèces et la ressemblance des parents.

Il peut arriver que le fluide séminal surabonde ou manque de certains éléments; que ces éléments ne puissent s'unir par oubli, ou qu'il se fasse des réunions bizarres d'éléments surnuméraires; de là, ou l'impossibilité de la génération, ou toutes les générations monstrueuses possibles.

Certains éléments auront pris nécessairement une facilité prodigieuse à s'unir constamment de la même manière; de là, s'ils sont différents, une formation d'animaux microscopiques variée à l'infini; de là, s'ils sont semblables, les polypes, qu'on peut comparer à une grappe d'abeilles infiniment petites, qui, n'ayant la mémoire vive que d'une seule situation, s'accrocheraient et demeureraient accrochées selon cette situation qui leur serait la plus familière.

Quand l'impression d'une situation présente balancera ou éteindra la mémoire d'une situation passée, en sorte qu'il y ait indifférence à toute situation, il y aura stérilité; de là la stérilité des mulets.

Qui empêchera des parties élémentaires intelligentes et sensibles de s'écarter à l'infini de l'ordre qui constitue l'espèce? de là, une infinité d'espèces d'animaux sortis d'un premier animal; une infinité d'êtres émanés d'un premier être; un seul acte dans la nature.

Mais chaque élément perdra-t-il, en s'accumulant et en se combinant, son petit degré de sentiment et de perception? Nullement, dit le docteur Baumann. Ces qualités lui sont essentielles. Qu'arrivera-t-il donc? Le voici. De ces perceptions d'éléments rassemblés et combinés, il en résultera une perception unique, proportionnée à la masse et à la disposition; et ce système de perceptions dans lequel chaque élément aura perdu la mémoire du *soi* et concourra à former la conscience du *tout*, sera l'âme de l'animal. 'Omnes elementorum perceptiones conspirare, et in unam fortiorem et magis perfectam perceptionem coalescere videntur. Hæc forte ad unamquamque ex aliis perceptionibus se habet in eadem ratione qua corpus organisatum ad elementum. Elementum quodvis, post suam cum aliis copulationem, cum suam perceptionem illarum perceptionibus confudit, et *sui conscientiam* perdidit, primi elementorum status memoria nulla superest, et nostra nobis origo omnino abdita manet.'*

C'est ici que nous sommes surpris que l'auteur, ou n'ait pas aperçu les terribles conséquences de son hypothèse, ou que, s'il a aperçu les conséquences, il n'ait pas abandonné l'hypothèse. C'est maintenant qu'il faut appliquer notre méthode à l'examen de ses principes. Je lui demanderai donc si l'univers, ou la collection générale de toutes les molécules sensibles et pensantes, forme un tout, ou non. S'il me répond qu'elle ne forme point un tout, il ébranlera d'un seul mot l'existence de Dieu, en introduisant le désordre dans la nature; et il détruira la base de la philosophie, en rompant la chaîne qui lie tous les êtres. S'il convient que c'est un tout où les éléments ne sont pas moins ordonnés que les portions, ou réellement distinctes, ou seulement intelligibles le sont dans un élément, et les éléments dans un animal, il faudra qu'il avoue qu'en conséquence de cette copulation universelle, le monde, semblable à un grand animal, a une âme; que, le monde pouvant être infini, cette âme du monde, je ne dis pas est, mais peut être un système infini de perceptions, et que le monde peut être Dieu. Qu'il proteste tant qu'il voudra contre ces conséquences, elles n'en seront pas moins vraies; et quelque lumière que ses sublimes idées puissent jeter dans les profondeurs de la nature, ces idées n'en seront pas moins effrayantes. Il ne

* Voyez à la position 52, et à la page 78, ce morceau; et dans les pages antérieures et postérieures, des applications très fines et très vraisemblables des mêmes principes à d'autres phénomènes. [This passage is rendered by Maupertuis in his *Système de la Nature* (Section LIV): 'Il semble que de toutes les perceptions des éléments rassemblées il en résulte une perception unique, beaucoup plus forte, beaucoup plus parfaite qu'aucune des perceptions élémentaires, et qui est peut-être à chacune de ces perceptions dans le même rapport que le corps organisé est à l'élément. Chaque élément, dans son union avec les autres, ayant confondu sa perception avec les leurs et perdu le sentiment particulier du *soi*, le souvenir de l'état primitif des éléments nous manque, et notre origine doit être entièrement perdue pour nous.'—Ed.]

s'agissait que de les généraliser pour s'en apercevoir. L'acte de la généralisation est pour les hypothèses du métaphysicien ce que les observations et les expériences réitérées sont pour les conjectures du physicien. Les conjectures sont-elles justes? Plus on fait d'expériences, plus les conjectures se vérifient. Les hypothèses sont-elles vraies? Plus on étend les conséquences, plus elles embrassent de vérités, plus elles acquièrent d'évidence et de force. Au contraire, si les conjectures et les hypothèses sont frêles et mal fondées, ou l'on découvre un fait, ou l'on aboutit à une vérité contre laquelle elles échouent. L'hypothèse du docteur Baumann développera, si l'on veut, le mystère le plus incompréhensible de la nature, la formation des animaux, ou plus généralement celle de tous les corps organisés; la collection universelle des phénomènes et l'existence de Dieu seront ses écueils. Mais quoique nous rejetions les idées du docteur d'Erlangen, nous aurions bien mal conçu l'obscurité des phénomènes qu'il s'était proposé d'expliquer, la fécondité de son hypothèse, les conséquences surprenantes qu'on en peut tirer, le mérite des conjectures nouvelles sur un sujet dont se sont occupés les premiers hommes dans tous les siècles, et la difficulté de combattre les siennes avec succès, si nous ne les regardions comme le fruit d'une méditation profonde, une entreprise hardie sur le système universel de la nature et la tentative d'un grand philosophe.

LI. *De l'impulsion d'une sensation.* Si le docteur Baumann eût renfermé son système dans de justes bornes et n'eût appliqué ses idées qu'à la formation des animaux, sans les étendre à la nature de l'âme, d'où je crois avoir démontré contre lui qu'on pouvait les porter jusqu'à l'existence de Dieu, il ne se serait point précipité dans l'espèce de matérialisme la plus séduisante, en attribuant aux molécules organiques le désir, l'aversion, le sentiment et la pensée. Il fallait se contenter d'y supposer une sensibilité mille fois moindre que celle que le Tout-Puissant a accordée aux animaux les plus voisins de la matière morte. En conséquence de cette sensibilité sourde et de la différence des configurations, il n'y aurait eu pour une molécule organique quelconque qu'une situation la plus commode de toutes, qu'elle aurait sans cesse cherchée par une inquiétude automate, comme il arrive aux animaux de s'agiter dans le sommeil, lorsque l'usage de presque toutes leurs facultés est suspendu, jusqu'à ce qu'ils aient trouvé la disposition la plus convenable au repos. Ce seul principe eût satisfait, d'une manière assez simple et sans aucune conséquence dangereuse, aux phénomènes qu'il se proposait d'expliquer, et à ces merveilles sans nombre qui tiennent si stupéfaits tous nos observateurs d'insectes; et il eût défini l'animal en général, *un système de différentes molécules organiques qui, par l'impulsion d'une sensation semblable à un toucher obtus et sourd que celui qui a créé la matière en général leur a donné, se sont combinées jusqu'à ce que chacune ait rencontré la place la plus convenable à sa figure et à son repos.*

LII. *Des instruments et des mesures.* Nous avons observé ailleurs que, puisque les sens étaient la source de toutes nos connaissances, il importait beaucoup de savoir jusqu'où nous pouvions compter sur leur témoignage: ajoutons ici que l'examen des suppléments de nos sens, ou des instruments, n'est pas moins nécessaire. Nouvelle application de l'expérience; autre source d'observations longues, pénibles et difficiles. Il y aurait un moyen d'abréger le travail; ce serait de fermer l'oreille à une sorte de scrupules de la philosophie rationnelle (car la philosophie rationnelle a ses scrupules) et de bien connaître dans toutes les quantités jusqu'où la précision des mesures est nécessaire. Combien d'industrie, de travail et de temps perdus à mesurer qu'on eût bien employés à découvrir!

LIII. Il est, soit dans l'invention, soit dans la perfection des instruments, une circonspection qu'on ne peut trop recommander au physicien; c'est de se méfier des analogies, de ne jamais conclure ni du plus au moins, ni du moins au plus; de porter son examen sur toutes les qualités physiques des substances qu'il emploie. Il ne réussira jamais s'il se néglige là-dessus; et quand il aura bien pris toutes ses mesures, combien de fois n'arrivera-t-il pas encore qu'un petit obstacle, qu'il n'aura point prévu ou qu'il aura méprisé, sera la limite de la nature et le forcera d'abandonner son ouvrage lorsqu'il le croyait achevé?

LIV. *De la distinction des objets.* Puisque l'esprit ne peut tout comprendre, l'imagination tout prévoir, le sens tout observer et la mémoire tout retenir; puisque les grands hommes naissent à des intervalles de temps si éloignés et que les progrès des sciences sont tellement suspendus par les révolutions, que des siècles d'étude se passent à recouvrer les connaissances des siècles écoulés, c'est manquer au genre humain que de tout observer indistinctement. Les hommes extraordinaires par leurs talents se doivent respecter eux-mêmes et la postérité dans l'emploi de leur temps. Que penserait-elle de nous, si nous n'avions à lui transmettre qu'une insectologie complète, qu'une histoire immense d'animaux microscopiques? Aux grands génies les grands objets; les petits objets aux petits génies. Il vaut autant que ceux-ci s'en occupent que de ne rien faire.

LV. *Des obstacles.* Et puisqu'il ne suffit pas de vouloir une chose, qu'il faut en même temps acquiescer à tout ce qui est presque inséparablement attaché à la chose qu'on veut, celui qui aura résolu de s'appliquer à l'étude de la philosophie, s'attendra non seulement aux obstacles physiques qui sont de la nature de son objet, mais encore à la multitude des obstacles moraux qui doivent se présenter à lui, comme ils se sont offerts à tous les philosophes qui l'ont précédé. Lors donc qu'il lui arrivera d'être traversé, mal entendu, calomnié, compromis, déchiré, qu'il sache se dire à lui-même: 'N'est-ce que dans mon siècle, n'est-ce que pour moi qu'il y a eu des hommes remplis d'ignorance et de fiel, des âmes rongées par l'envie, des têtes troublées par la superstition?' S'il croit quelquefois avoir à se plaindre de ses concitoyens, qu'il sache se parler ainsi: 'Je me plains de mes concitoyens: mais s'il était possible de les interroger tous et de demander à chacun d'eux lequel il voudrait être de l'auteur des *Nouvelles Ecclésiastiques*[1] ou de Montesquieu; de l'auteur des

---

[1] A Jansenist publication, begun about 1727 and continued until 1803. Montesquieu replied to its attacks in his *Défense de l'Esprit des Lois* (1750).

Lettres Américaines[1] ou de Buffon; en est-il un seul qui eût un peu de discernement et qui pût balancer sur le choix? Je suis donc certain d'obtenir, un jour, les seuls applaudissements dont je fasse quelque cas, si j'ai été assez heureux pour les mériter.'

Et vous, qui prenez le titre de philosophes ou de beaux esprits, et qui ne rougissez point de ressembler à ces insectes importuns qui passent les instants de leur existence éphémère à troubler l'homme dans ses travaux et dans son repos, quel est votre but? qu'espérez-vous de votre acharnement? Quand vous aurez découragé ce qui reste à la nation d'auteurs célèbres et d'excellents génies, que ferez-vous en revanche pour elle? Quelles sont les productions merveilleuses par lesquelles vous dédommagerez le genre humain de celles qu'il en aurait obtenues?... Malgré vous, les noms des Duclos, des D'Alembert et des Rousseau; des de Voltaire, des Maupertuis et des Montesquieu; des de Buffon et des Daubenton, seront en honneur parmi nous et chez nos neveux; et si quelqu'un se souvient un jour des vôtres: 'Ils ont été', dira-t-il, 'les persécuteurs des premiers hommes de leur temps; et si nous possédons la préface de l'*Encyclopédie*, l'*Histoire du siècle de Louis XIV*, l'*Esprit des Lois*, et l'*Histoire de la Nature*, c'est qu'heureusement il n'était pas au pouvoir de ces gens-là de nous en priver.'

LVI. *Des causes.* 1. A ne consulter que les vaines conjectures de la philosophie et la faible lumière de notre raison, on croirait que la chaîne des causes n'a point eu de commencement, et que celle des effets n'aura point de fin. Supposez une molécule déplacée, elle ne s'est point déplacée d'elle-même; la cause de son déplacement a une autre cause; celle-ci, une autre, et ainsi de suite, sans qu'on puisse trouver de limites *naturelles* aux causes dans la durée qui a précédé. Supposez une molécule déplacée, ce déplacement aura un effet, cet effet un autre effet, et ainsi de suite, sans qu'on puisse trouver de limites *naturelles* aux effets dans la durée qui suivra. L'esprit épouvanté de ces progrès à l'infini des

---

[1] *Lettres d'un Américain sur l'Histoire Naturelle de M. Buffon et sur les Observations de M. Needham* (5 vols., Hamburg, 1751) by the Abbé de Lignac.

causes les plus faibles et des effets les plus légers, ne se refuse à cette supposition et à quelques autres de la même espèce que par le préjugé qu'il ne se passe rien au delà de la portée de nos sens, et que tout cesse où nous ne voyons plus. Mais une des principales différences de l'observateur de la nature et de son interprète, c'est que celui-ci part du point où les sens et les instruments abandonnent l'autre; il conjecture par ce qui est, ce qui doit être encore; il tire de l'ordre des choses des conclusions abstraites et générales, qui ont pour lui toute l'évidence des vérités sensibles et particulières; il s'élève à l'essence même de l'ordre; il voit que la co-existence *pure et simple* d'un être sensible et pensant, avec un enchaînement quelconque de causes et d'effets, ne lui suffit pas pour en porter un jugement absolu; il s'arrête là; s'il faisait un pas de plus, il sortirait de la nature.

Des causes finales. 2. Qui sommes-nous, pour expliquer les fins de la nature? Ne nous apercevrons-nous point que c'est presque toujours aux dépens de sa puissance que nous préconisons sa sagesse, et que nous ôtons à ses ressources plus que nous ne pouvons jamais accorder à ses vues? Cette manière de l'interpréter est mauvaise, même en théologie naturelle. C'est substituer la conjecture de l'homme à l'ouvrage de Dieu; c'est attacher la plus importante des vérités théologiques au sort d'une hypothèse. Mais le phénomène le plus commun suffira pour montrer combien la recherche de ces causes est contraire à la véritable science. Je suppose qu'un physicien, interrogé sur la nature du lait, réponde que c'est un aliment qui commence à se préparer dans la femelle quand elle a conçu, et que la nature destine à la nourriture de l'animal qui doit naître; que cette définition m'apprendra-t-elle sur la formation du lait? que puis-je penser de la destination prétendue de ce fluide et des autres idées physiologiques qui l'accompagnent, lorsque je sais qu'il y a eu des hommes qui ont fait jaillir le lait de leurs mamelles; que l'anastomose des artères épigastriques et mammaires* me démontre que c'est le lait qui

---

* Cette découverte anatomique est de M. Bertin, et c'est une des plus belles qui se soit faite de nos jours. [Exupère Joseph Bertin, 1712–81.—Ed.]

cause le gonflement de la gorge dont les filles mêmes sont quelquefois incommodées à l'approche de l'évacuation périodique;
qu'il n'y a presque aucune fille qui ne devînt nourrice, si elle se
faisait téter; et que j'ai sous les yeux une femelle d'une espèce
si petite, qu'il ne s'est point trouvé de mâle qui lui convînt, qui
n'a point été couverte, qui n'a jamais porté, et dont les tettes se
sont gonflées de lait, au point qu'il a fallu recourir aux moyens
ordinaires pour la soulager? Combien n'est-il pas ridicule d'entendre des anatomistes attribuer sérieusement à la pudeur de la
nature une ombre qu'elle a également répandue sur des endroits
de notre corps où il n'y a rien de déshonnête à couvrir? L'usage
que lui supposent d'autres anatomistes fait un peu moins d'honneur à la pudeur de la nature, mais n'en fait pas davantage à
leur sagacité. Le physicien, dont la profession est d'instruire et
non d'édifier, abandonnera donc le *pourquoi*, et ne s'occupera que
du *comment*. Le *comment* se tire des êtres; le *pourquoi*, de notre
entendement; il tient à nos systèmes; il dépend du progrès de nos
connaissances.[1] Combien d'idées absurdes, de suppositions
fausses, de notions chimériques, dans ces hymnes que quelques
défenseurs téméraires des causes finales ont osé composer à
l'honneur du Créateur! Au lieu de partager les transports de
l'admiration du Prophète, et de s'écrier pendant la nuit, à la vue
des étoiles sans nombre dont les cieux sont éclairés, *Cæli enarrant
gloriam Dei* (DAVID, *psalm*. XVIII, v. 1.) ils se sont abandonnés
à la superstition de leurs conjectures. Au lieu d'adorer le Tout-
Puissant dans les êtres mêmes de la nature, ils se sont prosternés
devant les fantômes de leur imagination. Si quelqu'un, retenu
par le préjugé, doute de la solidité de mon reproche, je l'invite à
comparer le traité que Galien[2] a écrit de l'usage des parties du

---

[1] Cf. Buffon on the subject of final causes, in vol. v of the Imprimerie Royale
edition (1755) in the chapter entitled 'Le cochon, le cochon de Siam et le sanglier':
'Nous ne faisons pas attention que nous altérons la philosophie, que nous en
dénaturons l'objet qui est de connaître le *comment* des choses, la manière dont la
nature agit; et que nous substituons à cet objet réel une idée vaine, en cherchant
à deviner le *pourquoi* des faits, la fin qu'elle se propose en agissant' (p. 104).
[2] The Greek doctor Galen (A.D. 130–200).

corps humain, avec la physiologie de Boërhaave;[1] et la physiologie de Boërhaave, avec celle de Haller:[2] j'invite la postérité à comparer ce que ce dernier ouvrage contient de vues systématiques et passagères, avec ce que la physiologie deviendra dans les siècles suivants. L'homme fait un mérite à l'Eternel de ses petites vues; et l'Éternel qui l'entend du haut de son trône, et qui connaît son intention, accepte sa louange imbécile, et sourit de sa vanité.

LVII. *De quelques préjugés.* Il n'y a rien ni dans les faits de la nature, ni dans les circonstances de la vie, qui ne soit un piège tendu à notre précipitation. J'en atteste la plupart de ces axiomes généraux qu'on regarde comme le bon sens des nations. On dit, *il ne se passe rien de nouveau sous le ciel*; et cela est vrai pour celui qui s'en tient aux apparences grossières. Mais qu'est-ce que cette sentence pour le philosophe, dont l'occupation journalière est de saisir les différences les plus insensibles? Qu'en devait penser celui qui assura que sur tout un arbre il n'y aurait pas deux feuilles *sensiblement* du même vert? Qu'en penserait celui qui, réfléchissant sur le grand nombre des causes, même connues, qui doivent concourir à la production d'une nuance de couleur précisément telle, prétendrait, sans croire outrer l'opinion de Leibnitz, qu'il est démontré, par la différence des points de l'espace où les corps sont placés, combinée avec ce nombre prodigieux de causes, qu'il n'y a peut-être jamais eu, et qu'il n'y aura peut-être jamais dans la nature, deux brins d'herbe *absolument* du même vert? Si les êtres s'altèrent successivement, en passant par les nuances les plus imperceptibles, le temps, qui ne s'arrête point, doit mettre, à la longue, entre les formes qui ont existé très anciennement, celles qui existent aujourd'hui, celles qui existeront dans les siècles reculés, la différence la plus grande; et le *nil sub sole novum* n'est qu'un préjugé fondé sur la faiblesse de nos organes, l'imperfection de nos instruments, et la brièveté de notre vie. On dit en morale, *tot capita, tot sensus*;[3] c'est le contraire qui est vrai: rien n'est si

---

[1] Hermann Boërhaave, Dutch physician (1668–1738).
[2] Albrecht von Haller, Swiss anatomist, botanist and poet (1708–77).
[3] 'As many heads, as many opinions.'

commun que des têtes, et si rare que des avis. On dit en littérature, *il ne faut point disputer des goûts*: si l'on entend qu'il ne faut point disputer à un homme que tel est son goût, c'est une puérilité. Si l'on entend qu'il n'y a ni bon ni mauvais dans le goût, c'est une fausseté. Le philosophe examinera sévèrement tous ces axiomes de la sagesse populaire.

LVIII. *Questions.* Il n'y a qu'une manière possible d'être homogène. Il y a une infinité de manières différentes possibles d'être hétérogène. Il me paraît aussi impossible que tous les êtres de la nature aient été produits avec une matière parfaitement homogène, qu'il le serait de les représenter avec une seule et même couleur. Je crois même entrevoir que la diversité des phénomènes ne peut être le résultat d'une hétérogénéité quelconque. J'appellerai donc *éléments*, les différentes matières hétérogènes nécessaires pour la production générale des phénomènes de la nature; et j'appellerai *la nature*, le résultat général actuel, ou les résultats généraux successifs de la combinaison des éléments. Les éléments doivent avoir des différences essentielles; sans quoi tout aurait pu naître de l'homogénéité, puisque tout y pourrait retourner. Il est, il a été, ou il sera une combinaison naturelle, ou une combinaison artificielle dans laquelle un élément est, a été ou sera porté à sa plus grande division possible. La molécule d'un élément dans cet état de division dernière est indivisible d'une indivisibilité absolue, puisqu'une division ultérieure de cette molécule étant hors des lois de la nature et au delà des forces de l'art, n'est plus qu'intelligible. L'état de division dernière possible dans la nature ou par l'art n'étant pas le même, selon toute apparence, pour des matières essentiellement hétérogènes, il s'ensuit qu'il y a des molécules essentiellement différentes en masse, et toutefois absolument indivisibles en elles-mêmes. Combien y a-t-il de matières absolument hétérogènes ou élémentaires? nous l'ignorons. Quelles sont les différences essentielles des matières que nous regardons comme absolument hétérogènes ou élémentaires? nous l'ignorons. Jusqu'où la division d'une matière élémentaire est-elle portée, soit dans les productions de l'art, soit dans les ouvrages de la nature; nous l'ignorons, etc., etc., etc. J'ai joint les combinaisons de l'art à celles de la nature; parce qu'entre une infinité de faits que nous ignorons et que nous ne saurons jamais, il en est un qui nous est encore caché: savoir, si la division d'une matière élémentaire n'a point été, n'est point ou ne sera pas portée plus loin dans quelque opération de l'art, qu'elle ne l'a été, ne l'est, et ne le sera dans aucune combinaison de la nature abandonnée à elle-même. Et l'on va voir, par la première des questions suivantes, pourquoi j'ai fait entrer dans quelques-unes de mes propositions les notions du passé, du présent et de l'avenir; et pourquoi j'ai inséré l'idée de succession dans la définition que j'ai donnée de la nature.

1. Si les phénomènes ne sont pas enchaînés les uns aux autres, il n'y a point de philosophie. Les phénomènes seraient tous enchaînés, que l'état de chacun d'eux pourrait être sans permanence. Mais si l'état des êtres est dans une vicissitude perpétuelle; si la nature est encore à l'ouvrage, malgré la chaîne qui lie les phénomènes, il n'y a point de philosophie. Toute notre science naturelle devient aussi transitoire que les mots. Ce que nous prenons pour l'histoire de la nature, n'est que l'histoire très incomplète d'un instant. Je demande donc si les métaux ont toujours été et seront toujours tels qu'ils sont; si les plantes ont toujours été et seront toujours telles qu'elles sont; si les animaux ont toujours été et seront toujours tels qu'ils sont, etc.? Après avoir médité profondément sur certains phénomènes, un doute qu'on vous pardonnerait peut-être, ô sceptiques, ce n'est pas que le monde ait été créé, mais qu'il soit tel qu'il a été et qu'il sera.

2. De même que dans les règnes animal et végétal, un individu commence, pour ainsi dire, s'accroît, dure, dépérit et passe; n'en serait-il pas de même des espèces entières? Si la foi ne nous apprenait que les animaux sont sortis des mains du Créateur tels que nous les voyons, et s'il était permis d'avoir la moindre incertitude sur leur commencement et sur leur fin, le philosophe abandonné à ses conjectures ne pourrait-il pas soupçonner que

l'animalité avait de toute éternité ses éléments particuliers, épars et confondus dans la masse de la matière; qu'il est arrivé à ces éléments de se réunir, parce qu'il était possible que cela se fît; que l'embryon formé de ces éléments a passé par une infinité d'organisations et de développements; qu'il a eu, par succession, du mouvement, de la sensation, des idées, de la pensée, de la réflexion, de la conscience, des sentiments, des passions, des signes, des gestes, des sons, des sons articulés, une langue, des lois, des sciences et des arts; qu'il s'est écoulé des millions d'années entre chacun de ces développements; qu'il a peut-être encore d'autres développements à subir et d'autres accroissements à prendre, qui nous sont inconnus; qu'il a eu ou qu'il aura un état stationnaire; qu'il s'éloigne ou qu'il s'éloignera de cet état par un dépérissement éternel, pendant lequel ses facultés sortiront de lui comme elles y étaient entrées; qu'il disparaîtra pour jamais de la nature, ou plutôt qu'il continuera d'y exister, mais sous une forme et avec des facultés tout autres que celles qu'on lui remarque dans cet instant de la durée? La religion nous épargne bien des écarts et bien des travaux. Si elle ne nous eût point éclairés sur l'origine du monde et sur le système universel des êtres, combien d'hypothèses différentes que nous aurions été tentés de prendre pour le secret de la nature! Ces hypothèses étant toutes également fausses, nous auraient paru toutes à peu près également vraisemblables. La question, *pourquoi il existe quelque chose*, est la plus embarrassante que la philosophie pût se proposer; et il n'y a que la révélation qui y réponde.

3. Si l'on jette les yeux sur les animaux et sur la terre brute qu'ils foulent aux pieds; sur les molécules organiques et sur le fluide dans lequel elles se meuvent; sur les insectes microscopiques, et sur la matière qui les produit et qui les environne, il est évident que la matière en général est divisée en matière morte et en matière vivante. Mais comment se peut-il faire que la matière ne soit pas une, ou toute vivante, ou toute morte? La matière vivante est-elle toujours vivante? Et la matière morte est-elle toujours et réellement morte? La matière vivante ne

meurt-elle point? La matière morte ne commence-t-elle jamais
à vivre?

4. Y a-t-il quelque autre différence assignable entre la matière
morte et la matière vivante, que l'organisation, et que la spon-
tanéité réelle ou apparente du mouvement?

5. Ce qu'on appelle matière vivante, ne serait-ce pas seulement
une matière qui se meut par elle-même? Et ce qu'on appelle une
matière morte, ne serait-ce pas une matière mobile par une autre
matière?

6. Si la matière vivante est une matière qui se meut par elle-
même, comment peut-elle cesser de se mouvoir sans mourir?

7. S'il y a une matière vivante et une matière morte par elles-
mêmes, ces deux principes suffisent-ils pour la production générale
de toutes les formes et de tous les phénomènes?

8. En géométrie une quantité réelle jointe à une quantité
imaginaire donne un tout imaginaire; dans la nature, si une
molécule de matière vivante s'applique à une molécule de
matière morte, le tout sera-t-il vivant, ou sera-t-il mort?

9. Si l'agrégat peut être ou vivant ou mort, quand et pourquoi
sera-t-il vivant? quand et pourquoi sera-t-il mort?

10. Mort ou vivant, il existe sous une forme. Sous quelque
forme qu'il existe, quel en est le principe?

11. Les moules sont-ils principes des formes? Qu'est-ce qu'un
moule? Est-ce un être réel et préexistant? ou n'est-ce que les
limites intelligibles de l'énergie d'une molécule vivante unie à de
la matière morte ou vivante; limites déterminées par le rapport
de l'énergie en tout sens, aux résistances en tout sens? Si c'est un
être réel et préexistant, comment s'est-il formé?

12. L'énergie d'une molécule vivante varie-t-elle par elle-
même? ou ne varie-t-elle que selon la quantité, la qualité, les
formes de la matière morte ou vivante à laquelle elle s'unit?

13. Y a-t-il des matières vivantes spécifiquement différentes
de matières vivantes? ou toute matière vivante est-elle essentiellement une et propre à tout? J'en demande autant des matières
mortes.

14. La matière vivante se combine-t-elle avec de la matière vivante? Comment se fait cette combinaison? Quel en est le résultat? J'en demande autant de la matière morte.

15. Si l'on pouvait supposer toute la matière vivante, ou toute la matière morte, y aurait-il jamais autre chose que de la matière morte, ou que de la matière vivante? ou les molécules vivantes ne pourraient-elles pas reprendre la vie, après l'avoir perdue, pour la reperdre encore, et ainsi de suite, à l'infini?

Quand je tourne mes regards sur les travaux des hommes et que je vois des villes bâties de toutes parts, tous les éléments employés, des langues fixées, des peuples policés, des ports construits, les mers traversées, la terre et les cieux mesurés, le monde me paraît bien vieux. Lorsque je trouve les hommes incertains sur les premiers principes de la médecine et de l'agriculture, sur les propriétés des substances les plus communes, sur la connaissance des maladies dont ils sont affligés, sur la taille des arbres, sur la forme de la charrue, la terre ne me paraît habitée que d'hier. Et si les hommes étaient sages, ils se livreraient enfin à des recherches relatives à leur bien-être, et ne répondraient à mes questions futiles que dans mille ans au plus tôt: ou peut-être même, considérant sans cesse le peu d'étendue qu'ils occupent dans l'espace et dans la durée, ils ne daigneraient jamais y répondre.

OBSERVATION
SUR UN ENDROIT DE LA PAGE 53

Je t'ai dit, jeune homme, que *les qualités, telles que l'attraction, se propageaient à l'infini lorsque rien ne limitait la sphère de leur action.* On t'objectera 'que j'aurais même pu dire *qu'elles se propageaient uniformément.* On ajoutera peut-être qu'on ne conçoit guère comment une qualité s'exerce *à distance,* sans aucun intermède; mais qu'il n'y a point d'absurdités et qu'il n'y en eut jamais, ou que c'en est une de prétendre qu'elle s'exerce dans le vide diversement, à différentes distances; qu'alors on n'aperçoit rien, soit au dedans, soit au dehors d'une portion de matière, qui soit capable de faire varier son action; que Descartes, Newton, les philosophes anciens et modernes ont tous supposé qu'un corps, animé dans le vide de la quantité de mouvement la plus petite, irait à l'infini, uniformément, en ligne droite; que la distance n'est donc par elle-même ni un obstacle ni un véhicule; que toute qualité, dont l'action varie selon une raison quelconque inverse ou directe de la distance, ramène nécessairement au plein et à la philosophie corpusculaire; et que la supposition du vide et celle de la variabilité de l'action d'une cause sont deux suppositions contradictoires.' Si l'on te propose ces difficultés, je te conseille d'en aller chercher la réponse chez quelque Newtonien; car je t'avoue que j'ignore comment on les résout.

ENTRETIEN ENTRE D'ALEMBERT
ET DIDEROT

In September 1769 Diderot wrote to Sophie Volland: 'Je crois vous avoir dit que j'avais fait un dialogue entre d'Alembert et moi. En le relisant, il m'a pris en fantaisie d'en faire un second, et il a été fait. Les interlocuteurs sont d'Alembert, qui rêve, Bordeu, et l'amie de d'Alembert, Mlle d'Espinasse. Il est intitulé le *Rêve de d'Alembert.* Il n'est pas possible d'être plus profond et plus fou. J'y ai ajouté après cinq ou six pages capables de faire dresser les cheveux à mon amoureuse; aussi ne les verra-t-elle jamais.' The subsequent history of these dialogues is a very complicated one. We know that Diderot was compelled by d'Alembert to destroy the original MS. because Mlle de Lespinasse was shocked by the role which she was made to play in them; and that he later tried to reconstruct the work. This version of the dialogues is lost. However, a copy of the original MS. had been made (the text was even circulated in the *Correspondance littéraire* of 1782), and thus the work has come down to us, though it was not printed until nearly fifty years after Diderot's death. Three MSS. of it exist: (1) a copy in the Diderot papers in Leningrad which was surreptitiously transcribed and published in 1831 in the fourth volume of the *Mémoires, Correspondance et Ouvrages inédits de Diderot* (4 vols., Paris, 1830–1); (2) a copy in the Bibliothèque Nationale (Nouvelles acquisitions françaises, 4200), presumably one of those made for the *Correspondance littéraire*; and (3) a MS. in Diderot's own handwriting which has been preserved since his death in the Fonds Vandeul, and has at last been published by M. Paul Vernière in the editions of the Société des Textes Français Modernes (Librairie Marcel Didier).

The text of M. Vernière's edition is reproduced here, by permission.

D'Alembert. J'avoue qu'un Être qui existe quelque part et qui ne correspond à aucun point de l'espace; un Être qui est inétendu et qui occupe de l'étendue; qui est tout entier sous chaque partie de cette étendue; qui diffère essentiellement de la matière et qui lui est uni; qui la suit et qui la meut sans se mouvoir; qui agit sur elle et qui en subit toutes les vicissitudes; un Être dont je n'ai pas la moindre idée; un Être d'une nature aussi contradictoire est difficile à admettre. Mais d'autres obscurités attendent celui qui le rejette; car enfin cette sensibilité que vous lui substituez, si c'est une qualité générale et essentielle de la matière, il faut que la pierre sente.

Diderot. Pourquoi non?

D'Alembert. Cela est dur à croire.

Diderot. Oui, pour celui qui la coupe, la taille, la broie et qui ne l'entend pas crier.

D'Alembert. Je voudrais bien que vous me dissiez quelle différence vous mettez entre l'homme et la statue, entre le marbre et la chair.

Diderot. Assez peu. On fait du marbre avec de la chair, et de la chair avec du marbre.

D'Alembert. Mais l'un n'est pas l'autre.

Diderot. Comme ce que vous appelez la force vive n'est pas la force morte.

D'Alembert. Je ne vous entends pas.

Diderot. Je m'explique. Le transport d'un corps d'un lieu dans un autre n'est pas le mouvement, ce n'en est que l'effet. Le mouvement est également et dans le corps transféré et dans le corps immobile.

D'Alembert. Cette façon de voir est nouvelle.

Diderot. Elle n'en est pas moins vraie. Otez l'obstacle qui s'oppose au transport local du corps immobile, et il sera transféré. Supprimez par une raréfaction subite l'air qui environne cet énorme tronc de chêne, et l'eau qu'il contient, entrant tout à coup en expansion, le dispersera en cent mille éclats. J'en dis autant de votre propre corps.

D'Alembert. Soit. Mais quel rapport y a-t-il entre le mouvement et la sensibilité? Serait-ce par hasard que vous reconnaîtriez une sensibilité active et une sensibilité inerte, comme il y a une force vive et une force morte? Une force vive qui se manifeste par la translation, une force morte qui se manifeste par la pression; une sensibilité active qui se caractérise par certaines actions remarquables dans l'animal et peut-être dans la plante; et une sensibilité inerte dont on serait assuré par le passage à l'état de sensibilité active.

Diderot. A merveille. Vous l'avez dit.

D'Alembert. Ainsi la statue n'a qu'une sensibilité inerte; et l'homme, l'animal, la plante même peut-être, sont doués d'une sensibilité active.

Diderot. Il y a sans doute cette différence entre le bloc de marbre et le tissu de chair; mais vous concevez bien que ce n'est pas la seule.

D'Alembert. Assurément. Quelque ressemblance qu'il y ait entre la forme extérieure de l'homme et de la statue, il n'y a point de rapport entre leur organisation intérieure. Le ciseau du plus habile statuaire ne fait pas même un épiderme. Mais il y a un procédé fort simple pour faire passer une force morte à l'état de force vive; c'est une expérience qui se répète sous nos yeux cent fois par jour; au lieu que je ne vois pas trop comment on fait passer un corps de l'état de sensibilité inerte à l'état de sensibilité active.

Diderot. C'est que vous ne voulez pas le voir. C'est un phénomène aussi commun.

D'Alembert. Et ce phénomène aussi commun, quel est-il, s'il vous plaît?

Diderot. Je vais vous le dire, puisque vous en voulez avoir la honte. Cela se fait toutes les fois que vous mangez.

D'Alembert. Toutes les fois que je mange?

Diderot. Oui; car en mangeant, que faites-vous? Vous levez les obstacles qui s'opposaient à la sensibilité active de l'aliment. Vous l'assimilez avec vous-même; vous en faites de la chair; vous l'animalisez; vous le rendez sensible; et ce que vous exécutez sur un aliment, je l'exécuterai quand il me plaira sur le marbre.

D'Alembert. Et comment cela?

Diderot. Comment? je le rendrai comestible.

D'Alembert. Rendre le marbre comestible, cela ne me paraît pas facile.

Diderot. C'est mon affaire que de vous en indiquer le procédé. Je prends la statue que vous voyez, je la mets dans un mortier, et à grands coups de pilon...

D'Alembert. Doucement, s'il vous plaît: c'est le chef-d'œuvre de Falconet.[1] Encore si c'était un morceau d'Huez[2] ou d'un autre...

Diderot. Cela ne fait rien à Falconet; la statue est payée, et Falconet fait peu de cas de la considération présente, aucun de la considération à venir.

D'Alembert. Allons, pulvérisez donc.

Diderot. Lorsque le bloc de marbre est réduit en poudre impalpable, je mêle cette poudre à de l'humus ou terre végétale; je les pétris bien ensemble; j'arrose le mélange, je le laisse putréfier un an, deux ans, un siècle. Le temps ne me fait rien. Lorsque le tout s'est transformé en une matière à peu près homogène, en humus, savez-vous ce que je fais?

D'Alembert. Je suis sûr que vous ne mangez pas de l'humus.

Diderot. Non, mais il y a un moyen d'union, d'appropriation, entre l'humus et moi, un *latus*, comme vous dirait le chimiste.

D'Alembert. Et ce *latus*, c'est la plante?

Diderot. Fort bien. J'y sème des pois, des fèves, des choux, d'autres plantes légumineuses. Les plantes se nourrissent de la terre, et je me nourris des plantes.

---

[1] Étienne Maurice Falconet (1716–91), the sculptor. He spent twelve years in Russia working on a statue of Peter the Great. The views attributed to him here are discussed in his correspondence with Diderot; cf. *Œuvres Complètes*, vol. XVIII.

[2] Jean Baptiste Cyprien d'Huez (1730–93). His work is severely criticized by Diderot in the *Salons* of 1765 and 1769.

D'Alembert. Vrai ou faux, j'aime ce passage du marbre à l'humus, de l'humus au règne végétal, et du règne végétal au règne animal, à la chair.

Diderot. Je fais donc de la chair ou de l'âme, comme dit ma fille,[1] une matière activement sensible; et si je ne résous pas le problème que vous m'avez proposé, du moins j'en approche beaucoup; car vous m'avouerez qu'il y a bien plus loin d'un morceau de marbre à un être qui sent, que d'un être qui sent à un être qui pense.

D'Alembert. J'en conviens. Avec tout cela l'être sensible n'est pas encore l'être pensant.

Diderot. Avant que de faire un pas en avant, permettez-moi de vous faire l'histoire d'un des plus grands géomètres de l'Europe. Qu'était-ce d'abord que cet être merveilleux? Rien.

D'Alembert. Comment rien? On ne fait rien de rien.

Diderot. Vous prenez les mots trop à la lettre. Je veux dire qu'avant que sa mère, la belle et scélérate chanoinesse Tencin,[2] eût atteint l'âge de puberté, avant que le militaire La Touche fût adolescent, les molécules qui devaient former les premiers rudiments de mon géomètre étaient éparses dans les jeunes et frêles machines de l'une et de l'autre, se filtrèrent avec la lymphe, circulèrent avec le sang, jusqu'à ce qu'enfin elles se rendissent dans les réservoirs destinés à leur coalition, les testicules de sa mère et de son père. Voilà ce germe rare formé; le voilà, comme c'est l'opinion commune, amené par les trompes de Fallope dans la matrice; le voilà attaché à la matrice par un long pédicule; le voilà, s'accroissant successivement et s'avançant à l'état de fœtus; voilà le moment de sa sortie de l'obscure prison arrivé; le voilà né, exposé sur les degrés de Saint-Jean-le-Rond qui lui donna son

[1] Angélique, later Mme de Vandeul. She was sixteen in 1769. For the words attributed to her here, cf. Diderot's letter to Sophie Volland of 10 August 1769: 'Je m'avisai, il y a quelques jours, de lui demander ce que c'était que l'âme. "L'âme!" répondit-elle; "mais on fait de l'âme quand on fait de la chair".'

[2] D'Alembert was the son of the Chevalier Destouches and Mme de Tencin (1681–1749), famous for her wild youth, her intrigues and later for her *salon*. He was named Jean Baptiste Lerond after the church where he was found abandoned.

nom; tiré des Enfants-Trouvés; attaché à la mamelle de la bonne vitrière, madame Rousseau; allaité, devenu grand de corps et d'esprit, littérateur, mécanicien, géomètre. Comment cela s'est-il fait? En mangeant et par d'autres opérations purement mécaniques. Voici en quatre mots la formule générale: Mangez, digérez, distillez *in vasi licito, et fiat homo secundum artem.*[1] Et celui qui exposerait à l'Académie le progrès de la formation d'un homme ou d'un animal, n'emploierait que des agents matériels dont les effets successifs seraient un être inerte, un être sentant, un être pensant, un être résolvant le problème de la précession des équinoxes,[2] un être sublime, un être merveilleux, un être vieillissant, dépérissant, mourant, dissous et rendu à la terre végétale.

D'Alembert. Vous ne croyez donc pas aux germes préexistants?[3]

Diderot. Non.

D'Alembert. Ah! que vous me faites plaisir!

Diderot. Cela est contre l'expérience et la raison: contre l'expérience qui chercherait inutilement ces germes dans l'œuf et dans la plupart des animaux avant un certain âge; contre la raison qui nous apprend que la divisibilité de la matière a un terme dans la nature, quoiqu'elle n'en ait aucun dans l'entendement, et qui répugne à concevoir un éléphant tout formé dans un atome et dans cet atome un autre éléphant tout formé, et ainsi de suite à l'infini.

D'Alembert. Mais sans ces germes préexistants, la génération première des animaux ne se conçoit pas.

---

[1] '...in the appropriate vessel, and by this method let man be made.'

[2] D'Alembert's *Recherches sur la précession des équinoxes* appeared in 1749.

[3] The theory of preformation and of *emboîtement* is amusingly defined in a letter of Diderot to Sophie Volland in which he relates a conversation with Baron d'Holbach on this subject: 'J'allai dîner chez le Baron....Nous tombâmes sur la question des germes préexistants. Savez-vous ce que c'est que ces bêtes-là? C'est vous, c'est moi, ce sont tous les hommes qui sont, qui ont été, et qui seront, emboîtés les uns dans les autres jusqu'à l'ovaire d'Ève ou au testicule d'Adam, qui furent les deux premières boîtes, d'où sortirent avec le temps tant de sots, sans compter les défenseurs de ce système.' The theory applied, of course, to the animal world as well as to human beings.

Diderot. Si la question de la priorité de l'œuf sur la poule ou de la poule sur l'œuf vous embarrasse, c'est que vous supposez que les animaux ont été originairement ce qu'ils sont à présent.[1] Quelle folie! On ne sait non plus ce qu'ils ont été qu'on ne sait ce qu'ils deviendront. Le vermisseau imperceptible qui s'agite dans la fange, s'achemine peut-être à l'état de grand animal; l'animal énorme, qui nous épouvante par sa grandeur, s'achemine peut-être à l'état de vermisseau, est peut-être une production particulière et momentanée de cette planète.

D'Alembert. Comment avez-vous dit cela?

Diderot. Je vous disais... Mais cela va nous écarter de notre première discussion.

D'Alembert. Qu'est-ce que cela fait? Nous y reviendrons ou nous n'y reviendrons pas.

Diderot. Me permettriez-vous d'anticiper de quelques milliers d'années sur les temps?

D'Alembert. Pourquoi non? Le temps n'est rien pour la nature.

Diderot. Vous consentez donc que j'éteigne notre soleil?

D'Alembert. D'autant plus volontiers que ce ne sera pas le premier qui se soit éteint.

Diderot. Le soleil éteint, qu'en arrivera-t-il? Les plantes périront, les animaux périront, et voilà la terre solitaire et muette. Rallumez cet astre, et à l'instant vous rétablissez la cause nécessaire d'une infinité de générations nouvelles entre lesquelles je n'oserais assurer qu'à la suite des siècles nos plantes, nos animaux d'aujourd'hui se reproduiront ou ne se reproduiront pas.

D'Alembert. Et pourquoi les mêmes éléments épars venant à se réunir, ne rendraient-ils pas les mêmes résultats?

Diderot. C'est que tout tient dans la nature, et que celui qui suppose un nouveau phénomène ou ramène un instant passé, recrée un nouveau monde.

D'Alembert. C'est ce qu'un penseur profond ne saurait nier. Mais pour en revenir à l'homme, puisque l'ordre général a voulu

---

[1] Cf. *Pensées sur l'Interprétation de la Nature*, LVIII, Question 2 (pp. 78–9 above).

qu'il fût; rappelez-vous que c'est au passage de l'être sentant à l'être pensant que vous m'avez laissé.

Diderot. Je m'en souviens.

D'Alembert. Franchement vous m'obligeriez beaucoup de me tirer de là. Je suis un peu pressé de penser.

Diderot. Quand je n'en viendrais pas à bout, qu'en résulterait-il contre un enchaînement de faits incontestables?

D'Alembert. Rien, sinon que nous serions arrêtés là tout court.

Diderot. Et pour aller plus loin, nous serait-il permis d'inventer un agent contradictoire dans ses attributs, un mot vide de sens, inintelligible?

D'Alembert. Non.

Diderot. Pourriez-vous me dire ce que c'est que l'existence d'un être sentant, par rapport à lui-même?

D'Alembert. C'est la conscience d'avoir été lui, depuis le premier instant de sa réflexion jusqu'au moment présent.

Diderot. Et sur quoi cette conscience est-elle fondée?

D'Alembert. Sur la mémoire de ses actions.

Diderot. Et sans cette mémoire?

D'Alembert. Sans cette mémoire il n'aurait point de lui,[1] puisque, ne sentant son existence que dans le moment de l'impression, il n'aurait aucune histoire de sa vie. Sa vie serait une suite interrompue de sensations que rien ne lierait.

Diderot. Fort bien. Et qu'est-ce que la mémoire? d'où naît-elle?

D'Alembert. D'une certaine organisation qui s'accroît, s'affaiblit et se perd quelquefois entièrement.

Diderot. Si donc un être qui sent et qui a cette organisation propre à la mémoire, lie les impressions qu'il reçoit, forme par cette liaison une histoire qui est celle de sa vie, et acquiert la conscience de lui, il nie, il affirme, il conclut, il pense.

D'Alembert. Cela me paraît; il ne me reste plus qu'une difficulté.

Diderot. Vous vous trompez; il vous en reste bien davantage.

[1] *Moi*, in modern French.

D'Alembert. Mais une principale; c'est qu'il me semble que nous ne pouvons penser qu'à une seule chose à la fois, et que pour former, je ne dis pas ces énormes chaînes de raisonnements qui embrassent dans leur circuit des milliers d'idées, mais une simple proposition, on dirait qu'il faut avoir au moins deux choses présentes, l'objet qui semble rester sous l'œil de l'entendement, tandis qu'il s'occupe de la qualité qu'il en affirmera ou niera.

Diderot. Je le pense; ce qui m'a fait quelquefois comparer les fibres de nos organes à des cordes vibrantes sensibles. La corde vibrante sensible oscille, résonne longtemps encore après qu'on l'a pincée. C'est cette oscillation, cette espèce de résonnance nécessaire qui tient l'objet présent, tandis que l'entendement s'occupe de la qualité qui lui convient. Mais les cordes vibrantes ont encore une autre propriété, c'est d'en faire frémir d'autres; et c'est ainsi qu'une première idée en rappelle une seconde, ces deux-là une troisième, toutes les trois une quatrième, et ainsi de suite, sans qu'on puisse fixer la limite des idées réveillées, enchaînées, du philosophe qui médite ou qui s'écoute dans le silence et l'obscurité. Cet instrument a des sauts étonnants, et une idée réveillée va faire quelquefois frémir une harmonique qui en est à un intervalle incompréhensible. Si le phénomène s'observe entre des cordes sonores, inertes et séparées, comment n'aurait-il pas lieu entre des points vivants et liés, entre des fibres continues et sensibles?

D'Alembert. Si cela n'est pas vrai, cela est au moins très ingénieux. Mais on serait tenté de croire que vous tombez imperceptiblement dans l'inconvénient que vous vouliez éviter.

Diderot. Quel?

D'Alembert. Vous en voulez à la distinction des deux substances.

Diderot. Je ne m'en cache pas.

D'Alembert. Et si vous y regardez de près, vous faites de l'entendement du philosophe un être distinct de l'instrument, une espèce de musicien qui prête l'oreille aux cordes vibrantes, et qui prononce sur leur consonance ou leur dissonance.

Diderot. Il se peut que j'aie donné lieu à cette objection, que peut-être vous ne m'eussiez pas faite si vous eussiez considéré la différence de l'instrument philosophe et de l'instrument clavecin. L'instrument philosophe est sensible; il est en même temps le musicien et l'instrument. Comme sensible, il a la conscience momentanée du son qu'il rend; comme animal, il en a la mémoire. Cette faculté organique, en liant les sons en lui-même, y produit et conserve la mélodie. Supposez au clavecin de la sensibilité et de la mémoire, et dites-moi s'il ne saura pas, s'il ne se répétera pas de lui-même les airs que vous aurez exécutés sur ses touches. Nous sommes des instruments doués de sensibilité et de mémoire. Nos sens sont autant de touches qui sont pincées par la nature qui nous environne, et qui se pincent souvent elles-mêmes; et voici, à mon jugement, tout ce qui se passe dans un clavecin organisé comme vous et moi. Il y a une impression qui a sa cause au dedans ou au dehors de l'instrument, une sensation qui naît de cette impression, une sensation qui dure; car il est impossible d'imaginer qu'elle se fasse et qu'elle s'éteigne dans un instant indivisible; une autre impression qui lui succède, et qui a pareillement sa cause au dedans et au dehors de l'animal; une seconde sensation et des voix qui les désignent par des sons naturels ou conventionnels.

D'Alembert. J'entends. Ainsi donc, si ce clavecin sensible et animé était encore doué de la faculté de se nourrir et de se reproduire, il vivrait et engendrerait de lui-même, ou avec sa femelle, de petits clavecins vivants et résonnants.

Diderot. Sans doute. A votre avis, qu'est-ce autre chose qu'un pinson, un rossignol, un musicien, un homme? Et quelle autre différence trouvez-vous entre le serin et la serinette?[1] Voyez-vous cet œuf? c'est avec cela qu'on renverse toutes les écoles de théologie et tous les temples de la terre. Qu'est-ce que cet œuf? une masse insensible avant que le germe y soit introduit; et après que le germe y est introduit, qu'est-ce encore? une masse insensible, car ce germe n'est lui-même qu'un fluide inerte et grossier.

---

[1] 'Espèce de boîte à musique dont on se sert pour forcer un serin, un oiseau chanteur, à répéter certains airs' (Hatzfeld et Darmesteter).

Comment cette masse passera-t-elle à une autre organisation, à la sensibilité, à la vie? par la chaleur. Qu'y produira la chaleur? le mouvement. Quels seront les effets successifs du mouvement? Au lieu de me répondre, asseyez-vous, et suivons-les de l'œil de moment en moment. D'abord c'est un point qui oscille, un filet qui s'étend et qui se colore; de la chair qui se forme; un bec, des bouts d'ailes, des yeux, des pattes qui paraissent; une matière jaunâtre qui se dévide et produit des intestins; c'est un animal. Cet animal se meut, s'agite, crie; j'entends ses cris à travers la coque; il se couvre de duvet; il voit. La pesanteur de sa tête, qui oscille, porte sans cesse son bec contre la paroi intérieure de sa prison; la voilà brisée; il en sort, il marche, il vole, il s'irrite, il fuit, il approche, il se plaint, il souffre, il aime, il désire, il jouit; il a toutes vos affections; toutes vos actions, il les fait. Prétendrez-vous, avec Descartes, que c'est une pure machine imitative? Mais les petits enfants se moqueront de vous, et les philosophes vous répliqueront que si c'est là une machine, vous en êtes une autre. Si vous avouez qu'entre l'animal et vous il n'y a de différence que dans l'organisation, vous montrerez du sens et de la raison, vous serez de bonne foi; mais on en conclura contre vous qu'avec une matière inerte, disposée d'une certaine manière, imprégnée d'une autre matière inerte, de la chaleur et du mouvement on obtient de la sensibilité, de la vie, de la mémoire, de la conscience, des passions, de la pensée. Il ne vous reste qu'un de ces deux partis à prendre; c'est d'imaginer dans la masse inerte de l'œuf un élément caché qui en attendait le développement pour manifester sa présence, ou de supposer que cet élément imperceptible s'y est insinué à travers la coque dans un instant déterminé du développement. Mais qu'est-ce que cet élément? Occupait-il de l'espace, ou n'en occupait-il point? Comment est-il venu, ou s'est-il échappé, sans se mouvoir? Où était-il? Que faisait-il là ou ailleurs? A-t-il été créé à l'instant du besoin? Existait-il? Attendait-il un domicile? Était-il homogène ou hétérogène à ce domicile? Homogène, il était matériel; hétérogène, on ne conçoit ni son inertie avant le développement, ni son énergie dans l'animal développé. Écoutez-vous, et vous aurez pitié de vous-même; vous sentirez que, pour ne pas admettre une supposition simple qui explique tout, la sensibilité, propriété générale de la matière, ou produit de l'organisation, vous renoncez au sens commun, et vous précipitez dans un abîme de mystères, de contradictions et d'absurdités.

D'Alembert. Une supposition! Cela vous plaît à dire. Mais si c'était une qualité essentiellement incompatible avec la matière?

Diderot. Et d'où savez-vous que la sensibilité est essentiellement incompatible avec la matière, vous qui ne connaissez l'essence de quoi que ce soit, ni de la matière, ni de la sensibilité? Entendez-vous mieux la nature du mouvement, son existence dans un corps, et sa communication d'un corps à un autre?

D'Alembert. Sans concevoir la nature de la sensibilité, ni celle de la matière, je vois que la sensibilité est une qualité simple, une, indivisible et incompatible avec un sujet ou suppôt divisible.

Diderot. Galimatias métaphysico-théologique. Quoi? est-ce que vous ne voyez pas que toutes les qualités, toutes les formes sensibles dont la matière est revêtue, sont essentiellement indivisibles? Il n'y a ni plus ni moins d'impénétrabilité. Il y a la moitié d'un corps rond, mais il n'y a pas la moitié de la rondeur. Il y a plus ou moins de mouvement, mais il n'y a ni plus ni moins mouvement. Il n'y a ni la moitié, ni le tiers, ni le quart d'une tête, d'une oreille, d'un doigt, pas plus que la moitié, le tiers, le quart d'une pensée. Si dans l'univers il n'y a pas une molécule qui ressemble à une autre, dans une molécule pas un point qui ressemble à un autre point, convenez que l'atome même est doué d'une qualité, d'une forme indivisible. Convenez que la division est incompatible avec les essences des formes, puisqu'elle les détruit. Soyez physicien, et convenez de la production d'un effet lorsque vous le voyez produit, quoique vous ne puissiez vous expliquer la liaison de la cause à l'effet. Soyez logicien, et ne substituez pas à une cause qui est et qui explique tout, une autre cause qui ne se conçoit pas, dont la liaison avec l'effet se conçoit encore moins, qui engendre une multitude infinie de difficultés, et qui n'en résout aucune.

D'Alembert. Mais si je me dépars de cette cause?

Diderot. Il n'y a plus qu'une substance dans l'univers, dans l'homme, dans l'animal. La serinette est de bois, l'homme est de chair. Le serin est de chair, le musicien est d'une chair diversement organisée; mais l'un et l'autre ont une même origine, une même formation, les mêmes fonctions et la même fin.

D'Alembert. Et comment s'établit la convention des sons entre vos deux clavecins?

Diderot. Un animal étant un instrument sensible parfaitement semblable à un autre, doué de la même conformation, monté des mêmes cordes, pincé de la même manière par la joie, par la douleur, par la faim, par la soif, par la colique, par l'admiration, par l'effroi, il est impossible qu'au pôle et sous la ligne il rende des sons différents. Aussi trouverez-vous les interjections à peu près les mêmes dans toutes les langues mortes ou vivantes. Il faut tirer du besoin et de la proximité l'origine des sons conventionnels. L'instrument sensible ou l'animal a éprouvé qu'en rendant tel son il s'ensuivait tel effet hors de lui, que d'autres instruments sensibles pareils à lui ou d'autres animaux semblables s'approchaient, s'éloignaient, demandaient, offraient, blessaient, caressaient, et ces effets se sont liés dans sa mémoire et dans celle des autres à la formation de ces sons, et remarquez qu'il n'y a dans le commerce des hommes que des bruits et des actions. Et pour donner à mon système toute sa force, remarquez encore qu'il est sujet à la même difficulté insurmontable que Berkeley[1] a proposée contre l'existence des corps. Il y a un moment de délire où le clavecin sensible a pensé qu'il était le seul clavecin qu'il y eût au monde, et que toute l'harmonie de l'univers se passait en lui.

D'Alembert. Il y a bien des choses à dire là-dessus.

Diderot. Cela est vrai.

[1] George Berkeley (1685–1753), whose main philosophical principle was the impossibility of anything existing independently of perception.

D'Alembert. Par exemple, on ne conçoit pas trop, d'après votre système, comment nous formons des syllogismes, ni comment nous tirons des conséquences.

Diderot. C'est que nous n'en tirons point: elles sont toutes tirées par la nature. Nous ne faisons qu'énoncer des phénomènes conjoints, dont la liaison est ou nécessaire ou contingente, phénomènes qui nous sont connus par l'expérience: nécessaires en mathématiques, en physique et autres sciences rigoureuses; contingents en morale, en politique et autres sciences conjecturales.

D'Alembert. Est-ce que la liaison des phénomènes est moins nécessaire dans un cas que dans un autre?

Diderot. Non; mais la cause subit trop de vicissitudes particulières qui nous échappent, pour que nous puissions compter infailliblement sur l'effet qui s'ensuivra. La certitude que nous avons qu'un homme violent s'irritera d'une injure, n'est pas la même que celle qu'un corps qui en frappe un plus petit le mettra en mouvement.

D'Alembert. Et l'analogie?

Diderot. L'analogie, dans les cas les plus composés, n'est qu'une règle de trois qui s'exécute dans l'instrument sensible. Si tel phénomène connu en nature est suivi de tel autre phénomène connu en nature, quel sera le quatrième phénomène conséquent à un troisième, ou donné par la nature, ou imaginé à l'imitation de nature? Si la lance d'un guerrier ordinaire a dix pieds de long, quelle sera la lance d'Ajax? Si je puis lancer une pierre de quatre livres, Diomède[1] doit remuer un quartier de rocher. Les enjambées des dieux et les bonds de leurs chevaux seront dans le rapport imaginé des dieux à l'homme. C'est une quatrième corde harmonique et proportionnelle à trois autres dont l'animal attend la résonance qui se fait toujours en lui-même, mais qui ne se fait pas toujours en nature. Peu importe au poète, il n'en est pas moins vrai. C'est autre chose pour le philosophe; il faut qu'il interroge ensuite la nature qui, lui

---

[1] Diomedes, the leader of the men of Argos and Tiryns in the Trojan expedition.

donnant souvent un phénomène tout à fait différent de celui qu'il avait présumé, alors il s'aperçoit que l'analogie l'a séduit.

D'Alembert. Adieu, mon ami, bonsoir et bonne nuit.

Diderot. Vous plaisantez; mais vous rêverez sur votre oreiller à cet entretien, et s'il n'y prend pas de la consistance, tant pis pour vous, car vous serez forcé d'embrasser des hypothèses bien autrement ridicules.

D'Alembert. Vous vous trompez; sceptique je me serai couché, sceptique je me lèverai.

Diderot. Sceptique! Est-ce qu'on est sceptique?

D'Alembert. En voici bien d'une autre! N'allez-vous pas me soutenir que je ne suis pas sceptique? Et qui le sait mieux que moi?

Diderot. Attendez un moment.

D'Alembert. Dépêchez-vous, car je suis pressé de dormir.

Diderot. Je serai court. Croyez-vous qu'il y ait une seule question discutée sur laquelle un homme reste avec une égale et rigoureuse mesure de raison pour et contre?

D'Alembert. Non, ce serait l'âne de Buridan.[1]

Diderot. En ce cas, il n'y a donc point de sceptique, puisqu'à l'exception des questions de mathématiques, qui ne comportent pas la moindre incertitude, il y a du pour et du contre dans toutes les autres. La balance n'est donc jamais égale, et il est impossible qu'elle ne penche pas du côté où nous croyons le plus de vraisemblance.

D'Alembert. Mais je vois le matin la vraisemblance à ma droite, et l'après-midi elle est à ma gauche.

Diderot. C'est-à-dire que vous êtes dogmatique pour, le matin, et dogmatique contre, l'après-midi.

D'Alembert. Et le soir, quand je me rappelle cette circonstance si rapide de mes jugements, je ne crois rien, ni du matin, ni de l'après-midi.

---

[1] 'Il ressemble à l'âne de Buridan, se dit d'un homme qui ne sait pas se décider. Buridan, dans la scolastique, disait qu'un âne placé à égale distance de deux boisseaux d'avoine, parfaitement égaux entre eux, n'ayant aucune raison de se décider pour l'un plutôt que l'autre, mourrait de faim entre les deux' (Littré).

Diderot. C'est-à-dire que vous ne vous rappelez plus la prépondérance des deux opinions entre lesquelles vous avez oscillé; que cette prépondérance vous paraît trop légère pour asseoir un sentiment fixe, et que vous prenez le parti de ne plus vous occuper de sujets aussi problématiques, d'en abandonner la discussion aux autres, et de n'en pas disputer davantage.

D'Alembert. Cela se peut.

Diderot. Mais si quelqu'un vous tirait à l'écart, et vous questionnant d'amitié, vous demandait, en conscience, des deux partis quel est celui où vous trouvez le moins de difficultés, de bonne foi, seriez-vous embarrassé de répondre, et réaliseriez-vous l'âne de Buridan?

D'Alembert. Je crois que non.

Diderot. Tenez, mon ami, si vous y pensez bien, vous trouverez qu'en tout, notre véritable sentiment n'est pas celui dans lequel nous n'avons jamais vacillé, mais celui auquel nous sommes le plus habituellement revenus.

D'Alembert. Je crois que vous avez raison.

Diderot. Et moi aussi. Bonsoir, mon ami, et *memento quia pulvis es, et in pulverem reverteris.*

D'Alembert. Cela est triste.

Diderot. Et nécessaire. Accordez à l'homme, je ne dis pas l'immortalité, mais seulement le double de sa durée, et vous verrez ce qui en arrivera.

D'Alembert. Et que voulez-vous qu'il en arrive? Mais qu'est-ce que cela me fait? Qu'il en arrive ce qui pourra. Je veux dormir, bonsoir.

RÊVE DE D'ALEMBERT

INTERLOCUTEURS:

D'ALEMBERT, MADEMOISELLE DE L'ESPINASSE,[1]
LE MÉDECIN BORDEU[2]

Bordeu. Eh bien! qu'est-ce qu'il y a de nouveau? Est-ce qu'il est malade?

Mlle de l'Espinasse. Je le crains; il a eu la nuit la plus agitée.

Bordeu. Est-il éveillé?

Mlle de l'Espinasse. Pas encore.

Bordeu [*après s'être approché du lit de D'Alembert et lui avoir tâté le pouls et la peau*]. Ce ne sera rien.

Mlle de l'Espinasse. Vous croyez?

Bordeu. J'en réponds. Le pouls est bon... un peu faible... la peau moite... la respiration facile.

Mlle de l'Espinasse. N'y a-t-il rien à lui faire?

Bordeu. Rien.

Mlle de l'Espinasse. Tant mieux, car il déteste les remèdes.

Bordeu. Et moi aussi. Qu'a-t-il mangé à souper?

Mlle de l'Espinasse. Il n'a rien voulu prendre. Je ne sais où il avait passé la soirée, mais il est revenu soucieux.

[1] Julie de Lespinasse (or l'Espinasse) (1732–76) was, like d'Alembert, an illegitimate child. In 1754 she became companion to Mme du Deffand whose *salon* was one of the most famous of the day. Ten years later she founded a *salon* of her own, of which d'Alembert was the chief ornament. In 1765 she nursed him through a serious illness, and from then onwards they lived under the same roof. She does not appear to have known Bordeu until 1776, and this dialogue, like the other two, was no doubt completely invented by Diderot.

[2] Théophile Bordeu (1722–76) who took his M.D. at Montpellier in 1744, was one of the leading Paris doctors of the day. He contributed an article ('Crise') to the *Encyclopédie*, and Diderot must also have encountered him at d'Holbach's. Among his numerous writings were *Recherches sur le Pouls* (1756), *Recherches sur l'histoire de la médecine* (1768) and *Recherches sur les Maladies Chroniques* (1775). For a discussion of his influence on Diderot, see H. Dieckmann, 'Théophile Bordeu und Diderots *Rêve de D'Alembert*', in *Romanische Forschungen* (1938), pp. 55–122.

Bordeu. C'est un petit mouvement fébrile qui n'aura point de suite.

Mlle de l'Espinasse. En rentrant, il a pris sa robe de chambre, son bonnet de nuit, et s'est jeté dans son fauteuil, où il s'est assoupi.

Bordeu. Le sommeil est bon partout; mais il eût été mieux dans son lit.

Mlle de l'Espinasse. Il s'est fâché contre Antoine, qui le lui disait; il a fallu le tirailler une demi-heure pour le faire coucher.

Bordeu. C'est ce qui m'arrive tous les jours, quoique je me porte bien.

Mlle de l'Espinasse. Quand il a été couché, au lieu de reposer comme à son ordinaire, car il dort comme un enfant, il s'est mis à se tourner, à se retourner, à tirer ses bras, à écarter ses couvertures, et à parler haut.

Bordeu. Et qu'est-ce qu'il disait? de la géométrie?

Mlle de l'Espinasse. Non; cela avait tout l'air du délire. C'était, en commençant, un galimatias de cordes vibrantes et de fibres sensibles. Cela m'a paru si fou que, résolue de ne le pas quitter de la nuit et ne sachant que faire, j'ai approché une petite table du pied de son lit, et je me suis mise à écrire tout ce que j'ai pu attraper de sa rêvasserie.

Bordeu. Bon tour de tête qui est bien de vous. Et peut-on voir cela?

Mlle de l'Espinasse. Sans difficulté; mais je veux mourir, si vous y comprenez quelque chose.

Bordeu. Peut-être.

Mlle de l'Espinasse. Docteur, êtes-vous prêt?

Bordeu. Oui.

Mlle de l'Espinasse. Écoutez. 'Un point vivant... Non, je me trompe. Rien d'abord, puis un point vivant... A ce point vivant il s'en applique un autre, encore un autre; et par ces applications successives il résulte un être un, car je suis bien un, je n'en saurais douter... (En disant cela, il se tâtait partout.) Mais comment cette unité s'est-elle faite? (Eh! mon ami, lui ai-je dit, qu'est-ce que cela vous fait? dormez... Il s'est tu. Après un moment de silence il a repris comme s'il s'adressait à quelqu'un.) Tenez, philosophe,[1] je vois bien un agrégat, un tissu de petits êtres sensibles, mais un animal?... un tout? un système un, lui, ayant la conscience de son unité? Je ne le vois pas, non, je ne le vois pas...' Docteur, y entendez-vous quelque chose?

Bordeu. A merveille.

Mlle de l'Espinasse. Vous êtes bien heureux... 'Ma difficulté vient peut-être d'une fausse idée.'

Bordeu. Est-ce vous qui parlez?

Mlle de l'Espinasse. Non, c'est le rêveur.

Bordeu. Continuez.

Mlle de l'Espinasse. Je continue... Il a ajouté, en s'apostrophant lui-même: 'Mon ami d'Alembert, prenez-y garde, vous ne supposez que de la contiguïté où il y a continuité... Oui, il est assez malin pour me dire cela... Et la formation de cette continuité? Elle ne l'embarrassera guère... Comme une goutte de mercure se fond dans une autre goutte de mercure, une molécule sensible et vivante se fond dans une molécule sensible et vivante... D'abord il y avait deux gouttes, après le contact il n'y en a plus qu'une... Avant l'assimilation il y avait deux molécules, après l'assimilation il n'y en a plus qu'une... La sensibilité devient commune à la masse commune... En effet, pourquoi non?... Je distinguerai par la pensée sur la longueur de la fibre animale tant de parties qu'il me plaira, mais la fibre sera continue, une... oui, une... Le contact de deux molécules homogènes, parfaitement homogènes, forme la continuité... et c'est le cas de l'union, de la cohésion, de la combinaison, de l'identité la plus complète qu'on puisse imaginer... Oui, philosophe, si ces molécules sont élémentaires et simples; mais si ce sont des agrégats, si ce sont des composés?... La combinaison ne s'en fera pas moins, et en conséquence l'identité, la continuité... Et puis l'action et la réaction habituelles... Il est certain que le contact de deux molécules vivantes est tout autre chose que la contiguïté de deux

---

[1] Diderot's nickname among his friends.

masses inertes... Passons, passons; on pourrait peut-être vous chicaner; mais je ne m'en soucie pas; je n'épilogue jamais... Cependant reprenons. Un fil d'or très pur, je m'en souviens, c'est une comparaison qu'il m'a faite; un réseau homogène, entre les molécules duquel d'autres s'interposent et forment peut-être un autre réseau homogène, un tissu de matière sensible, un contact qui assimile, de la sensibilité active ici, inerte là, qui se communique comme le mouvement, sans compter, comme il l'a très bien dit, qu'il doit y avoir de la différence entre le contact de deux molécules sensibles et le contact de deux molécules qui ne le seraient pas; et cette différence, quelle peut-elle être?... une action, une réaction habituelles... et cette action et réaction avec un caractère particulier... Tout concourt donc à produire une sorte d'unité qui n'existe que dans l'animal... Ma foi, si ce n'est pas de la vérité, cela y ressemble fort...' Vous riez, docteur; est-ce que vous trouvez du sens à cela?

Bordeu. Beaucoup.

Mlle de l'Espinasse. Il n'est donc pas fou?

Bordeu. Nullement.

Mlle de l'Espinasse. Après ce préambule, il s'est mis à crier: 'Mademoiselle de l'Espinasse! mademoiselle de l'Espinasse! — Que voulez-vous? — Avez-vous quelquefois vu un essaim d'abeilles s'échapper de leur ruche?... Le monde, ou la masse générale de la matière, est la grande ruche... Les avez-vous vues s'en aller former à l'extrémité de la branche d'un arbre une longue grappe de petits animaux ailés, tous accrochés les uns aux autres par les pattes?... Cette grappe est un être, un individu, un animal quelconque... Mais ces grappes devraient se ressembler toutes... Oui, s'il n'admettait qu'une seule matière homogène... Les avez-vous vues? — Oui, je les ai vues. — Vous les avez vues? — Oui, mon ami, je vous dis que oui. — Si l'une de ces abeilles s'avise de pincer d'une façon quelconque l'abeille à laquelle elle s'est accrochée, que croyez-vous qu'il en arrive? Dites donc. — Je n'en sais rien. — Dites toujours... Vous l'ignorez donc, mais le philosophe ne l'ignore pas, lui. Si vous le voyez jamais, et vous le verrez ou vous ne le verrez pas, car il vous l'a promis, il vous dira que celle-ci pincera la suivante; qu'il s'excitera dans toute la grappe autant de sensations qu'il y a de petits animaux; que le tout s'agitera, se remuera, changera de situation et de forme; qu'il s'élèvera du bruit, de petits cris, et que celui qui n'aurait jamais vu une pareille grappe s'arranger, serait tenté de la prendre pour un animal à cinq ou six cents têtes et à mille ou douze cents ailes...' Eh bien, docteur?

Bordeu. Eh bien, savez-vous que ce rêve est fort beau, et que vous avez bien fait de l'écrire.

Mlle de l'Espinasse. Rêvez-vous aussi?

Bordeu. Si peu, que je m'engagerais presque à vous dire la suite.

Mlle de l'Espinasse. Je vous en défie.

Bordeu. Vous m'en défiez?

Mlle de l'Espinasse. Oui.

Bordeu. Et si je rencontre?

Mlle de l'Espinasse. Si vous rencontrez, je vous promets... je vous promets de vous tenir pour le plus grand fou qu'il y ait au monde.

Bordeu. Regardez sur votre papier et écoutez-moi: L'homme qui prendrait cette grappe pour un animal se tromperait; mais, mademoiselle, je présume qu'il a continué de vous adresser la parole. Voulez-vous qu'il juge plus sainement? Voulez-vous transformer la grappe d'abeilles en un seul et unique animal? Amollissez les pattes par lesquelles elles se tiennent; de contiguës qu'elles étaient, rendez-les continues. Entre ce nouvel état de la grappe et le précédent, il y a certainement une différence marquée; et quelle peut être cette différence, sinon qu'à présent c'est un tout, un animal un, et qu'auparavant ce n'était qu'un assemblage d'animaux?... Tous nos organes...

Mlle de l'Espinasse. Tous nos organes!

Bordeu. Pour celui qui a exercé la médecine et fait quelques observations...

Mlle de l'Espinasse. Après!

Bordeu. Après? Ne sont que des animaux distincts que la loi de continuité tient dans une sympathie, une unité, une identité générales.

Mlle de l'Espinasse. J'en suis confondue; c'est cela, et presque mot pour mot. Je puis donc assurer à présent à toute la terre qu'il n'y a aucune différence entre un médecin qui veille et un philosophe qui rêve.

Bordeu. On s'en doutait. Est-ce là tout?

Mlle de l'Espinasse. Oh que non, vous n'y êtes pas. Après votre radotage ou le sien, il m'a dit: 'Mademoiselle? — Mon ami. — Approchez-vous... encore... encore... J'aurais une chose à vous proposer. — Qu'est-ce? — Tenez cette grappe, la voilà, vous la croyez bien là, là; faisons une expérience. — Quelle? — Prenez vos ciseaux; coupent-ils bien? — A ravir. — Approchez doucement, tout doucement, et séparez-moi ces abeilles, mais prenez garde de les diviser par la moitié du corps, coupez juste à l'endroit où elles se sont assimilées par les pattes. Ne craignez rien, vous les blesserez un peu, mais vous ne les tuerez pas... Fort bien, vous êtes adroite comme une fée... Voyez-vous comme elles s'envolent chacune de son côté? Elles s'envolent une à une, deux à deux, trois à trois. Combien il y en a! Si vous m'avez bien compris... vous m'avez bien compris? — Fort bien. — Supposez maintenant... supposez...' Ma foi, docteur, j'entendais si peu ce que j'écrivais; il parlait si bas, cet endroit de mon papier est si barbouillé que je ne le saurais lire.

Bordeu. J'y suppléerai, si vous voulez.

Mlle de l'Espinasse. Si vous pouvez.

Bordeu. Rien de plus facile. Supposez ces abeilles si petites, si petites que leur organisation échappât toujours au tranchant grossier de votre ciseau. Vous pousserez la division si loin qu'il vous plaira sans en faire mourir aucune, et ce tout, formé d'abeilles imperceptibles, sera un véritable polype que vous ne détruirez qu'en l'écrasant. La différence de la grappe d'abeilles continues, et de la grappe d'abeilles contiguës, est précisément celle des animaux ordinaires, tels que nous, les poissons, et des vers, des serpents et des animaux polypeux. Encore toute cette théorie souffre-t-elle quelques modifications... [*Ici mademoiselle de l'Espinasse se lève brusquement et va tirer le cordon de la sonnette.*] Doucement, doucement, mademoiselle, vous l'éveillerez, et il a besoin de repos.

Mlle de l'Espinasse. Je n'y pensais pas, tant j'en suis étourdie. [*Au domestique qui entre.*] Qui de vous a été chez le docteur?

Le domestique. C'est moi, mademoiselle.

Mlle de l'Espinasse. Y a-t-il longtemps?

Le domestique. Il n'y a pas une heure que j'en suis revenu.

Mlle de l'Espinasse. N'y avez-vous rien porté?

Le domestique. Rien.

Mlle de l'Espinasse. Point de papier?

Le domestique. Aucun.

Mlle de l'Espinasse. Voilà qui est bien, allez... Je n'en reviens pas. Tenez, docteur, j'ai soupçonné quelqu'un d'eux de vous avoir communiqué mon griffonnage.

Bordeu. Je vous assure qu'il n'en est rien.

Mlle de l'Espinasse. Docteur, à présent que je connais votre talent, vous me serez d'un grand secours dans la société. Sa rêvasserie n'en est pas demeurée là.

Bordeu. Tant mieux.

Mlle de l'Espinasse. Vous n'y voyez donc rien de fâcheux?

Bordeu. Pas la moindre chose.

Mlle de l'Espinasse. Il a continué... 'Eh bien, philosophe, vous concevez donc des polypes de toute espèce, même des polypes humains?... Mais la nature ne nous en offre point.'

Bordeu. Il n'avait pas connaissance de ces deux filles qui se tenaient par la tête, les épaules, le dos, les fesses et les cuisses, qui ont vécu ainsi accolées jusqu'à l'âge de vingt-deux ans, et qui sont mortes à quelques minutes l'une de l'autre.[1] Ensuite il a dit?...

Mlle de l'Espinasse. Des folies qui ne s'entendent qu'aux Petites-Maisons. Il a dit: 'Cela est passé ou cela viendra. Et puis qui sait l'état des choses dans les autres planètes?'

Bordeu. Peut-être ne faut-il pas aller si loin.

[1] Cf. the chapter 'Sur les monstres' in Buffon's *Histoire naturelle*.

Mlle de l'Espinasse. 'Dans Jupiter ou dans Saturne, des polypes humains! Les mâles se résolvant en mâles, les femelles en femelles, cela est plaisant... (Là, il s'est mis à faire des éclats de rire à m'effrayer.) L'homme se résolvant en une infinité d'hommes atomiques, qu'on renferme entre des feuilles de papier comme des œufs d'insectes, qui filent leurs coques, qui restent un certain temps en chrysalides, qui percent leurs coques et qui s'échappent en papillons, une société d'hommes formée, une province entière peuplée des débris d'un seul, cela est tout à fait agréable à imaginer... (Et puis les éclats de rire ont repris.) Si l'homme se résout quelque part en une infinité d'hommes animalcules, on y doit avoir moins de répugnance à mourir; on y répare si facilement la perte d'un homme, qu'elle y doit causer peu de regret.'

Bordeu. Cette extravagante supposition est presque l'histoire réelle de toutes les espèces d'animaux subsistants et à venir. Si l'homme ne se résout pas en une infinité d'hommes, il se résout, du moins, en une infinité d'animalcules dont il est impossible de prévoir les métamorphoses et l'organisation future et dernière. Qui sait si ce n'est pas la pépinière d'une seconde génération d'êtres, séparée de celle-ci par un intervalle incompréhensible de siècles et de développements successifs?

Mlle de l'Espinasse. Que marmottez-vous là tout bas, docteur?

Bordeu. Rien, rien, je rêvais de mon côté. Mademoiselle, continuez de lire.

Mlle de l'Espinasse. 'Tout bien considéré, pourtant, j'aime mieux notre façon de repeupler, a-t-il ajouté... Philosophe, vous qui savez ce qui se passe là ou ailleurs, dites-moi, la dissolution de différentes parties n'y donnent-elles pas des hommes de différents caractères? La cervelle, le cœur, la poitrine, les pieds, les mains, les testicules... Oh! comme cela simplifie la morale!... Un homme né, une femme provenue... (Docteur, vous me permettrez de passer ceci...) Une chambre chaude, tapissée de petits cornets, et sur chacun de ces cornets une étiquette: guerriers, magistrats, philosophes, poètes, cornet de courtisans, cornet de catins, cornet de rois.'

Bordeu. Cela est bien gai et bien fou. Voilà ce qui s'appelle rêver, et une vision qui me ramène à quelques phénomènes assez singuliers.

Mlle de l'Espinasse. Ensuite il s'est mis à marmotter je ne sais quoi de graines, de lambeaux de chair mis en macération dans de l'eau, de différentes races d'animaux successifs qu'il voyait naître et passer. Il avait imité avec sa main droite le tube d'un microscope, et avec sa gauche, je crois, l'orifice d'un vase. Il regardait dans le vase par ce tube, et il disait: 'Le Voltaire en plaisantera tant qu'il voudra, mais l'Anguillard[1] a raison; j'en crois mes yeux; je les vois: combien il y en a! comme ils vont! comme ils viennent! comme ils frétillent!...' Le vase où il apercevait tant de générations momentanées, il le comparait à l'univers; il voyait dans une goutte d'eau l'histoire du monde. Cette idée lui paraissait grande; il la trouvait tout à fait conforme à la bonne philosophie qui étudie les grands corps dans les petits. Il disait: 'Dans la goutte d'eau de Needham, tout s'exécute et se passe en un clin d'œil. Dans le monde, le même phénomène dure un peu davantage; mais qu'est-ce que notre durée en comparaison de l'éternité des temps? Moins que la goutte que j'ai prise avec la pointe d'une aiguille, en comparaison de l'espace illimité qui m'environne. Suite indéfinie d'animalcules dans l'atome qui fermente, même suite indéfinie d'animalcules dans l'autre atome qu'on appelle la Terre. Qui sait les races d'animaux qui nous ont précédés? qui sait les races d'animaux qui succéderont aux nôtres? Tout change, tout passe, il n'y a que le tout qui reste. Le monde commence et finit sans cesse; il est à chaque instant à son commencement et à sa fin; il n'en a jamais eu d'autre, et n'en aura jamais d'autre.

[1] The derisive name used by Voltaire in his polemics against John Turberville Needham (1713–81), a Catholic scientist and divine. In conjunction with Buffon, Needham performed experiments on the problem of spontaneous generation which Redi earlier had investigated with negative results (see p. 7, n. 2). With the aid of a microscope he observed animalcules which developed in mutton broth and various other animal and vegetable substances when placed in a corked phial, and concluded in favour of spontaneous generation. Voltaire's nickname is derived from the *anguilles* (microscopic organisms) observed by Needham.

'Dans cet immense océan de matière, pas une molécule qui ressemble à une molécule, pas une molécule qui se ressemble à elle-même un instant: *Rerum novus nascitur ordo*, voilà son inscription éternelle...' Puis il ajoutait en soupirant: 'O vanité de nos pensées! ô pauvreté de la gloire et de nos travaux! ô misère! ô petitesse de nos vues! Il n'y a rien de solide que de boire, manger, vivre, aimer et dormir... Mademoiselle de l'Espinasse, où êtes-vous? — Me voilà.' — Alors son visage s'est coloré. J'ai voulu lui tâter le pouls, mais je ne sais où il avait caché sa main. Il paraissait éprouver une convulsion. Sa bouche s'était entr'ouverte, son haleine était pressée; il a poussé un profond soupir, et puis un soupir plus faible et plus profond encore; il a retourné sa tête sur son oreiller et s'est endormi. Je le regardais avec attention, et j'étais toute émue sans savoir pourquoi, le cœur me battait, et ce n'était pas de peur. Au bout de quelques moments, j'ai vu un léger sourire errer sur ses lèvres. Il disait tout bas: 'Dans une planète où les hommes se multiplieraient à la manière des poissons, où le frai d'un homme pressé sur le frai d'une femme... J'y aurais moins de regret... Il ne faut rien perdre de ce qui peut avoir son utilité. Mademoiselle, si cela pouvait se recueillir, être enfermé dans un flacon et envoyé de grand matin à Needham...' Docteur, et vous n'appelez pas cela de la déraison?

Bordeu. Auprès de vous, assurément.

Mlle de l'Espinasse. Auprès de moi, loin de moi, c'est tout un, et vous ne savez ce que vous dites. J'avais espéré que le reste de la nuit serait tranquille.

Bordeu. Cela produit ordinairement cet effet.

Mlle de l'Espinasse. Point du tout; sur les deux heures du matin, il en est revenu à sa goutte d'eau, qu'il appelait un mi... cro...

Bordeu. Un microcosme.

Mlle de l'Espinasse. C'est son mot. Il admirait la sagacité des anciens philosophes. Il disait ou faisait dire à son philosophe, je ne sais lequel des deux: 'Si lorsque Épicure assurait que la terre contenait les germes de tout, et que l'espèce animale était le produit de la fermentation, il avait proposé de montrer une image en petit de ce qui s'était fait en grand à l'origine des temps, que lui aurait-on répondu?... Et vous l'avez sous vos yeux cette image, et elle ne vous apprend rien... Qui sait si la fermentation et ses produits sont épuisés? Qui sait à quel instant de la succession de ces générations animales nous en sommes? Qui sait si ce bipède déformé, qui n'a que quatre pieds de hauteur, qu'on appelle encore dans le voisinage du pôle un homme, et qui ne tarderait pas à perdre ce nom en se déformant un peu davantage, n'est pas l'image d'une espèce qui passe? Qui sait s'il n'en est pas ainsi de toutes les espèces d'animaux? Qui sait si tout ne tend pas à se réduire à un grand sédiment inerte et immobile? Qui sait quelle sera la durée de cette inertie? Qui sait quelle race nouvelle peut résulter derechef d'un amas aussi grand de points sensibles et vivants? Pourquoi pas un seul animal? Qu'était l'éléphant dans son origine? Peut-être l'animal énorme tel qu'il nous paraît, peut-être un atome, car tous les deux sont également possibles; ils ne supposent que le mouvement et les propriétés diverses de la matière... L'éléphant, cette masse énorme, organisée, le produit subit de la fermentation! Pourquoi non? Le rapport de ce grand quadrupède à sa matrice première est moindre que celui du vermisseau à la molécule de farine qui le produit; mais le vermisseau n'est qu'un vermisseau... C'est-à-dire que la petitesse qui vous dérobe son organisation lui ôte son merveilleux... Le prodige, c'est la vie, c'est la sensibilité; et ce prodige n'en est plus un... Lorsque j'ai vu la matière inerte passer à l'état sensible, rien ne doit plus m'étonner... Quelle comparaison d'un petit nombre d'éléments mis en fermentation dans le creux de ma main, et de ce réservoir immense d'éléments divers épars dans les entrailles de la terre, à sa surface, au sein des mers, dans le vague des airs!... Cependant, puisque les mêmes causes subsistent, pourquoi les effets ont-ils cessé? Pourquoi ne voyons-nous plus le taureau percer la terre de sa corne, appuyer ses pieds contre le sol, et faire effort pour en dégager son corps pesant?[1]... Laissez

---

[1] See Lucretius, *De rerum natura*, Book v.

passer la race présente des animaux subsistants; laissez agir le grand sédiment inerte pendant quelques millions de siècles. Peut-être faut-il, pour renouveler les espèces, dix fois plus de temps qu'il n'en est accordé à leur durée. Attendez, et ne vous hâtez pas de prononcer sur le travail de nature. Vous avez deux grands phénomènes, le passage de l'état d'inertie à l'état de sensibilité, et les générations spontanées; qu'ils vous suffisent. Tirez-en de justes conséquences, et dans un ordre de choses où il n'y a ni grand ni petit, ni durable, ni passager absolus, garantissez-vous du sophisme de l'éphémère...' Docteur, qu'est-ce que c'est que le sophisme de l'éphémère?

Bordeu. C'est celui d'un être passager qui croit à immutabilité des choses.

Mlle de l'Espinasse. La rose de Fontenelle[1] qui disait que de mémoire de rose on n'avait vu mourir un jardinier?

Bordeu. Précisément; cela est léger et profond.

Mlle de l'Espinasse. Pourquoi vos philosophes ne s'expriment-ils pas avec la grâce de celui-ci? nous les entendrions.

Bordeu. Franchement, je ne sais si ce ton frivole convient aux sujets graves.

Mlle de l'Espinasse. Qu'appelez-vous un sujet grave?

Bordeu. Mais la sensibilité générale, la formation de l'être sentant, son unité, l'origine des animaux, leur durée, et toutes les questions auxquelles cela tient.

Mlle de l'Espinasse. Moi, j'appelle cela des folies auxquelles je permets de rêver quand on dort, mais dont un homme de bon sens qui veille ne s'occupera jamais.

Bordeu. Et pourquoi cela, s'il vous plaît?

Mlle de l'Espinasse. C'est que les unes sont si claires qu'il est inutile d'en chercher la raison, d'autres si obscures qu'on n'y voit goutte, et toutes de la plus parfaite inutilité.

Bordeu. Croyez-vous, mademoiselle, qu'il soit indifférent de nier ou d'admettre une Intelligence Suprême?

---

[1] The passage is in the *Pluralité des Mondes* of Bernard le Bovier de Fontenelle (1657–1757), a nephew of Corneille, *bel esprit*, philosopher and scientific popularizer.

Mlle de l'Espinasse. Non.

Bordeu. Croyez-vous qu'on puisse prendre parti sur l'Intelligence Suprême, sans savoir à quoi s'en tenir sur l'éternité de la matière et ses propriétés, la distinction des deux substances, la nature de l'homme et la production des animaux?

Mlle de l'Espinasse. Non.

Bordeu. Ces questions ne sont donc pas aussi oiseuses que vous les disiez.

Mlle de l'Espinasse. D'accord. Mais que me fait à moi leur importance, si je ne saurais les éclaircir?

Bordeu. Et comment le saurez-vous, si vous ne les examinez point? Mais pourrais-je vous demander celles que vous trouvez si claires que l'examen vous en paraît superflu?

Mlle de l'Espinasse. Celle de mon unité, de mon moi, par exemple. Pardi, il me semble qu'il ne faut pas tant verbiager pour savoir que je suis moi, que j'ai toujours été moi, et que je ne serai jamais une autre.

Bordeu. Sans doute le fait est clair, mais la raison du fait ne l'est aucunement, surtout dans l'hypothèse de ceux qui n'admettent qu'une substance et qui expliquent la formation de l'homme ou de l'animal en général par l'apposition successive de plusieurs molécules sensibles. Chaque molécule sensible avait son moi avant l'application; mais comment l'a-t-elle perdu, et comment de toutes ces pertes en est-il résulté la conscience d'un tout?

Mlle de l'Espinasse. Il me semble que le contact seul suffit. Voici une expérience que j'ai faite cent fois... mais attendez... Il faut que j'aille voir ce qui se passe entre ces rideaux... il dort... Lorsque je pose ma main sur ma cuisse, je sens bien d'abord que ma main n'est pas ma cuisse, mais quelque temps après, lorsque la chaleur est égale dans l'une et l'autre, je ne les distingue plus; les limites des deux parties se confondent et elles n'en font plus qu'une.

Bordeu. Oui, jusqu'à ce qu'on vous pique l'une ou l'autre; alors la distinction renaît. Il y a donc en vous quelque chose qui n'ignore pas si c'est votre main ou votre cuisse qu'on a piquée, et ce quelque chose-là, ce n'est pas votre pied, ce n'est pas même votre main piquée; c'est elle qui souffre, mais c'est autre chose qui le sait et qui ne souffre pas.

Mlle de l'Espinasse. Mais je crois que c'est ma tête.

Bordeu. Toute votre tête?

Mlle de l'Espinasse. Non, mais tenez, docteur, je vais m'expliquer par une comparaison, les comparaisons sont presque toute la raison des femmes et des poètes. Imaginez une araignée...

D'Alembert. Qui est-ce qui est là?... Est-ce vous, mademoiselle de l'Espinasse?

Mlle de l'Espinasse. Paix, paix... [*Mademoiselle de l'Espinasse et le docteur gardèrent le silence pendant quelque temps, ensuite mademoiselle de l'Espinasse dit à voix basse:*] Je le crois rendormi.

Bordeu. Non, il me semble que j'entends quelque chose.

Mlle de l'Espinasse. Vous avez raison; est-ce qu'il reprendrait son rêve?

Bordeu. Écoutons.

D'Alembert. Pourquoi suis-je tel? c'est qu'il a fallu que je fusse tel... Ici, oui, mais ailleurs? au pôle? mais sous la ligne? mais dans Saturne?... Si une distance de quelques mille lieues change mon espèce, que ne fera point l'intervalle de quelques milliers de diamètres terrestres?... Et si tout est en flux général, comme le spectacle de l'univers me le montre partout, que ne produiront point ici et ailleurs la durée et les vicissitudes de quelques millions de siècles? Qui sait ce qu'est l'être pensant et sentant en Saturne?... Mais y a-t-il en Saturne du sentiment et de la pensée?... pourquoi non?... L'être sentant et pensant en Saturne aurait-il plus de sens que je n'en ai?... Si cela est, ah! qu'il est malheureux le Saturnien!... Plus de sens, plus de besoins.

Bordeu. Il a raison; les organes produisent les besoins, et réciproquement les besoins produisent les organes.

Mlle de l'Espinasse. Docteur, délirez-vous aussi?

Bordeu. Pourquoi non? J'ai vu deux moignons devenir à la longue deux bras.

Mlle de l'Espinasse. Vous mentez.

Bordeu. Il est vrai; mais au défaut de deux bras qui manquaient, j'ai vu deux omoplates s'allonger, se mouvoir en pince, et devenir deux moignons.

Mlle de l'Espinasse. Quelle folie!

Bordeu. C'est un fait. Supposez une longue suite de générations manchotes, supposez des efforts continus, et vous verrez les deux côtés de cette pincette s'étendre, s'étendre de plus en plus, se croiser sur le dos, revenir par devant, peut-être se digiter à leurs extrémités, et refaire des bras et des mains. La conformation originelle s'altère ou se perfectionne par la nécessité et les fonctions habituelles. Nous marchons si peu, nous travaillons si peu et nous pensons tant, que je ne désespère pas que l'homme ne finisse par n'être qu'une tête.

Mlle de l'Espinasse. Une tête! une tête! c'est bien peu de chose; j'espère que la galanterie effrénée... Vous me faites venir des idées bien ridicules.

Bordeu. Paix.

D'Alembert. Je suis donc tel, parce qu'il a fallu que je fusse tel. Changez le tout, vous me changez nécessairement; mais le tout change sans cesse... L'homme n'est qu'un effet commun, le monstre qu'un effet rare; tous les deux également naturels, également nécessaires, également dans l'ordre universel et général... Et qu'est-ce qu'il y a d'étonnant à cela?... Tous les êtres circulent les uns dans les autres, par conséquent toutes les espèces... tout est en un flux perpétuel... Tout animal est plus ou moins homme; tout minéral est plus ou moins plante; toute plante est plus ou moins animal. Il n'y a rien de précis en nature... Le ruban du père Castel[1]... Oui, père Castel, c'est votre ruban et ce n'est que cela. Toute chose est plus ou moins une chose quelconque, plus ou moins terre, plus ou moins eau, plus ou moins air, plus ou moins feu; plus ou moins d'un règne ou d'un autre... donc rien

---

[1] Louis Bertrand Castel (1688–1757), famous inventor. His *clavecin des couleurs* was first described in 1735, but never actually realized. The idea was to produce changing colour harmonies on a ribbon by striking a keyboard.

n'est de l'essence d'un être particulier... Non, sans doute, puisqu'il n'y a aucune qualité dont aucun être ne soit participant... et que c'est le rapport plus ou moins grand de cette qualité qui nous la fait attribuer à un être exclusivement à un autre... Et vous parlez d'individus, pauvres philosophes! laissez là vos individus; répondez-moi. Y a-t-il un atome en nature rigoureusement semblable à un autre atome?... Non... Ne convenez-vous pas que tout tient en nature et qu'il est impossible qu'il y ait un vide dans la chaîne? Que voulez-vous donc dire avec vos individus? Il n'y en a point, non, il n'y en a point... Il n'y a qu'un seul grand individu, c'est le tout. Dans ce tout, comme dans une machine, dans un animal quelconque, il y a une partie que vous appellerez telle ou telle; mais quand vous donnerez le nom d'individu à cette partie du tout, c'est par un concept aussi faux que si, dans un oiseau, vous donniez le nom d'individu à l'aile, à une plume de l'aile... Et vous parlez d'essences, pauvres philosophes! laissez là vos essences. Voyez la masse générale, ou si, pour l'embrasser, vous avez l'imagination trop étroite, voyez votre première origine et votre fin dernière... O Architas! vous qui avez mesuré le globe, qu'êtes-vous? un peu de cendre... Qu'est-ce qu'un être?... La somme d'un certain nombre de tendances... Est-ce que je puis être autre chose qu'une tendance?... non, je vais à un terme... Et les espèces?... Les espèces ne sont que des tendances à un terme commun qui leur est propre... Et la vie?... La vie, une suite d'actions et de réactions... Vivant, j'agis et je réagis en masse... mort, j'agis et je réagis en molécules... Je ne meurs donc point?... Non, sans doute, je ne meurs point en ce sens, ni moi, ni quoi que ce soit... Naître, vivre et passer, c'est changer de formes... Et qu'importe une forme ou une autre? Chaque forme a le bonheur et le malheur qui lui est propre. Depuis l'éléphant jusqu'au puceron... depuis le puceron jusqu'à la molécule sensible et vivante, l'origine de tout, pas un point dans la nature entière qui ne souffre ou qui ne jouisse.

Mlle de l'Espinasse. Il ne dit plus rien.

Bordeu. Non; il a fait une assez belle excursion. Voilà de la philosophie bien haute; systématique dans ce moment, je crois que plus les connaissances de l'homme feront des progrès, plus elle se vérifiera.

Mlle de l'Espinasse. Et nous, où en étions-nous?

Bordeu. Ma foi, je ne m'en souviens plus; il m'a rappelé tant de phénomènes, tandis que je l'écoutais!

Mlle de l'Espinasse. Attendez, attendez,... j'en étais à mon araignée.

Bordeu. Oui, oui.

Mlle de l'Espinasse. Docteur, approchez-vous. Imaginez une araignée au centre de sa toile. Ébranlez un fil, et vous verrez l'animal alerte accourir. Eh bien! si les fils que l'insecte tire de ses intestins, et y rappelle quand il lui plaît, faisaient partie sensible de lui-même?...

Bordeu. Je vous entends. Vous imaginez en vous, quelque part, dans un recoin de votre tête, celui, par exemple, qu'on appelle les méninges, un ou plusieurs points où se rapportent toutes les sensations excitées sur la longueur des fils.

Mlle de l'Espinasse. C'est cela.

Bordeu. Votre idée est on ne saurait plus juste; mais ne voyez-vous pas que c'est à peu près la même qu'une certaine grappe d'abeilles?

Mlle de l'Espinasse. Ah! cela est vrai; j'ai fait de la prose sans m'en douter.

Bordeu. Et de la très bonne prose, comme vous allez voir. Celui qui ne connaît l'homme que sous la forme qu'il nous présente en naissant, n'en a pas la moindre idée. Sa tête, ses pieds, ses mains, tous ses membres, tous ses viscères, tous ses organes, son nez, ses yeux, ses oreilles, son cœur, ses poumons, ses intestins, ses muscles, ses os, ses nerfs, ses membranes, ne sont, à proprement parler, que les développements grossiers d'un réseau qui se forme, s'accroît, s'étend, jette une multitude de fils imperceptibles.

Mlle de l'Espinasse. Voilà ma toile; et le point originaire de tous ces fils, c'est mon araignée.

Bordeu. A merveille.

Mlle de l'Espinasse. Où sont les fils? où est placée l'araignée?

Bordeu. Les fils sont partout; il n'y a pas un point à la surface de votre corps auquel ils n'aboutissent; et l'araignée est nichée dans une partie de votre tête que je vous ai nommée, les méninges, à laquelle on ne saurait presque toucher sans frapper de torpeur toute la machine.

Mlle de l'Espinasse. Mais si un atome fait osciller un des fils de la toile de l'araignée, alors elle prend l'alarme, elle s'inquiète, elle fuit ou elle accourt. Au centre elle est instruite de tout ce qui se passe en quelque endroit que ce soit de l'appartement immense qu'elle a tapissé. Pourquoi est-ce que je ne sais pas ce qui se passe dans le mien, ou le monde, puisque je suis un peloton de points sensibles, que tout presse sur moi et que je presse sur tout?

Bordeu. C'est que les impressions s'affaiblissent en raison de la distance d'où elles partent.

Mlle de l'Espinasse. Si l'on frappe du coup le plus léger à l'extrémité d'une longue poutre, j'entends ce coup, si j'ai mon oreille appliquée à l'autre extrémité. Cette poutre toucherait d'un bout sur la terre et de l'autre bout dans Sirius, que le même effet serait produit. Pourquoi tout étant lié, contigu, c'est-à-dire la poutre existante et réelle, n'entends-je pas ce qui se passe dans l'espace immense qui m'environne, surtout si j'y prête l'oreille?

Bordeu. Et qui est-ce qui vous a dit que vous ne l'entendiez pas plus ou moins? Mais il y a si loin, l'impression est si faible, si croisée sur la route; vous êtes entourée et assourdie de bruits si violents et si divers; c'est qu'entre Saturne et vous il n'y a que des corps contigus, au lieu qu'il y faudrait de la continuité.

Mlle de l'Espinasse. C'est bien dommage.

Bordeu. Il est vrai, car vous seriez Dieu. Par votre identité avec tous les êtres de la nature, vous sauriez tout ce qui se fait; par votre mémoire, vous sauriez tout ce qui s'y est fait.

Mlle de l'Espinasse. Et ce qui s'y fera?

Bordeu. Vous formeriez sur l'avenir des conjectures vraisemblables, mais sujettes à erreur. C'est précisément comme si vous cherchiez à deviner ce qui va se passer au dedans de vous, à l'extrémité de votre pied ou de votre main.

Mlle de l'Espinasse. Et qui est-ce qui vous a dit que ce monde n'avait pas aussi ses méninges, ou qu'il ne réside pas dans quelque recoin de l'espace une grosse ou petite araignée dont les fils s'étendent à tout?

Bordeu. Personne, moins encore si elle n'a pas été ou si elle ne sera pas.

Mlle de l'Espinasse. Comment cette espèce de Dieu-là...

Bordeu. La seule qui se conçoive...

Mlle de l'Espinasse. Pourrait avoir été, ou venir et passer?

Bordeu. Sans doute; mais puisqu'il serait matière dans l'univers, portion de l'univers, sujet à vicissitudes, il vieillirait, il mourrait.

Mlle de l'Espinasse. Mais voici bien une autre extravagance qui me vient.

Bordeu. Je vous dispense de la dire, je la sais.

Mlle de l'Espinasse. Voyons, quelle est-elle?

Bordeu. Vous voyez l'intelligence unie à des portions de matière très énergiques, et la possibilité de toutes sortes de prodiges imaginables. D'autres l'ont pensé comme vous.

Mlle de l'Espinasse. Vous m'avez devinée, et je ne vous en estime pas davantage. Il faut que vous ayez un merveilleux penchant à la folie.

Bordeu. D'accord. Mais que cette idée a-t-elle d'effrayant? Ce serait une épidémie de bons et de mauvais génies; les lois les plus constantes de la nature seraient interrompues par des agents naturels; notre physique générale en deviendrait plus difficile, mais il n'y aurait point de miracles.

Mlle de l'Espinasse. En vérité, il faut être bien circonspect sur ce qu'on assure et sur ce qu'on nie.

Bordeu. Allez, celui qui vous raconterait un phénomène de ce genre aurait l'air d'un grand menteur. Mais laissons là tous ces êtres imaginaires, sans en excepter votre araignée à réseaux infinis: revenons au vôtre et à sa formation.

Mlle de l'Espinasse. J'y consens.

D'Alembert. Mademoiselle, vous êtes avec quelqu'un: qui est-ce qui cause là avec vous?

Mlle de l'Espinasse. C'est le docteur.

D'Alembert. Bonjour, docteur: que faites-vous ici si matin?

Bordeu. Vous le saurez: dormez.

D'Alembert. Ma foi, j'en ai besoin. Je ne crois pas avoir passé une autre nuit aussi agitée que celle-ci. Vous ne vous en irez pas que je ne sois levé?

Bordeu. Non. Je gage, mademoiselle, que vous avez cru qu'ayant été à l'âge de douze ans une femme la moitié plus petite, à l'âge de quatre ans encore une femme la moitié plus petite, fœtus une petite femme, dans les testicules de votre mère une femme très petite, vous avez pensé que vous aviez toujours été une femme sous la forme que vous avez, en sorte que les seuls accroissements successifs que vous avez pris ont fait toute la différence de vous à votre origine, et de vous telle que vous voilà.

Mlle de l'Espinasse. J'en conviens.

Bordeu. Rien cependant n'est plus faux que cette idée. D'abord vous n'étiez rien. Vous fûtes, en commençant, un point imperceptible, formé de molécules plus petites, éparses dans le sang, la lymphe de votre père ou de votre mère. Ce point devient un fil délié, puis un faisceau de fils. Jusque-là, pas le moindre vestige de cette forme agréable que vous avez: vos yeux, ces beaux yeux, ne ressemblaient non plus à des yeux que l'extrémité d'une griffe d'anémone ne ressemble à une anémone. Chacun des brins du faisceau de fils se transforma, par la seule nutrition et par sa conformation, en un organe particulier: abstraction faite des organes dans lesquels les brins du faisceau se métamorphosent, et auxquels ils donnent naissance. Le faisceau est un système purement sensible; s'il persistait sous cette forme, il serait susceptible de toutes les impressions relatives à la sensibilité pure, comme le froid, le chaud, le doux, le rude. Ces impressions successives, variées entre elles, et variées chacune dans leur intensité, y produiraient peut-être la mémoire, la conscience du soi, une raison très bornée. Mais cette sensibilité pure et simple, ce toucher, se diversifie par les organes émanés de chacun des brins; un brin formant une oreille, donne naissance à une espèce de toucher que nous appelons bruit ou son; un autre formant le palais, donne naissance à une seconde espèce de toucher que nous appelons saveur; un troisième formant le nez et le tapissant, donne naissance à une troisième espèce de toucher que nous appelons odeur; un quatrième formant un œil, donne naissance à une quatrième espèce de toucher que nous appelons couleur.

Mlle de l'Espinasse. Mais, si je vous ai bien compris, ceux qui nient la possibilité d'un sixième sens, un véritable hermaphrodite, sont des étourdis. Qui est-ce qui leur a dit que nature ne pourrait former un faisceau avec un brin singulier qui donnerait naissance à un organe qui nous est inconnu?

Bordeu. Ou avec les deux brins qui caractérisent les deux sexes? Vous avez raison; il y a plaisir à causer avec vous: vous ne saisissez pas seulement ce qu'on vous dit, vous en tirez encore des conséquences d'une justesse qui m'étonne.

Mlle de l'Espinasse. Docteur, vous m'encouragez.

Bordeu. Non, ma foi, je vous dis ce que je pense.

Mlle de l'Espinasse. Je vois bien l'emploi de quelques-uns des brins du faisceau; mais les autres, que deviennent-ils?

Bordeu. Et vous croyez qu'une autre que vous aurait songé à cette question?

Mlle de l'Espinasse. Certainement.

Bordeu. Vous n'êtes pas vaine. Le reste des brins va former autant d'autres espèces de toucher, qu'il y a de diversité entre les organes et les parties du corps.

Mlle de l'Espinasse. Et comment les appelle-t-on? Je n'en ai jamais entendu parler.

Bordeu. Ils n'ont pas de nom.

Mlle de l'Espinasse. Et pourquoi?

Bordeu. C'est qu'il n'y a pas autant de différence entre les sensations excitées par leur moyen qu'il y en a entre les sensations excitées par le moyen des autres organes.

Mlle de l'Espinasse. Très sérieusement vous pensez que le pied, la main, les cuisses, le ventre, l'estomac, la poitrine, le poumon, le cœur ont leurs sensations particulières?

Bordeu. Je le pense. Si j'osais, je vous demanderais si parmi ces sensations qu'on ne nomme pas...

Mlle de l'Espinasse. Je vous entends. Non. Celle-là est toute seule de son espèce, et c'est dommage. Mais quelle raison avez-vous de cette multiplicité de sensations plus douloureuses qu'agréables dont il vous plaît de nous gratifier?

Bordeu. La raison? c'est que nous les discernons en grande partie. Si cette infinie diversité de touchers n'existaient pas, on saurait qu'on éprouve du plaisir ou de la douleur, mais on ne saurait où les rapporter. Il faudrait le secours de la vue. Ce ne serait plus une affaire de sensation, ce serait une affaire d'expérience et d'observation.

Mlle de l'Espinasse. Quand je dirais que j'ai mal au doigt, si l'on me demandait pourquoi j'assure que c'est au doigt que j'ai mal, il faudrait que je répondisse non pas que je le sens, mais que je sens du mal et que je vois que mon doigt est malade.

Bordeu. C'est cela. Venez que je vous embrasse.

Mlle de l'Espinasse. Très volontiers.

D'Alembert. Docteur, vous embrassez mademoiselle, c'est fort bien fait à vous.

Bordeu. J'y ai beaucoup réfléchi, et il m'a semblé que la direction et le lieu de la secousse ne suffiraient pas pour déterminer le jugement si subit de l'origine du faisceau.

Mlle de l'Espinasse. Je n'en sais rien.

Bordeu. Votre doute me plaît. Il est si commun de prendre des qualités naturelles pour des habitudes acquises et presque aussi vieilles que nous.

Mlle de l'Espinasse. Et réciproquement.

Bordeu. Quoi qu'il en soit, vous voyez que dans une question où il s'agit de la formation première de l'animal, c'est s'y prendre trop tard que d'attacher son regard et ses réflexions sur l'animal formé; qu'il faut remonter à ses premiers rudimens, et qu'il est à propos de vous dépouiller de votre organisation actuelle, et de revenir à un instant où vous n'étiez qu'une substance molle, filamenteuse, informe, vermiculaire, plus analogue au bulbe et la racine d'une plante qu'à un animal.

Mlle de l'Espinasse. Si c'était l'usage d'aller toute nue dans les rues, je ne serais ni la première ni la dernière à m'y conformer. Ainsi faites de moi tout ce qu'il vous plaira, pourvu que je m'instruise. Vous m'avez dit que chaque brin du faisceau formait un organe particulier; et quelle preuve que cela est ainsi?

Bordeu. Faites par la pensée ce que nature fait quelquefois. Mutilez le faisceau d'un de ses brins; par exemple, du brin qui formera les yeux. Que croyez-vous qu'il en arrive?

Mlle de l'Espinasse. Que l'animal n'aura point d'yeux peut-être.

Bordeu. Ou n'en aura qu'un placé au milieu du front.

Mlle de l'Espinasse. Ce sera un Cyclope.

Bordeu. Un Cyclope.

Mlle de l'Espinasse. Le Cyclope pourrait donc bien ne pas être un être fabuleux.

Bordeu. Si peu, que je vous en ferai voir un quand vous voudrez.[1]

Mlle de l'Espinasse. Et qui sait la cause de cette diversité?

Bordeu. Celui qui a disséqué ce monstre et qui ne lui a trouvé qu'un filet optique. Faites par la pensée ce que nature fait quelquefois. Supprimez un autre brin du faisceau, le brin qui doit former le nez, l'animal sera sans nez. Supprimez le brin qui doit former l'oreille, l'animal sera sans oreilles, ou n'en aura qu'une, et l'anatomiste ne trouvera dans la dissection ni les filets olfactifs, ni les filets auditifs, ou ne trouvera qu'un de ceux-ci. Continuez la suppression des brins, et l'animal sera sans tête, sans pieds, sans mains; sa durée sera courte, mais il aura vécu.

Mlle de l'Espinasse. Et il y a des exemples de cela?

Bordeu. Assurément. Ce n'est pas tout. Doublez quelques-uns des brins du faisceau, et l'animal aura deux têtes, quatre yeux, quatre oreilles, trois testicules, trois pieds, quatre bras, six doigts

[1] Cf. the chapter 'Sur les monstres' in Buffon's *Histoire Naturelle*.

à chaque main. Dérangez les brins du faisceau, et les organes seront déplacés: la tête occupera le milieu de la poitrine, les poumons seront à gauche, le cœur à droite. Collez ensemble deux brins, et les organes se confondront; les bras s'attacheront au corps; les cuisses, les jambes et les pieds se réuniront, et vous aurez toutes les sortes de monstres imaginables.

Mlle de l'Espinasse. Mais il me semble qu'une machine aussi composée qu'un animal, une machine qui naît d'un point, d'un fluide agité, peut-être de deux fluides brouillés au hasard, car on ne sait guère alors ce qu'on fait; une machine qui s'avance à sa perfection par une infinité de développements successifs; une machine dont la conformation régulière ou irrégulière dépend d'un paquet de fils minces, déliés et flexibles, d'une espèce d'écheveau où le moindre brin ne peut être cassé, rompu, déplacé, manquant, sans conséquence fâcheuse pour le tout, devrait se nouer, s'embarrasser encore plus souvent dans le lieu de sa formation que mes soies sur ma tournette.

Bordeu. Aussi en souffre-t-elle beaucoup plus qu'on ne pense. On ne dissèque pas assez, et les idées sur sa formation sont bien éloignées de la vérité.

Mlle de l'Espinasse. A-t-on des exemples remarquables de ces difformités originelles, autres que les bossus et les boiteux, dont on pourrait attribuer l'état maléficié à quelque vice héréditaire?

Bordeu. Il y en a sans nombre, et tout nouvellement il vient de mourir à la Charité de Paris, à l'âge de vingt-cinq ans, des suites d'une fluxion de poitrine, un charpentier né à Troyes, appelé Jean-Baptiste Macé, qui avait les viscères intérieurs de la poitrine et de l'abdomen dans une situation renversée, le cœur à droite précisément comme vous l'avez à gauche; le foie à gauche; l'estomac, la rate, le pancréas à l'hypocondre droit; la veine-porte au foie du côté gauche ce qu'elle est au foie du côté droit; même transposition au long canal des intestins; les reins, adossés l'un à l'autre sur les vertèbres des lombes, imitaient la figure d'un fer à cheval. Et qu'on vienne après cela nous parler de causes finales!

Mlle de l'Espinasse. Cela est singulier.

Bordeu. Si Jean-Baptiste Macé a été marié et qu'il ait eu des enfants...

Mlle de l'Espinasse. Eh bien, docteur, ces enfants...

Bordeu. Suivront la conformation générale; mais quelqu'un des enfants de leurs enfants, au bout d'une centaine d'années, car ces irrégularités ont des sauts, reviendra à la conformation bizarre de son aïeul.

Mlle de l'Espinasse. Et d'où viennent ces sauts?

Bordeu. Qui le sait? Pour faire un enfant on est deux, comme vous savez. Peut-être qu'un des agents répare le vice de l'autre, et que le réseau défectueux ne renaît que dans le moment où le descendant de la race monstrueuse prédomine et donne la loi à la formation du réseau. Le faisceau de fils constitue la différence originelle et première de toutes les espèces d'animaux. Les variétés du faisceau d'une espèce font toutes les variétés monstrueuses de cette espèce.

[*Après un long silence, mademoiselle de l'Espinasse sortit de sa rêverie et tira le docteur de la sienne par la question suivante.*]

Il me vient une idée bien folle.

Bordeu. Quelle?

Mlle de l'Espinasse. L'homme n'est peut-être que le monstre de la femme, ou la femme le monstre de l'homme.

Bordeu. Cette idée vous serait venue bien plus vite encore, si vous eussiez su que la femme a toutes les parties de l'homme, et que la seule différence qu'il y ait est celle d'une bourse pendante en dehors, ou d'une bourse retournée en dedans; qu'un fœtus femelle ressemble, à s'y tromper, à un fœtus mâle; que la partie qui occasionne l'erreur s'affaisse dans le fœtus femelle à mesure que la bourse intérieure s'étend; qu'elle ne s'oblitère jamais au point de perdre sa première forme; qu'elle garde cette forme en petit; qu'elle est susceptible des mêmes mouvements; qu'elle est aussi le mobile de la volupté; qu'elle a son gland, son prépuce, et qu'on remarque à son extrémité un point qui paraîtrait avoir été l'orifice d'un canal urinaire qui s'est fermé; qu'il y a dans l'homme, depuis l'anus jusqu'au scrotum, intervalle qu'on appelle le périnée, et du scrotum jusqu'à l'extrémité de la verge, une couture qui semble être la reprise d'une vulve faufilée; que les femmes qui ont le clitoris excessif ont de la barbe; que les eunuques n'en ont point, que leurs cuisses se fortifient, que leurs hanches s'évasent, que leurs genoux s'arrondissent, et qu'en perdant l'organisation caractéristique d'un sexe, ils semblent s'en retourner à la conformation caractéristique de l'autre. Ceux d'entre les Arabes que l'équitation habituelle a châtrés perdent la barbe, prennent une voix grêle, s'habillent en femmes, se rangent parmi elles sur les chariots, s'accroupissent pour pisser, et en affectent les mœurs et les usages... Mais nous voilà bien loin de notre objet. Revenons à notre faisceau de filaments animés et vivants.

D'Alembert. Je crois que vous dites des ordures à mademoiselle de l'Espinasse.

Bordeu. Quand on parle science, il faut se servir des mots techniques.

D'Alembert. Vous avez raison; alors ils perdent le cortège d'idées accessoires qui les rendraient malhonnêtes. Continuez, docteur. Vous disiez donc à mademoiselle que la matrice n'est autre chose qu'un scrotum retourné de dehors en dedans, mouvement dans lequel les testicules ont été jetés hors de la bourse qui les renfermait, et dispersés de droite et de gauche dans la cavité du corps; que le clitoris est un membre viril en petit; que ce membre viril de femme va toujours en diminuant, à mesure que la matrice ou le scrotum retourné s'étend, et que...

Mlle de l'Espinasse. Oui, oui, taisez-vous, et ne vous mêlez pas de nos affaires.

Bordeu. Vous voyez, mademoiselle, que dans la question de nos sensations en général, qui ne sont toutes qu'un toucher diversifié, il faut laisser là les formes successives que le réseau prend, et s'en tenir au réseau seul.

Mlle de l'Espinasse. Chaque fil du réseau sensible peut être blessé ou chatouillé sur toute sa longueur. Le plaisir ou la douleur est là ou là, dans un endroit ou dans un autre de quelqu'une des longues pattes de mon araignée, car j'en reviens toujours à mon araignée; que c'est l'araignée qui est à l'origine commune de toutes les pattes, et qui rapporte à tel ou tel endroit la douleur ou le plaisir sans l'éprouver.

Bordeu. Que c'est le rapport constant, invariable de toutes les impressions à cette origine commune qui constitue l'unité de l'animal.

Mlle de l'Espinasse. Que c'est la mémoire de toutes ces impressions successives qui fait pour chaque animal l'histoire de sa vie et de son soi.

Bordeu. Et que c'est la mémoire et la comparaison qui s'ensuivent nécessairement de toutes ces impressions qui font la pensée et le raisonnement.

Mlle de l'Espinasse. Et cette comparaison se fait où?

Bordeu. A l'origine du réseau.

Mlle de l'Espinasse. Et ce réseau?

Bordeu. N'a à son origine aucun sens qui lui soit propre: ne voit point, n'entend point, ne souffre point. Il est produit, nourri; il émane d'une substance molle, insensible, inerte, qui lui sert d'oreiller, et sur laquelle il siège, écoute, juge et prononce.

Mlle de l'Espinasse. Il ne souffre point.

Bordeu. Non: l'impression la plus légère suspend son audience, et l'animal tombe dans l'état de mort. Faites cesser l'impression, il revient à ses fonctions, et l'animal renaît.

Mlle de l'Espinasse. Et d'où savez-vous cela? Est-ce qu'on a jamais fait renaître et mourir un homme à discrétion?

Bordeu. Oui.

Mlle de l'Espinasse. Et comment cela?

Bordeu. Je vais vous le dire; c'est un fait curieux. La Peyronie,[1] que vous pouvez avoir connu, fut appelé auprès d'un malade qui avait reçu un coup violent à la tête. Ce malade y sentait de la pulsation. Le chirurgien ne doutait pas que l'abcès au cerveau ne fût formé, et qu'il n'y avait pas un moment à perdre. Il rase le

---

[1] François Gigot de La Peyronie (1678–1747), *Premier chirurgien* of Louis XV.

malade et le trépane. La pointe de l'instrument tombe précisément au centre de l'abcès. Le pus était fait; il vide le pus; il nettoie l'abcès avec une seringue. Lorsqu'il pousse l'injection dans l'abcès, le malade ferme les yeux; ses membres restent sans action, sans mouvement, sans le moindre signe de vie. Lorsqu'il repompe l'injection et qu'il soulage l'origine du faisceau du poids et de la pressions du fluide injecté, le malade rouvre les yeux, se meut, parle, sent, renaît et vit.

Mlle de l'Espinasse. Cela est singulier; et ce malade guérit-il?

Bordeu. Il guérit; et, quand il fut guéri, il réfléchit, il pensa, il raisonna, il eut le même esprit, le même bon sens, la même pénétration, avec une bonne portion de moins de sa cervelle.

Mlle de l'Espinasse. Ce juge-là est un être bien extraordinaire.

Bordeu. Il se trompe quelquefois lui-même. Il est sujet à des préventions d'habitude: on sent du mal à un membre qu'on n'a plus. On le trompe quand on veut: croisez deux de vos doigts l'un sur l'autre, touchez une petite boule, et il prononcera qu'il y en a deux.

Mlle de l'Espinasse. C'est qu'il est comme tous les juges du monde, et qu'il a besoin d'expérience, sans quoi il prendra la sensation de la glace pour celle du feu.

Bordeu. Il fait bien autre chose: il donne un volume presque infini à l'individu, ou il le concentre presque dans un point.

Mlle de l'Espinasse. Je ne vous entends pas.

Bordeu. Qu'est-ce qui circonscit votre étendue réelle, la vraie sphère de votre sensibilité?

Mlle de l'Espinasse. Ma vue et mon toucher.

Bordeu. De jour; mais la nuit, dans les ténèbres, lorsque vous rêvez surtout à quelque chose d'abstrait, le jour même, lorsque votre esprit est occupé?

Mlle de l'Espinasse. Rien. J'existe comme en un point; je cesse presque d'être matière, je ne sens que ma pensée; il n'y a plus ni lieu, ni mouvement, ni corps, ni distance, ni espace pour moi: l'univers est anéanti pour moi, et je suis nulle pour lui.

Bordeu. Voilà le dernier terme de la concentration de votre existence ; mais sa dilatation idéale peut être sans bornes. Lorsque la vraie limite de votre sensibilité est franchie, soit en vous rapprochant, en vous condensant en vous-même, soit en vous étendant au dehors, on ne sait plus ce que cela peut devenir.

Mlle de l'Espinasse. Docteur, vous avez raison. Il m'a semblé plusieurs fois en rêve...

Bordeu. Et aux malades dans une attaque de goutte...

Mlle de l'Espinasse. Que je devenais immense.

Bordeu. Que leur pied touchait au ciel de leur lit.

Mlle de l'Espinasse. Que mes bras et mes jambes s'allongeaient à l'infini, que le reste de mon corps prenait un volume proportionné ; que l'Encelade de la fable n'était qu'un pygmée ; que l'Amphitrite d'Ovide, dont les longs bras allaient former une ceinture immense à la terre, n'était qu'une naine en comparaison de moi, et que j'escaladais le ciel, ou que j'enlaçais les deux hémisphères.

Bordeu. Fort bien. Et moi j'ai connu une femme en qui le phénomène s'exécutait en sens contraire.

Mlle de l'Espinasse. Quoi ! elle se rapetissait par degrés, et rentrait en elle-même ?

Bordeu. Au point de se sentir aussi menue qu'une aiguille. Elle voyait, elle entendait, elle raisonnait, elle jugeait, et elle avait un effroi mortel de se perdre ; elle frémissait à l'approche des moindres objets ; elle n'osait bouger de sa place.

Mlle de l'Espinasse. Voilà un singulier rêve, bien fâcheux, bien incommode.

Bordeu. Elle ne rêvait point ; c'était un des accidents de la cessation de l'écoulement périodique.

Mlle de l'Espinasse. Et demeurait-elle longtemps sous cette menue, imperceptible forme de petite femme ?

Bordeu. Une heure, deux heures, après lesquelles elle revenait successivement à son volume naturel.

Mlle de l'Espinasse. Et la raison de ces sensations bizarres ?

Bordeu. Dans leur état naturel et tranquille, les brins du faisceau ont une certaine tension, un ton, une énergie habituelle qui circonscrit l'étendue réelle ou imaginaire du corps. Je dis réelle ou imaginaire, car cette tension, ce ton, cette énergie étant variables, notre corps n'est pas toujours d'un même volume.

Mlle de l'Espinasse. Ainsi, c'est au physique comme au moral que nous sommes sujets à nous croire plus grands que nous ne le sommes?

Bordeu. Le froid nous rapetisse, la chaleur nous étend, et tel individu peut se croire toute sa vie plus petit ou plus grand qu'il ne l'est réellement. S'il arrive à la masse du faisceau d'entrer en un éréthisme violent, aux brins de se mettre en érection, à la multitude infinie de leurs extrémités de s'élancer au delà de leur limite accoutumée, alors la tête, les pieds, les autres membres, tous les points de la surface du corps seront portés à une distance immense, et l'individu se sentira gigantesque. Ce sera le phénomène contraire si l'insensibilité, l'apathie, l'inertie gagne de l'extrémité des brins, et s'achemine peu à peu vers l'origine du faisceau.

Mlle de l'Espinasse. Je conçois que cette expansion ne saurait se mesurer, et je conçois encore que cette insensibilité, cette apathie, cette inertie de l'extrémité des brins, cet engourdissement, après avoir fait un certain progrès, peut se fixer, s'arrêter...

Bordeu. Comme il est arrivé à La Condamine:[1] alors l'individu sent comme des ballons sous ses pieds.

Mlle de l'Espinasse. Il existe au delà du terme de sa sensibilité, et s'il était enveloppé de cette apathie en tout sens, il nous offrirait un petit homme vivant sous un homme mort.

Bordeu. Concluez de là que l'animal qui dans son origine n'était qu'un point, ne sait encore s'il est réellement quelque chose de plus. Mais revenons.

Mlle de l'Espinasse. Où?

Bordeu. Où? au trépané de La Peyronie... Voilà bien, je crois, ce que vous me demandiez, l'exemple d'un homme qui vécut et mourut alternativement... Mais il y a mieux.

[1] Charles Marie de La Condamine (1701–74), traveller and scientist.

Mlle de l'Espinasse. Et qu'est-ce que ce peut être?

Bordeu. La fable de Castor et Pollux réalisée: deux enfants dont la vie de l'un était aussitôt suivie de la mort de l'autre, et la vie de celui-ci aussitôt suivie de la mort du premier.

Mlle de l'Espinasse. Oh! le bon conte. Et cela dura-t-il longtemps?

Bordeu. La durée de cette existence fut de deux jours qu'ils se partagèrent également et à différentes reprises, en sorte que chacun eut pour sa part un jour de vie et un jour de mort.

Mlle de l'Espinasse. Je crains, docteur, que vous n'abusiez un peu de ma crédulité. Prenez-y garde, si vous me trompez une fois, je ne vous croirai plus.

Bordeu. Lisez-vous quelquefois la *Gazette de France?*

Mlle de l'Espinasse. Jamais, quoique ce soit le chef-d'œuvre de deux hommes d'esprit.[1]

Bordeu. Faites-vous prêter la feuille du 4 de ce mois de septembre, et vous verrez qu'à Rabastens, diocèse d'Albi, deux filles naquirent dos à dos, unies par leurs dernières vertèbres lombaires, leurs fesses et la région hypogastrique. L'on ne pouvait tenir l'une debout que l'autre n'eût la tête en bas. Couchées, elles se regardaient; leurs cuisses étaient fléchies entre leurs troncs, et leurs jambes élevées; sur le milieu de la ligne circulaire commune qui les attachait par leurs hypogastres on discernait leur sexe, et entre la cuisse droite de l'une qui correspondait à la cuisse gauche de sa sœur, dans une cavité il y avait un petit anus par lequel s'écoulait le méconium.

Mlle de l'Espinasse. Voilà une espèce assez bizarre.

Bordeu. Elles prirent du lait qu'on leur donna dans une cuiller. Elles vécurent douze heures comme je vous l'ai dit, l'une tombant en défaillance lorsque l'autre en sortait, l'une morte tandis que l'autre vivait. La première défaillance de l'une et la première vie de l'autre fut de quatre heures; les défaillances et les retours alternatifs à la vie qui succédèrent furent moins longs; elles

---

[1] Abbé François Arnaud (1721–84) and J. B. Antoine Suard (1732–1817), two minor writers of the period.

expirèrent dans le même instant. On remarqua que leurs nombrils avaient aussi un mouvement alternatif de sortie et de rentrée; il rentrait à celle qui défaillait, et sortait à celle qui revenait à la vie.

Mlle de l'Espinasse. Et que dites-vous de ces alternatives de vie et de mort?

Bordeu. Peut-être rien qui vaille; mais comme on voit tout à travers la lunette de son système, et que je ne veux pas faire exception à la règle, je dis que c'est le phénomène du trépané de La Peyronie doublé en deux êtres conjoints; que les réseaux de ces deux enfants s'étaient si bien mêlés qu'ils agissaient et réagissaient l'un sur l'autre. Lorsque l'origine du faisceau de l'une prévalait, il entraînait le réseau de l'autre qui défaillait à l'instant; c'était le contraire, si c'était le réseau de celle-ci qui dominât le système commun. Dans le trépané de La Peyronie, la pression se faisait de haut en bas par le poids d'un fluide; dans les deux jumelles de Rabastens, elle se faisait de bas en haut par la traction d'un certain nombre des fils du réseau: conjecture appuyée par la rentrée et la sortie alternative des nombrils, sortie dans celle qui revenait à la vie, rentrée dans celle qui mourait.

Mlle de l'Espinasse. Et voilà deux âmes liées.

Bordeu. Un animal avec le principe de deux sens et de deux consciences.

Mlle de l'Espinasse. N'ayant cependant dans le même moment que la jouissance d'une seule; mais qui sait ce qui serait arrivé si cet animal eût vécu?

Bordeu. Quelle sorte de correspondance l'expérience de tous les moments de la vie, la plus forte des habitudes qu'on puisse imaginer, aurait établie entre ces deux cerveaux?

Mlle de l'Espinasse. Des sens doubles, une mémoire double, une imagination double, une double application, la moitié d'un être qui observe, lit, médite, tandis que son autre moitié repose: cette moitié-ci reprenant les mêmes fonctions, quand sa compagne est lasse; la vie doublée d'un être double.

Bordeu. Cela est possible; et la nature amenant avec le temps tout ce qui est possible, elle formera quelque étrange composé.

Mlle de l'Espinasse. Que nous serions pauvres en comparaison d'un pareil être!

Bordeu. Et pourquoi? Il y a déjà tant d'incertitudes, de contradictions, de folies dans un entendement simple, que je ne sais plus ce que cela deviendrait avec un entendement double... Mais il est dix heures et demie, et j'entends du faubourg jusqu'ici un malade qui m'appelle.

Mlle de l'Espinasse. Y aurait-il bien du danger pour lui à ce que vous ne le vissiez pas?

Bordeu. Moins peut-être qu'à le voir. Si la nature ne fait pas la besogne sans moi, nous aurons bien de la peine à la faire ensemble, et à coup sûr je ne la ferai pas sans elle.

Mlle de l'Espinasse. Restez donc.

D'Alembert. Docteur, encore un mot, et je vous envoie à votre patient. A travers toutes les vicissitudes que je subis dans le cours de ma durée, n'ayant peut-être pas à présent une des molécules que j'apportai en naissant, comment suis-je resté moi pour les autres et pour moi?

Bordeu. Vous nous l'avez dit en rêvant.

D'Alembert. Est-ce que j'ai rêvé?

Mlle de l'Espinasse. Toute la nuit, et cela ressemblait tellement à du délire, que j'ai envoyé chercher le docteur ce matin.

D'Alembert. Et cela pour des pattes d'araignée qui s'agitaient d'elles-mêmes, qui tenaient alerte l'araignée et qui faisaient parler l'animal. Et l'animal, que disait-il?

Bordeu. Que c'était par la mémoire qu'il était lui pour les autres et pour lui; et j'ajouterais par la lenteur des vicissitudes. Si vous eussiez passé en un clin d'œil de la jeunesse à la décrépitude, vous auriez été jeté dans ce monde comme au premier moment de votre naissance. Vous n'auriez plus été vous ni pour les autres ni pour vous, pour les autres qui n'auraient point été eux pour vous. Tous les rapports auraient été anéantis, toute l'histoire de votre vie pour moi, toute l'histoire de la mienne pour vous, brouillée. Comment auriez-vous pu savoir que cet homme, courbé sur un bâton, dont les yeux s'étaient éteints, qui se traînait avec peine, plus différent encore de lui-même au dedans qu'à l'extérieur, était le même qui la veille marchait si légèrement, remuait des fardeaux assez lourds, pouvait se livrer aux méditations les plus profondes, aux exercices les plus doux et les plus violents? Vous n'eussiez pas entendu vos propres ouvrages, vous ne vous fussiez pas reconnu vous-même, vous n'eussiez reconnu personne, personne ne vous eût reconnu; toute la scène du monde aurait changé. Songez qu'il y eut moins de différence encore entre vous naissant et vous jeune, qu'il n'y en aurait entre vous jeune et vous devenu subitement décrépit. Songez que, quoique votre naissance ait été liée à votre jeunesse par une suite de sensations ininterrompues, les trois premières années de votre existence n'ont jamais été de l'histoire de votre vie. Qu'aurait donc été pour vous le temps de votre jeunesse que rien n'eût lié au moment de votre décrépitude? D'Alembert décrépit n'eût pas eu le moindre souvenir de D'Alembert jeune.

Mlle de l'Espinasse. Dans la grappe d'abeilles, il n'y en aurait pas une qui eût eu le temps de prendre l'esprit du corps.

D'Alembert. Qu'est-ce que vous dites là?

Mlle de l'Espinasse. Je dis que l'esprit monastique se conserve parce que le monastère se refait peu à peu, et quand il entre un moine nouveau, il en trouve une centaine de vieux qui l'entraînent à penser et à sentir comme eux. Une abeille s'en va, il en succède dans la grappe une autre qui se met bientôt au courant.

D'Alembert. Allez, vous extravaguez avec vos moines, vos abeilles, votre grappe et votre couvent.

Bordeu. Pas tant que vous croiriez bien. S'il n'y a qu'une conscience dans l'animal, il y a une infinité de volontés; chaque organe a la sienne.

D'Alembert. Comment avez-vous dit?

Bordeu. J'ai dit que l'estomac veut des aliments, que le palais n'en veut point, et que la différence du palais et de l'estomac avec l'animal entier, c'est que l'animal sait qu'il veut, et que l'estomac et le palais veulent sans le savoir; c'est que l'estomac ou le palais sont l'un à l'autre à peu près comme l'homme et la brute. Les abeilles perdent leurs consciences et retiennent leurs appétits ou volontés. La fibre est un animal simple, l'homme est un animal composé; mais gardons ce texte pour une autre fois. Il faut un événement bien moindre qu'une décrépitude subite pour ôter à l'homme la conscience du soi. Un moribund reçoit les sacrements avec une piété profonde; il s'accuse de ses fautes; il demande pardon à sa femme; il embrasse ses enfants; il appelle ses amis; il parle à son médecin; il commande à ses domestiques; il dicte ses dernières volontés; il met ordre à ses affaires, et tout cela avec le jugement le plus sain, la présence d'esprit la plus entière; il guérit, il est convalescent, et il n'a pas la moindre idée de ce qu'il a dit ou fait dans sa maladie. Cet intervalle, quelquefois très long, a disparu de sa vie. Il y a même des exemples de personnes qui ont repris la conversation ou l'action que l'attaque subite du mal avait interrompue.

D'Alembert. Je me souviens que, dans un exercice public, un pédant de collège, tout gonflé de son savoir, fut mis ce qu'ils appellent au sac, par un capucin qu'il avait méprisé. Lui, mis au sac! Et par qui? par un capucin! Et sur quelle question? Sur le futur contingent! sur la science moyenne qu'il a méditée toute sa vie! Et en quelle circonstance? devant une assemblée nombreuse! devant ses élèves! Le voilà perdu d'honneur. Sa tête travaille si bien sur ces idées qu'il en tombe dans une léthargie qui lui enlève toutes les connaissances qu'il avait acquises.

Mlle de l'Espinasse. Mais c'était un bonheur.

D'Alembert. Ma foi, vous avez raison. Le bon sens lui était resté; mais il avait tout oublié. On lui rapprit à parler et à lire, et il mourut lorsqu'il commençait à épeler très passablement. Cet homme n'était point un inepte; on lui accordait même quelque éloquence.

Mlle de l'Espinasse. Puisque le docteur a entendu votre conte, il faut qu'il entende aussi le mien. Un jeune homme de dix-huit à vingt ans, dont je ne me rappelle pas le nom...

Bordeu. C'est un M. de Schellemberg de Winterthour; il n'avait que quinze à seize ans.

Mlle de l'Espinasse. Ce jeune homme fit une chute dans laquelle il reçut une commotion violente à la tête.

Bordeu. Qu'appelez-vous une commotion violente? Il tomba du haut d'une grange; il eut la tête fracassée et resta six semaines sans connaissance.

Mlle de l'Espinasse. Quoi qu'il en soit, savez-vous quelle fut la suite de cet accident? la même qu'à votre pédant: il oublia tout ce qu'il savait; il fut restitué à son bas âge; il eut une seconde enfance, et qui dura. Il était craintif et pusillanime; il s'amusait à des joujoux. S'il avait mal fait et qu'on le grondât, il allait se cacher dans un coin; il demandait à faire son petit tour et son grand tour. On lui apprit à lire et à écrire; mais j'oubliais de vous dire qu'il fallut lui rapprendre à marcher. Il redevint homme et habile homme, et il a laissé un ouvrage d'histoire naturelle.

Bordeu. Ce sont des gravures, les planches de M. Sulzer sur les insectes, d'après le système de Linnæus. Je connaissais ce fait; il est arrivé dans le canton de Zurich en Suisse, et il y a nombre d'exemples pareils. Dérangez l'origine du faisceau, vous changez l'animal; il semble qu'il soit là tout entier, tantôt dominant les ramifications, tantôt dominé par elles.

Mlle de l'Espinasse. Et l'animal est sous le despotisme ou sous l'anarchie.

Bordeu. Sous le despotisme, fort bien dit. L'origine du faisceau commande, et tout le reste obéit. L'animal est maître de soi, *mentis compos.*

Mlle de l'Espinasse. Sous l'anarchie, où tous les filets du réseau sont soulevés contre leur chef, et où il n'y a plus d'autorité suprême.

Bordeu. A merveille. Dans les grands accès de passion, dans le délire, dans les périls imminents, si le maître porte toutes les forces de ses sujets vers un point, l'animal le plus faible montre une force incroyable.

Mlle de l'Espinasse. Dans les vapeurs, sorte d'anarchie qui nous est si particulière.

Bordeu. C'est l'image d'une administration faible, où chacun tire à soi l'autorité du maître. Je ne connais qu'un moyen de guérir; il est difficile, mais sûr; c'est que l'origine du réseau sensible, cette partie qui constitue le soi, puisse être affectée d'un motif violent de recouvrer son autorité.

Mlle de l'Espinasse. Et qu'en arrive-t-il?

Bordeu. Il en arrive qu'il la recouvre en effet, ou que l'animal périt. Si j'en avais le temps, je vous dirais là-dessus deux faits singuliers.

Mlle de l'Espinasse. Mais, docteur, l'heure de votre visite est passée, et votre malade ne vous attend plus.

Bordeu. Il ne faut venir ici que quand on n'a rien à faire, car on ne saurait s'en tirer.

Mlle de l'Espinasse. Voilà une bouffée d'humeur tout à fait honnête; mais vos histoires?

Bordeu. Pour aujourd'hui vous vous contenterez de celle-ci: Une femme tomba, à la suite d'une couche, dans l'état vaporeux le plus effrayant. C'étaient des pleurs et des ris involontaires, des étouffements, des convulsions, des gonflements de gorge, du silence morne, des cris aigus, tout ce qu'il y a de pis. Cela dura plusieurs années. Elle aimait passionnément, et elle crut s'apercevoir que son amant, fatigué de sa maladie, commençait à se détacher. Alors elle résolut de guérir ou de périr. Il s'établit en elle une guerre civile dans laquelle tantôt c'était le maître qui l'emportait, tantôt c'étaient les sujets. S'il arrivait que l'action des filets du réseau fût égale à la réaction de leur origine, elle tombait comme morte; on la portait sur son lit où elle restait des heures entières sans mouvement et presque sans vie. D'autres fois elle en était quitte pour des lassitudes, une défaillance générale, une extinction qui semblait devoir être finale. Elle persista six mois dans cet état de lutte. La révolte commençait toujours par les filets; elle la sentait arriver. Au premier symptôme elle se levait, elle courait, elle se livrait aux exercices les plus violents; elle montait, elle descendait ses escaliers; elle sciait du bois, elle bêchait la terre. L'organe de sa volonté, l'origine du faisceau se roidissait; elle se disait à elle-même: vaincre ou mourir. Après un nombre infini de victoires et de défaites, le chef resta le maître, et les sujets devinrent si soumis que, quoique cette femme ait éprouvé toutes sortes de peines domestiques, et qu'elle ait essuyé différentes maladies, il n'a plus été question de vapeurs.

Mlle de l'Espinasse. Cela est brave, mais je crois que j'en aurais bien fait autant.

Bordeu. C'est que vous aimeriez bien si vous aimiez, et que vous êtes ferme.

Mlle de l'Espinasse. J'entends. On est ferme, si, d'éducation, d'habitude ou d'organisation, l'origine du faisceau domine les filets; faible, au contraire, s'il en est dominé.

Bordeu. Il y a bien d'autres conséquences à tirer de là.

Mlle de l'Espinasse. Mais votre autre histoire, et vous les tirerez après.

Bordeu. Une jeune femme avait donné dans quelques écarts. Elle prit un jour le parti de fermer sa porte au plaisir. La voilà seule, la voilà mélancolique et vaporeuse. Elle me fit appeler. Je lui conseillai de prendre l'habit de paysanne, de bêcher la terre toute la journée, de coucher sur la paille et de vivre de pain dur. Ce régime ne lui plut pas. Voyagez donc, lui dis-je. Elle fit le tour de l'Europe, et retrouva la santé sur les grands chemins.

Mlle de l'Espinasse. Ce n'est pas là ce que vous aviez à dire; n'importe, venons à vos conséquences.

Bordeu. Cela ne finirait point.

Mlle de l'Espinasse. Tant mieux. Dites toujours.

Bordeu. Je n'en ai pas le courage.

Mlle de l'Espinasse. Et pourquoi?

Bordeu. C'est que du train dont nous y allons on effleure tout, et l'on n'approfondit rien.

Mlle de l'Espinasse. Qu'importe? nous ne composons pas, nous causons.

Bordeu. Par exemple, si l'origine du faisceau rappelle toutes les forces à lui, si le système entier se meut pour ainsi dire à rebours, comme je crois qu'il arrive dans l'homme qui médite profondément, dans le fanatique qui voit les cieux ouverts, dans le sauvage qui chante au milieu des flammes, dans l'extase, dans l'aliénation volontaire ou involontaire...

Mlle de l'Espinasse. Eh bien?

Bordeu. Eh bien, l'animal se rend impassible, il n'existe qu'en un point. Je n'ai pas vu ce prêtre de Calame,[1] dont parle saint Augustin, qui s'aliénait au point de ne plus sentir des charbons ardents. Je n'ai pas vu dans le cadre[2] ces sauvages qui sourient à leurs ennemis, qui les insultent et qui leur suggèrent des tourments plus exquis que ceux qu'on leur fait souffrir. Je n'ai pas vu dans le cirque ces gladiateurs qui se rappelaient en expirant la grâce et les leçons de la gymnastique. Mais je crois tous ces faits, parce que j'ai vu, mais vu de mes propres yeux, un effort aussi extraordinaire qu'aucun de ceux-là.

Mlle de l'Espinasse. Docteur, racontez-le-moi. Je suis comme les enfants, j'aime les faits merveilleux, et quand ils font honneur à l'espèce humaine, il m'arrive rarement d'en disputer la vérité.

Bordeu. Il y avait dans une petite ville de Champagne, Langres, un bon curé, appelé le ou de Moni, bien pénétré, bien imbu de la vérité de la religion. Il fut attaqué de la pierre, il fallut le tailler. Le jour est pris, le chirurgien, ses aides et moi nous nous rendons chez lui. Il nous reçoit d'un air serein, il se déshabille, il se couche, on veut le lier; il s'y refuse; 'placez-moi seulement, dit-il, comme il convient'; on le place. Alors il demande un grand crucifix qui était au pied de son lit; on le lui donne, il le serre entre ses bras, il y colle sa bouche. On opère, il reste immobile, il ne lui échappe ni larmes ni soupirs, et il était délivré de la pierre, qu'il l'ignorait.

Mlle de l'Espinasse. Cela est beau; et puis doutez après cela que celui à qui l'on brisait les os de la poitrine avec des cailloux ne vît les cieux ouverts.

---

[1] Cf. *Pensées philosophiques*, LI (p. 24 above).

[2] 'Le cadre de feu: sorte de supplice que les sauvages de l'Amérique du Nord font subir à leurs prisonniers' (Littré).

Bordeu. Savez-vous ce que c'est que le mal d'oreilles?

Mlle de l'Espinasse. Non.

Bordeu. Tant mieux pour vous. C'est le plus cruel de tous les maux.

Mlle de l'Espinasse. Plus que le mal de dents que je connais malheureusement?

Bordeu. Sans comparaison. Un philosophe de vos amis en était tourmenté depuis quinze jours, lorsqu'un matin il dit à sa femme: Je ne me sens pas assez de courage pour toute la journée... Il pensa que son unique ressource était de tromper artificiellement la douleur. Peu à peu il s'enfonça si bien dans une question de métaphysique ou de géométrie, qu'il oublia son oreille. On lui servit à manger, il mangea sans s'en apercevoir. Il gagna l'heure de son coucher sans avoir souffert. L'horrible douleur ne le reprit que lorsque la contention de l'esprit cessa, mais ce fut avec une fureur inouïe, soit qu'en effet la fatigue eût irrité le mal, soit que la faiblesse le rendît plus insupportable.

Mlle de l'Espinasse. Au sortir de cet état, on doit en effet être épuisé de lassitude; c'est ce qui arrive quelquefois à cet homme qui est là.

Bordeu. Cela est dangereux, qu'il y prenne garde.

Mlle de l'Espinasse. Je ne cesse de le lui dire, mais il n'en tient compte.

Bordeu. Il n'en est plus le maître, c'est sa vie; il faut qu'il en périsse.

Mlle de l'Espinasse. Cette sentence me fait peur.

Bordeu. Que prouvent cet épuisement, cette lassitude? Que les brins du faisceau ne sont pas restés oisifs, et qu'il y avait dans tout le système une tension violente vers un centre commun.

Mlle de l'Espinasse. Si cette tension ou tendance violente dure, si elle devient habituelle?

Bordeu. C'est un tic de l'origine du faisceau; l'animal est fou, et fou presque sans ressource.

Mlle de l'Espinasse. Et pourquoi?

Bordeu. C'est qu'il n'en est pas du tic de l'origine comme du tic d'un des brins. La tête peut bien commander aux pieds, mais non pas le pied à la tête; l'origine à un des brins, non pas le brin à l'origine.

Mlle de l'Espinasse. Et la différence, s'il vous plaît? En effet, pourquoi ne pensé-je pas partout? C'est une question qui aurait dû me venir plus tôt.

Bordeu. C'est que la conscience n'est qu'en un endroit.

Mlle de l'Espinasse. Voilà qui est bientôt dit.

Bordeu. C'est qu'elle ne peut être que dans un endroit, au centre commun de toutes les sensations, là où est la mémoire, là où se font les comparaisons. Chaque brin n'est susceptible que d'un certain nombre déterminé d'impressions, de sensations successives, isolées, sans mémoire. L'origine est susceptible de toutes, elle en est le registre, elle en garde la mémoire ou une sensation continue, et l'animal est entraîné dès sa formation première à s'y rapporter soi, à s'y fixer tout entier, à y exister.

Mlle de l'Espinasse. Et si mon doigt pouvait avoir de la mémoire?...

Bordeu. Votre doigt penserait.

Mlle de l'Espinasse. Et qu'est-ce donc que la mémoire?

Bordeu. La propriété du centre, le sens spécifique de l'origine du réseau, comme la vue est la propriété de l'œil; et il n'est pas plus étonnant que la mémoire ne soit pas dans l'œil, qu'il ne l'est que la vue ne soit pas dans l'oreille.

Mlle de l'Espinasse. Docteur, vous éludez plutôt mes questions que vous n'y satisfaites.

Bordeu. Je n'élude rien, je vous dis ce que je sais, et j'en saurais davantage, si l'organisation de l'origine du réseau m'était aussi connue que celle de ses brins, si j'avais eu la même facilité de l'observer. Mais si je suis faible sur les phénomènes particuliers, en revanche, je triomphe sur les phénomènes généraux.

Mlle de l'Espinasse. Et ces phénomènes généraux sont?

Bordeu. La raison, le jugement, l'imagination, la folie, l'imbécillité, la férocité, l'instinct.

Mlle de l'Espinasse. J'entends. Toutes ces qualités ne sont que des conséquences du rapport originel ou contracté par l'habitude de l'origine du faisceau à ses ramifications.

Bordeu. A merveille. Le principe ou le tronc est-il trop vigoureux relativement aux branches? De là les poètes, les artistes, les gens à imagination, les hommes pusillanimes, les enthousiastes, les fous. Trop faible? De là ce que nous appelons les brutes, les bêtes féroces. Le système entier lâche, mou, sans énergie? De là les imbéciles. Le système entier énergique, bien d'accord, bien ordonné? De là les bons penseurs, les philosophes, les sages.

Mlle de l'Espinasse. Et selon la branche tyrannique qui prédomine, l'instinct qui se diversifie dans les animaux, le génie qui se diversifie dans les hommes. Le chien a l'odorat, le poisson l'ouïe, l'aigle la vue; D'Alembert est géomètre, Vaucanson[1] machiniste, Grétry[2] musicien, Voltaire poète; effets variés d'un brin du faisceau plus vigoureux en eux qu'aucun autre et que le brin semblable dans les êtres de leur espèce.

Bordeu. Et les habitudes qui subjuguent; le vieillard qui aime les femmes, et Voltaire qui fait encore des tragédies. [*En cet endroit le docteur se mit à rêver et mademoiselle de l'Espinasse lui dit:*]

Mlle de l'Espinasse. Docteur, vous rêvez.

Bordeu. Il est vrai.

Mlle de l'Espinasse. A quoi rêvez-vous?

Bordeu. A propos de Voltaire.

Mlle de l'Espinasse. Eh bien?

Bordeu. Je rêve à la manière dont se font les grands hommes.

Mlle de l'Espinasse. Et comment se font-ils?

Bordeu. Comment? La sensibilité...

Mlle de l'Espinasse. La sensibilité?

Bordeu. Ou l'extrême mobilité de certains filets du réseau est la qualité dominante des êtres médiocres.[3]

---

[1] Jacques de Vaucanson (1709–82), famous inventor, best known for his automatons.

[2] André Grétry (1741–1813), whose successful career as a writer of operas began in the previous year.

[3] For the application of this idea to acting see the *Paradoxe sur le Comédien.*

Mlle de l'Espinasse. Ah! docteur, quel blasphème.

Bordeu. Je m'y attendais. Mais qu'est-ce qu'un être sensible? Un être abandonné à la discrétion du diaphragme. Un mot touchant a-t-il frappé l'oreille, un phénomène singulier a-t-il frappé l'œil, et voilà tout à coup le tumulte intérieur qui s'élève, tous les brins du faisceau qui s'agitent, le frisson qui se répand, l'horreur qui saisit, les larmes qui coulent, les soupirs qui suffoquent, la voix qui s'interrompt, l'origine du faisceau qui ne sait ce qu'il devient; plus de sang-froid, plus de raison, plus de jugement, plus d'instinct, plus de ressource.

Mlle de l'Espinasse. Je me reconnais.

Bordeu. Le grand homme, s'il a malheureusement reçu cette disposition naturelle, s'occupera sans relâche à l'affaiblir, à la dominer, à se rendre maître de ses mouvements et à conserver à l'origine du faisceau tout son empire. Alors il se possédera au milieu des plus grands dangers, il jugera froidement, mais sainement. Rien de ce qui peut servir à ses vues, concourir à son but, ne lui échappera; on l'étonnera difficilement. Il aura quarante-cinq ans; il sera grand roi, grand ministre, grand politique, grand artiste, surtout grand comédien, grand philosophe, grand poète, grand musicien, grand médecin; il régnera sur lui-même et sur tout ce qui l'environne. Il ne craindra pas la mort, peur, comme a dit sublimement le stoïcien, qui est une anse que saisit le robuste pour mener le faible partout où il veut; il aura cassé l'anse et se sera en même temps affranchi de toutes les tyrannies de ce monde. Les êtres sensibles ou les fous sont en scène, il est au parterre; c'est lui qui est le sage.

Mlle de l'Espinasse. Dieu me garde de la société de ce sage-là.

Bordeu. C'est pour n'avoir pas travaillé à lui ressembler que vous aurez alternativement des peines et des plaisirs violents, que vous passerez votre vie à rire et à pleurer, et que vous ne serez jamais qu'un enfant.

Mlle de l'Espinasse. Je m'y résous.

Bordeu. Et vous espérez en être plus heureuse?

Mlle de l'Espinasse. Je n'en sais rien.

Bordeu. Mademoiselle, cette qualité si prisée, qui ne conduit à rien de grand, ne s'exerce presque jamais fortement sans douleur, ou faiblement sans ennui; ou l'on bâille, ou l'on est ivre. Vous vous prêtez sans mesure à la douce sensation d'une musique délicieuse; vous vous laissez entraîner au charme d'une scène pathétique; votre diaphragme se serre, le plaisir est passé, et il ne vous reste qu'un étouffement qui dure toute la soirée.

Mlle de l'Espinasse. Mais si je ne puis jouir ni de la musique sublime ni de la scène touchante qu'à cette condition?

Bordeu. Erreur. Je sais jouir aussi, je sais admirer, et je ne souffre jamais, si ce n'est de la colique. J'ai du plaisir pur; ma censure en est beaucoup plus sévère, mon éloge plus flatteur et plus réfléchi. Est-ce qu'il y a une mauvaise tragédie pour des âmes aussi mobiles que la vôtre? Combien de fois n'avez-vous pas rougi, à la lecture, des transports que vous aviez éprouvés au spectacle, et réciproquement?

Mlle de l'Espinasse. Cela m'est arrivé.

Bordeu. Ce n'est donc pas à l'être sensible comme vous, c'est à l'être tranquille et froid comme moi qu'il appartient de dire: Cela est vrai, cela est bon, cela est beau... Fortifions l'origine du réseau, c'est tout ce que nous avons de mieux à faire. Savez-vous qu'il y va de la vie?

Mlle de l'Espinasse. De la vie! docteur, cela est grave.

Bordeu. Oui, de la vie. Il n'est personne qui n'en ait eu quelquefois le dégoût. Un seul événement suffit pour rendre cette sensation involontaire et habituelle. Alors, en dépit des distractions, de la variété des amusements, des conseils des amis, de ses propres efforts, les brins portent opiniâtrément des secousses funestes à l'origine du faisceau; le malheureux a beau se débattre, le spectacle de l'univers se noircit pour lui; il marche avec un cortège d'idées lugubres qui ne le quittent point, et il finit par se délivrer de lui-même.

Mlle de l'Espinasse. Docteur, vous me faites peur.

D'Alembert [*levé, en robe de chambre et en bonnet de nuit*]. Et du sommeil, docteur, qu'en dites-vous? c'est une bonne chose.

Bordeu. Le sommeil, cet état où, soit lassitude, soit habitude, tout le réseau se relâche et reste immobile; où, comme dans la maladie, chaque filet du réseau s'agite, se meut, transmet à l'origine commune une foule de sensations souvent disparates, décousues, troublées; d'autres fois si liées, si suivies, si bien ordonnées que l'homme éveillé n'aurait ni plus de raison, ni plus d'éloquence, ni plus d'imagination; quelquefois si violentes, si vives, que l'homme éveillé reste incertain sur la réalité de la chose...

Mlle de l'Espinasse. Eh bien, le sommeil?

Bordeu. Est un état de l'animal où il n'y a plus d'ensemble: tout concert, toute subordination cesse. Le maître est abandonné à la discrétion de ses vassaux et à l'énergie effrénée de sa propre activité. Le fil optique s'est-il agité? L'origine du réseau voit; il entend si c'est le fil auditif qui le sollicite. L'action et la réaction sont les seules choses qui subsistent entre eux; c'est une conséquence de la propriété centrale, de la loi de continuité et de l'habitude. Si l'action commence par le brin voluptueux que la nature a destiné au plaisir de l'amour et à la propagation de l'espèce, l'image réveillée de l'objet aimé sera l'effet de la réaction à l'origine du faisceau. Si cette image, au contraire, se réveille d'abord à l'origine du faisceau, la tension du brin voluptueux, l'effervescence et l'effusion du fluide séminal seront les suites de la réaction.

D'Alembert. Ainsi il y a le rêve en montant et le rêve en descendant. J'en ai eu un de ceux-là cette nuit: pour le chemin qu'il a pris, je l'ignore.

Bordeu. Dans la veille le réseau obéit aux impressions de l'objet extérieur. Dans le sommeil, c'est de l'exercice de sa propre sensibilité qu'émane tout ce qui se passe en lui. Il n'y a point de distraction dans le rêve; de là sa vivacité: c'est presque toujours la suite d'un éréthisme, un accès passager de maladie. L'origine du réseau y est alternativement active et passive d'une infinité de manières: de là son désordre. Les concepts y sont quelquefois aussi liés, aussi distincts que dans l'animal exposé au spectacle de la nature. Ce n'est que le tableau de ce spectacle réexcité: de là sa vérité, de là l'impossibilité de le discerner de l'état de veille: nulle probabilité d'un de ces états plutôt que de l'autre; nul moyen de reconnaître l'erreur que l'expérience.

Mlle de l'Espinasse. Et l'expérience se peut-elle toujours?

Bordeu. Non.

Mlle de l'Espinasse. Si le rêve m'offre le spectre d'un ami que j'ai perdu, et me l'offre aussi vrai que si cet ami existait; s'il me parle et que je l'entende; si je le touche et qu'il fasse l'impression de la solidité sur mes mains; si, à mon réveil, j'ai l'âme pleine de tendresse et de douleur, et mes yeux inondés de larmes; si mes bras sont encore portés vers l'endroit où il m'est apparu, qui me répondra que je ne l'ai pas vu, entendu, touché réellement?

Bordeu. Son absence. Mais, s'il est impossible de discerner la veille du sommeil, qui est-ce qui en apprécie la durée? Tranquille, c'est un intervalle étouffé entre le moment du coucher et celui du lever: troublé, il dure quelquefois des années. Dans le premier cas, du moins, la conscience du soi cesse entièrement. Un rêve qu'on n'a jamais fait, et qu'on ne fera jamais, me le diriez-vous bien?

Mlle de l'Espinasse. Oui, c'est qu'on est un autre.

D'Alembert. Et dans le second cas, on n'a pas seulement la conscience du soi, mais on a encore celle de sa volonté et de sa liberté. Qu'est-ce que cette volonté, qu'est-ce que cette liberté de l'homme qui rêve?

Bordeu. Qu'est-ce? C'est la même que celle de l'homme qui veille: la dernière impulsion du désir et de l'aversion, le dernier résultat de tout ce qu'on a été depuis sa naissance jusqu'au moment où l'on est; et je défie l'esprit le plus délié d'y apercevoir la moindre différence.

D'Alembert. Vous croyez?

Bordeu. Et c'est vous qui me faites cette question! vous qui, livré à des spéculations profondes, avez passé les deux tiers de votre vie à rêver les yeux ouverts, et à agir sans vouloir; oui, sans vouloir, bien moins que dans votre rêve. Dans votre rêve vous commandiez, vous ordonniez, on vous obéissait; vous étiez mécontent ou satisfait, vous éprouviez de la contradiction, vous trouviez des obstacles, vous vous irritiez, vous aimiez, vous haïssiez, vous blâmiez, vous approuviez, vous riiez, vous pleuriez, vous alliez, vous veniez. Dans le cours de vos méditations, à peine vos yeux s'ouvraient le matin que, ressaisi de l'idée qui vous avait occupé la veille, vous vous vêtiez, vous vous asseyiez à votre table, vous méditiez, vous traciez des figures, vous suiviez des calculs, vous dîniez, vous repreniez vos combinaisons, quelquefois vous quittiez la table pour les vérifier; vous parliez à d'autres, vous donniez des ordres à votre domestique, vous soupiez, vous vous couchiez, vous vous endormiez sans avoir fait le moindre acte de volonté. Vous n'avez été qu'un point; vous avez agi, mais vous n'avez pas voulu. Est-ce qu'on veut, de soi? La volonté naît toujours de quelque motif intérieur ou extérieur, de quelque impression présente, de quelque réminiscence du passé, de quelque passion, de quelque projet dans l'avenir. Après cela je ne vous dirai de la liberté qu'un mot, c'est que la dernière de nos actions est l'effet nécessaire d'une cause une: nous, très compliquée, mais une.

Mlle de l'Espinasse. Nécessaire?

Bordeu. Sans doute. Tâchez de concevoir la production d'une autre action, en supposant que l'être agissant soit le même.

Mlle de l'Espinasse. Il a raison. Puisque c'est moi qui agis ainsi, celui qui peut agir autrement n'est plus moi; et assurer qu'au moment où je fais ou dis une chose, j'en puis dire ou faire une autre, c'est assurer que je suis moi et que je suis un autre. Mais, docteur, et le vice et la vertu? La vertu, ce mot si saint dans toutes les langues, cette idée si sacrée chez toutes les nations!

Bordeu. Il faut le transformer en celui de bienfaisance, et son opposé en celui de malfaisance. On est heureusement ou malheureusement né; on est insensiblement entraîné par le torrent général qui conduit l'un à la gloire, l'autre à l'ignominie.

Mlle de l'Espinasse. Et l'estime de soi, et la honte, et le remords?

Bordeu. Puérilité fondée sur l'ignorance et la vanité d'un être qui s'impute à lui-même le mérite ou le démérite d'un instant nécessaire.

Mlle de l'Espinasse. Et les récompenses, et les châtiments?

Bordeu. Des moyens de corriger l'être modifiable qu'on appelle méchant, et d'encourager celui qu'on appelle bon.

Mlle de l'Espinasse. Et toute cette doctrine n'a-t-elle rien de dangereux?

Bordeu. Est-elle vraie ou est-elle fausse?

Mlle de l'Espinasse. Je la crois vraie.

Bordeu. C'est-à-dire que vous pensez que le mensonge a ses avantages, et la vérité ses inconvénients.

Mlle de l'Espinasse. Je le pense.

Bordeu. Et moi aussi: mais les avantages du mensonge sont d'un moment, et ceux de la vérité sont éternels; mais les suites fâcheuses de la vérité, quand elle en a, passent vite, et celles du mensonge ne finissent qu'avec lui. Examinez les effets du mensonge dans la tête de l'homme, et ses effets dans sa conduite; dans sa tête, ou le mensonge s'est lié tellement quellement avec la vérité, et la tête est fausse; ou il est bien et conséquemment lié avec le mensonge, et la tête est erronée. Or, quelle conduite pouvez-vous attendre d'une tête ou inconséquente dans ses raisonnements, ou conséquente dans ses erreurs?

Mlle de l'Espinasse. Le dernier de ces vices, moins méprisable, est peut-être plus à redouter que le premier.

D'Alembert. Fort bien: voilà donc tout ramené à de la sensibilité, de la mémoire, des mouvements organiques; cela me convient assez. Mais l'imagination? mais les abstractions?

Bordeu. L'imagination...

Mlle de l'Espinasse. Un moment, docteur: récapitulons. D'après vos principes, il me semble que, par une suite d'opérations purement mécaniques, je réduirais le premier génie de la terre à une masse de chair inorganisée, à laquelle on ne laisserait que la sensibilité du moment, et que l'on ramènerait cette masse informe de l'état de stupidité le plus profond qu'on puisse imaginer à la condition de l'homme de génie. L'un de ces deux phénomènes consisterait à mutiler l'écheveau primitif d'un certain nombre de ses brins, et à bien brouiller le reste; et le phénomène inverse à restituer à l'écheveau les brins qu'on en aurait détachés, et à abandonner le tout à un heureux développement. Exemple: J'ôte à Newton les deux brins auditifs, et plus de sensations de sons; les brins olfactifs, et plus de sensations d'odeurs; les brins optiques, et plus de sensations de couleurs; les brins palatins, et plus de sensations de saveurs; je supprime ou brouille les autres, et adieu l'organisation du cerveau, la mémoire, le jugement, les désirs, les aversions, les passions, la volonté, la conscience du soi, et voilà une masse informe qui n'a retenu que la vie et la sensibilité.

Bordeu. Deux qualités presque identiques; la vie est de l'agrégat, la sensibilité est de l'élément.

Mlle de l'Espinasse. Je reprends cette masse et je lui restitue les brins olfactifs, et elle flaire; les brins auditifs, et elle entend; les brins optiques, et elle voit; les brins palatins, et elle goûte. En démêlant le reste de l'écheveau, je permets aux autres brins de se développer, et je vois renaître la mémoire, les comparaisons, le jugement, la raison, les désirs, les aversions, les passions, l'aptitude naturelle, le talent, et je retrouve mon homme de génie, et cela sans l'entremise d'aucun agent hétérogène et inintelligible.

Bordeu. A merveille: tenez-vous-en là, le reste n'est que du galimatias... Mais les abstractions? mais l'imagination? L'imagination, c'est la mémoire des formes et des couleurs. Le spectacle d'une scène, d'un objet, monte nécessairement l'instrument sensible d'une certaine manière; il se remonte ou de lui-même, ou il est remonté par quelque cause étrangère. Alors il frémit au dedans ou il résonne au dehors; il se recorde en silence les impressions qu'il a reçues, ou il les fait éclater par des sons convenus.

D'Alembert. Mais son récit exagère, omet des circonstances, en ajoute, défigure le fait ou l'embellit, et les instruments sensibles adjacents conçoivent des impressions qui sont bien celles de l'instrument qui résonne, mais non celle de la chose qui s'est passée.

Bordeu. Il est vrai, le récit est historique ou poétique.

D'Alembert. Mais comment s'introduit cette poésie ou ce mensonge dans le récit?

Bordeu. Par les idées qui se réveillent les unes les autres, et elles se réveillent parce qu'elles ont toujours été liées. Si vous avez pris la liberté de comparer l'animal à un clavecin, vous me permettrez bien de comparer le récit du poète au chant.

D'Alembert. Cela est juste.

Bordeu. Il y a dans tout chant une gamme. Cette gamme a ses intervalles; chacune de ses cordes a ses harmoniques, et ces harmoniques ont les leurs. C'est ainsi qu'il s'introduit des modulations de passage dans la mélodie, et que le chant s'embellit et s'étend. Le fait est un motif donné que chaque musicien sent à sa guise.

Mlle de l'Espinasse. Et pourquoi embrouiller la question par ce style figuré? Je dirais que, chacun ayant ses yeux, chacun voit et raconte diversement. Je dirais que chaque idée en réveille d'autres, et que, selon son tour de tête ou son caractère, on s'en tient aux idées qui représentent le fait rigoureusement, ou l'on y introduit les idées réveillées; je dirais qu'entre ces idées il y a du choix; je dirais... que ce seul sujet traité à fond fournirait un gros livre.

D'Alembert. Vous avez raison; ce qui ne m'empêchera pas de demander au docteur s'il est bien persuadé qu'une forme qui ne ressemblerait à rien, ne s'engendrerait jamais dans l'imagination, et ne se produirait point dans le récit.

Bordeu. Je le crois. Tout le délire de cette faculté se réduit au talent de ces charlatans qui, de plusieurs animaux dépecés, en composent un bizarre qu'on n'a jamais vu en nature.

D'Alembert. Et les abstractions?

Bordeu. Il n'y en a point; il n'y a que des réticences habituelles, des ellipses qui rendent les propositions plus générales et le langage plus rapide et plus commode. Ce sont les signes du langage qui ont donné naissance aux sciences abstraites. Une qualité commune à plusieurs actions a engendré les mots vice et vertu; une qualité commune à plusieurs êtres a engendré les mots laideur et beauté. On a dit un homme, un cheval, deux animaux; ensuite on a dit un, deux, trois, et toute la science des nombres a pris naissance. On n'a nulle idée d'un mot abstrait. On a remarqué dans tous les corps trois dimensions, la longueur, la largeur, la profondeur; on s'est occupé de chacune de ces dimensions, et de là toutes les sciences mathématiques. Toute abstraction n'est qu'un signe vide d'idée. Toute science abstraite n'est qu'une combinaison de signes. On a exclu l'idée en séparant le signe de l'objet physique, et ce n'est qu'en rattachant le signe à l'objet physique que la science redevient une science d'idées; de là le besoin, si fréquent dans la conversation, dans les ouvrages, d'en venir à des exemples. Lorsque, après une longue combinaison de signes, vous demandez un exemple, vous n'exigez autre chose de celui qui parle, sinon de donner du corps, de la forme, de la réalité, de l'idée au bruit successif de ses accents, en y appliquant des sensations éprouvées.

D'Alembert. Cela est-il bien clair pour vous, mademoiselle?

Mlle de l'Espinasse. Pas infiniment, mais le docteur va s'expliquer.

Bordeu. Cela vous plaît à dire. Ce n'est pas qu'il n'y ait peut-être quelque chose à rectifier et beaucoup à ajouter à ce que j'ai dit; mais il est onze heures et demie, et j'ai à midi une consultation au Marais.

D'Alembert. Le langage plus rapide et plus commode! Docteur, est-ce qu'on s'entend? est-ce qu'on est entendu?

Bordeu. Presque toutes les conversations sont des comptes faits... Je ne sais plus où est ma canne... On n'y a aucune idée présente à l'esprit... Et mon chapeau... Et par la raison seule qu'aucun homme ne ressemble parfaitement à un autre, nous n'entendons jamais précisément, nous ne sommes jamais précisément entendus. Il y a du plus ou du moins en tout: notre discours est toujours en deçà ou au delà de la sensation. On aperçoit bien de la diversité dans les jugements, il y en a mille fois davantage qu'on n'aperçoit pas, et qu'heureusement on ne saurait apercevoir... Adieu, adieu.

Mlle de l'Espinasse. Encore un mot, de grâce.

Bordeu. Dites donc vite.

Mlle de l'Espinasse. Vous souvenez-vous de ces sauts dont vous m'avez parlé?

Bordeu. Oui.

Mlle de l'Espinasse. Croyez-vous que les sots et les gens d'esprit aient de ces sauts-là dans les races?

Bordeu. Pourquoi non?

Mlle de l'Espinasse. Tant mieux pour nos arrière-neveux; peut-être reviendra-il un Henri IV.[1]

Bordeu. Peut-être est-il tout revenu.

Mlle de l'Espinasse. Docteur, vous devriez venir dîner avec nous.

Bordeu. Je ferai ce que je pourrai, je ne promets pas; vous me prendrez si je viens.

Mlle de l'Espinasse. Nous vous attendrons jusqu'à deux heures.

Bordeu. J'y consens.

SUITE DE L'ENTRETIEN

INTERLOCUTEURS:

MADEMOISELLE DE L'ESPINASSE, BORDEU

[*Sur les deux heures le docteur revint. D'Alembert était allé dîner dehors, et le docteur se trouva en tête-à-tête avec mademoiselle de l'Espinasse. On servit. Ils parlèrent de choses assez indifférentes jusqu'au dessert; mais lorsque les domestiques furent éloignés, mademoiselle de l'Espinasse dit au docteur:*]

---

[1] By this period of the reign of Louis XV the name of Henri IV had become a symbol for those who were critical of the existing regime.

Mlle de l'Espinasse. Allons, docteur, buvez un verre de malaga, et vous me répondrez ensuite à une question qui m'a passé cent fois par la tête, et que je n'oserais faire qu'à vous.

Bordeu. Il est excellent ce malaga... Et votre question?

Mlle de l'Espinasse. Que pensez-vous du mélange des espèces?

Bordeu. Ma foi, la question est bonne aussi. Je pense que les hommes ont mis beaucoup d'importance à l'acte de la génération, et qu'ils ont eu raison; mais je suis mécontent de leurs lois tant civiles que religieuses.

Mlle de l'Espinasse. Et qu'y trouvez-vous à redire?

Bordeu. Qu'on les a faites sans équité, sans but et sans aucun égard à la nature des choses et à l'utilité publique.

Mlle de l'Espinasse. Tâchez de vous expliquer.

Bordeu. C'est mon dessein... Mais attendez... [*Il regarde à sa montre.*] J'ai encore une bonne heure à vous donner; j'irai vite, et cela nous suffira. Nous sommes seuls, vous n'êtes pas une bégueule, vous n'imaginerez pas que je veuille manquer au respect que je vous dois; et, quel que soit le jugement que vous portiez de mes idées, j'espère de mon côté que vous n'en conclurez rien contre l'honnêteté de mes mœurs.

Mlle de l'Espinasse. Très assurément; mais votre début me chiffonne.

Bordeu. En ce cas changeons de propos.

Mlle de l'Espinasse. Non, non: allez votre train. Un de vos amis qui nous cherchait des époux, à moi et à mes deux sœurs, donnait un sylphe à la cadette, un grand ange d'annonciation à l'aînée, et à moi un disciple de Diogène; il nous connaissait bien toutes trois. Cependant, docteur, de la gaze, un peu de gaze.

Bordeu. Cela va sans dire, autant que le sujet et mon état en comportent.

Mlle de l'Espinasse. Cela ne vous mettra pas en frais... Mais voilà votre café... prenez votre café.

Bordeu [*après avoir pris son café*]. Votre question est de physique, de morale et de poétique.

Mlle de l'Espinasse. De poétique!

Bordeu. Sans doute; l'art de créer des êtres qui ne sont pas, à l'imitation de ceux qui sont, est de la vraie poésie. Cette fois-ci, au lieu d'Hippocrate, vous me permettrez donc de citer Horace. Ce poète, ou faiseur, dit quelque part: *Omne tulit punctum, qui miscuit utile dulci*; le mérite suprême est d'avoir réuni l'agréable à l'utile. La perfection consiste à concilier ces deux points. L'action agréable et utile doit occuper la première place dans l'ordre esthétique; nous ne pouvons refuser la seconde à l'utile; la troisième sera pour l'agréable; et nous reléguerons au rang infime celle qui ne rend ni plaisir ni profit.

Mlle de l'Espinasse. Jusque-là je puis être de votre avis sans rougir. Où cela nous mènera-t-il?

Bordeu. Vous l'allez voir. Mademoiselle, pourriez-vous m'apprendre quel profit ou quel plaisir la chasteté et la continence rigoureuse rendent soit à l'individu qui les pratique, soit à la société?

Mlle de l'Espinasse. Ma foi, aucun.

Bordeu. Donc, en dépit des magnifiques éloges que le fanatisme leur a prodigués, en dépit des lois civiles qui les protègent, nous les rayerons du catalogue des vertus, et nous conviendrons qu'il n'y a rien de si puéril, de si ridicule, de si absurde, de si nuisible, de si méprisable, rien de pire, à l'exception du mal positif, que ces deux rares qualités...

Mlle de l'Espinasse. On peut accorder cela.

Bordeu. Prenez-y garde, je vous en préviens, tout à l'heure vous reculerez.

Mlle de l'Espinasse. Nous ne reculons jamais.

Bordeu. Et les actions solitaires?

Mlle de l'Espinasse. Eh bien?

Bordeu. Eh bien, elles rendent du moins du plaisir à l'individu, et notre principe est faux, ou...

Mlle de l'Espinasse. Quoi, docteur!...

Bordeu. Oui, mademoiselle, oui, et par la raison qu'elles sont aussi indifférentes, et qu'elles ne sont pas aussi stériles. C'est un besoin, et quand on n'y serait pas sollicité par le besoin, c'est toujours une chose douce. Je veux qu'on se porte bien, je le veux absolument, entendez-vous? Je blâme tout excès, mais dans un état de société tel que le nôtre, il y a cent considérations raisonnables pour une, sans compter le tempérament et les suites funestes d'une continence rigoureuse, surtout pour les jeunes personnes; le peu de fortune, la crainte parmi les hommes d'un repentir cuisant, chez les femmes celle du déshonneur, qui réduisent une malheureuse créature qui périt de langueur et d'ennui, un pauvre diable qui ne sait à qui s'adresser, à s'expédier à la façon du cynique. Caton, qui disait à un jeune homme sur le point d'entrer chez une courtisane: 'Courage, mon fils,...' lui tiendrait-il le même propos aujourd'hui? S'il le surprenait, au contraire, seul, en flagrant délit, n'ajouterait-il pas: cela est mieux que de corrompre la femme d'autrui, ou que d'exposer son honneur et sa santé?... Et quoi! parce que les circonstances me privent du plus grand bonheur qu'on puisse imaginer, celui de confondre mes sens avec les sens, mon ivresse avec l'ivresse, mon âme avec l'âme d'une compagne que mon cœur se choisirait, et de me reproduire en elle et avec elle; parce que je ne puis consacrer mon action par le sceau de l'utilité, je m'interdirai un instant nécessaire et délicieux! On se fait saigner dans la pléthore; et qu'importe la nature de l'humeur surabondante, et sa couleur, et la manière de s'en délivrer? Elle est tout aussi superflue dans une de ces indispositions que dans l'autre; et si, repompée de ses réservoirs, distribuée dans toute la machine, elle s'évacue par une autre voie plus longue, plus pénible et dangereuse, en sera-t-elle moins perdue? La nature ne souffre rien d'inutile; et comment serais-je coupable de l'aider, lorsqu'elle appelle mon secours par les symptômes les moins équivoques? Ne la provoquons jamais, mais prêtons-lui la main dans l'occasion; je ne vois au refus et à l'oisiveté que de la sottise et du plaisir manqué. Vivez sobre, me dira-t-on, excédez-vous de fatigue. Je vous entends: que je me prive d'un plaisir; que je me donne de la peine pour éloigner un autre plaisir. Bien imaginé!

Mlle de l'Espinasse. Voilà une doctrine qui n'est pas bonne à prêcher aux enfants.

Bordeu. Ni aux autres. Cependant me permettrez-vous une supposition? Vous avez une fille sage, trop sage, innocente, trop innocente; elle est dans l'âge où le tempérament se développe. Sa tête s'embarrasse, la nature ne la secourt point. Vous m'appelez. Je m'aperçois tout à coup que tous les symptômes qui vous effrayent naissent de la surabondance et de la rétention du fluide séminal. Je vous avertis qu'elle est menacée d'une folie qu'il est facile de prévenir, et qui quelquefois est impossible à guérir; je vous en indique le remède. Que ferez-vous?

Mlle de l'Espinasse. A vous parler vrai, je crois... mais ce cas n'arrive point...

Bordeu. Détrompez-vous; il n'est pas rare; et il serait fréquent, si la licence de nos mœurs n'y obviait... Quoi qu'il en soit, ce serait fouler aux pieds toute décence, attirer sur soi les soupçons les plus odieux, et commettre un crime de lèse-société que de divulguer ces principes. Vous rêvez.

Mlle de l'Espinasse. Oui, je balançais à vous demander s'il vous était jamais arrivé d'avoir une pareille confidence à faire à des mères.

Bordeu. Assurément.

Mlle de l'Espinasse. Et quel parti ces mères ont-elles pris?

Bordeu. Toutes, sans exception, le bon parti, le parti sensé... Je n'ôterais pas mon chapeau dans la rue à l'homme suspecté de pratiquer ma doctrine; il me suffirait qu'on l'appelât un infâme. Mais nous causons sans témoins et sans conséquence; et je vous dirai de ma philosophie ce que Diogène tout nu disait au jeune et pudique Athénien contre lequel il se proposait de lutter: 'Mon fils, ne crains rien, je ne suis pas si méchant que celui-là.'

Mlle de l'Espinasse [*en se couvrant les yeux*]. Docteur, je vous vois arriver, et je gage...

Bordeu. Je ne gage pas, vous gagneriez. Oui, mademoiselle, c'est mon avis.

Mlle de l'Espinasse. Comment! soit qu'on se renferme dans l'enceinte de son espèce, soit qu'on en sorte?

Bordeu. Il est vrai.

Mlle de l'Espinasse. Vous êtes monstrueux.

Bordeu. Ce n'est pas moi, c'est ou la nature ou la société. Écoutez, mademoiselle, je ne m'en laisse point imposer par des mots, et je m'explique d'autant plus librement que je suis net et que la pureté connue de mes mœurs ne laisse prise d'aucun côté. Je vous demanderai donc, de deux actions également restreintes à la volupté, qui ne peuvent rendre que du plaisir sans utilité, mais dont l'une n'en rend qu'à celui qui la fait et l'autre le partage avec un être semblable mâle ou femelle, car le sexe ici, ni même l'emploi du sexe n'y fait rien, en faveur de laquelle le sens commun prononcera-t-il ?

Mlle de l'Espinasse. Ces questions-là sont trop sublimes pour moi.

Bordeu. Ah ! après avoir été un homme pendant quatre minutes, voilà que vous reprenez votre cornette et vos cotillons, et que vous redevenez femme. A la bonne heure. Eh bien ! il faut vous traiter comme telle... Voilà qui est fait... On ne dit plus mot de Mme du Barry... Vous voyez, tout s'arrange ; on croyait que la cour allait être bouleversée. Le maître a fait en homme sensé ; *Omne tulit punctum* ; il a gardé la femme qui lui fait plaisir, et le ministre qui lui est utile[1]... Mais vous ne m'écoutez pas... Où en êtes-vous ?

Mlle de l'Espinasse. J'en suis à ces combinaisons qui me semblent toutes contre nature.

Bordeu. Tout ce qui est ne peut être ni contre nature ni hors de nature, je n'en excepte pas même la chasteté et la continence volontaires qui seraient les premiers des crimes contre nature, si l'on pouvait pécher contre nature, et les premiers des crimes contre les lois sociales d'un pays où l'on pèserait les actions dans une autre balance que celle du fanatisme et du préjugé.

[1] Jeanne Bécu, Comtesse du Barry (1743–93), was formally presented at Court (i.e. became *maîtresse en titre*) in April 1769, despite the furious opposition of the Duc de Choiseul. He consented to have an interview with her in September of that year, but his hostility towards the new mistress perhaps contributed to his dismissal from power in December of the following year.

Mlle de l'Espinasse. Je reviens sur vos maudits syllogismes, et je n'y vois point de milieu, il faut ou tout nier ou tout accorder... Mais tenez, docteur, le plus honnête et le plus court est de sauter par-dessus le bourbier et d'en revenir à ma première question: Que pensez-vous du mélange des espèces?

Bordeu. Il n'y a point à sauter pour cela; nous y étions. Votre question est-elle de physique ou de morale?

Mlle de l'Espinasse. De physique, de physique.

Bordeu. Tant mieux. La question de morale marchait la première, et vous la décidez. Ainsi donc...

Mlle de l'Espinasse. D'accord... sans doute c'est un préliminaire, mais je voudrais... que vous séparassiez la cause de l'effet. Laissons la vilaine cause de côté.

Bordeu. C'est m'ordonner de commencer par la fin; mais puisque vous le voulez, je vous dirai que, grâce à notre pusillanimité, à nos répugnances, à nos lois, à nos préjugés, il y a très peu d'expériences faites; qu'on ignore quelles seraient les copulations tout à fait infructueuses; les cas où l'utile se réunirait à l'agréable; quelles sortes d'espèces on se pourrait promettre de tentatives variées et suivies; si les Faunes sont réels ou fabuleux; si l'on ne multiplierait pas en cent façons diverses les races de mulets, et si celles que nous connaissons sont vraiment stériles. Mais un fait singulier, qu'une infinité de gens instruits vous attesteront comme vrai, et qui est faux, c'est qu'ils ont vu dans la basse-cour de l'archiduc un infâme lapin qui servait de coq à une vingtaine de poules infâmes qui s'en accommodaient. Ils ajouteront qu'on leur a montré des poulets couverts de poils et provenus de cette bestialité. Croyez qu'on s'est moqué d'eux.

Mlle de l'Espinasse. Mais qu'entendez-vous par des tentatives suivies?

Bordeu. J'entends que la circulation des êtres est graduelle, que les assimilations des êtres veulent être préparées, et que, pour réussir dans ces sortes d'expériences, il faudrait s'y prendre de loin et travailler d'abord à rapprocher les animaux par un régime analogue.

Mlle de l'Espinasse. On réduira difficilement un homme à brouter.

Bordeu. Mais non à prendre souvent du lait de chèvre, et l'on amènera facilement la chèvre à se nourrir de pain. J'ai choisi la chèvre par des considérations qui me sont particulières.

Mlle de l'Espinasse. Et ces considérations?

Bordeu. Vous êtes bien hardie! C'est que... c'est que nous en tirerions une race vigoureuse, intelligente, infatigable et véloce dont nous ferions d'excellents domestiques.

Mlle de l'Espinasse. Fort bien, docteur. Il me semble déjà que je vois derrière la voiture de vos duchesses cinq à six grands insolents chèvre-pieds, et cela me réjouit.

Bordeu. C'est que nous ne dégraderions plus nos frères en les assujettissant à des fonctions indignes d'eux et de nous.

Mlle de l'Espinasse. Encore mieux.

Bordeu. C'est que nous ne réduirions plus l'homme dans nos colonies à la condition de la bête de somme.

Mlle de l'Espinasse. Vite, vite, docteur, mettez-vous à la besogne, et faites-nous des chèvre-pieds.

Bordeu. Et vous le permettez sans scrupule?

Mlle de l'Espinasse. Mais, arrêtez, il m'en vient un; vos chèvre-pieds seraient d'effrénés dissolus.

Bordeu. Je ne vous les garantis pas bien moraux.

Mlle de l'Espinasse. Il n'y aura plus de sûreté pour les femmes honnêtes; ils multiplieront sans fin, à la longue il faudra les assommer ou leur obéir. Je n'en veux plus, je n'en veux plus. Tenez-vous en repos.

Bordeu [*en s'en allant*]. Et la question de leur baptême?

Mlle de l'Espinasse. Ferait un beau charivari en Sorbonne.[1]

Bordeu. Avez-vous vu au Jardin du Roi, sous une cage de verre, cet orang-outang qui a l'air d'un saint Jean qui prêche au désert?

Mlle de l'Espinasse. Oui, je l'ai vu.

---

[1] Then the Faculty of Theology of the University of Paris.

Bordeu. Le cardinal de Polignac[1] lui disait un jour: 'Parle, et je te baptise.'

Mlle de l'Espinasse. Adieu donc, docteur. Ne nous délaissez pas des siècles, comme vous faites, et pensez quelquefois que je vous aime à la folie. Si l'on savait tout ce que vous m'avez conté d'horreurs!

Bordeu. Je suis bien sûr que vous vous en tairez.

Mlle de l'Espinasse. Ne vous y fiez pas, je n'écoute que pour le plaisir de redire. Mais encore un mot, et je n'y reviens de ma vie.

Bordeu. Qu'est-ce?

Mlle de l'Espinasse. Ces goûts abominables, d'où viennent-ils?

Bordeu. Partout d'une pauvreté d'organisation dans les jeunes gens, et de la corruption de la tête dans les vieillards; de l'attrait de la beauté dans Athènes, de la disette des femmes dans Rome, de la crainte de la vérole à Paris. Adieu, adieu.

---

[1] Melchior de Polignac (1661–1741), author of an unfinished Latin poem, *L'Anti-Lucrèce.*

SUPPLÉMENT AU VOYAGE
DE BOUGAINVILLE

OU DIALOGUE ENTRE *A* ET *B*

sur l'inconvénient d'attacher des idées morales à certaines
actions physiques qui n'en comportent pas.

> At quanto meliora monet, pugnantiaque istis
> Dives opis natura suae: tu si modo rectè
> Dispensare velis, ac non fugienda petendis
> Immiscere; tuo vitio, rerumne labores
> Nil referre putas?   HORAT. Lib. I, *Sat.* II.

In November 1766 the French naval officer, Louis Antoine de
Bougainville (1729–1814), set out on the voyage which was to
take him round the world by way of South America and the
Pacific. In 1771, two years after his return to France, he published his *Voyage autour du monde par la frégate du roi 'La
Boudeuse' et la flûte 'l'Étoile'* en 1766, 1767, 1768 *et* 1769.
Though the book contains much more besides, it was his account
of the Island of Tahiti (*l'Île de Cythère* as he called it) on which
he and his companions spent ten days, which attracted the attention of his contemporaries. Diderot wrote a review of the book
which was to remain unpublished until 1875 (see *Œuvres complètes*, II, 199–206). But later (in the autumn of 1772, if this is
the correct interpretation of a passage in a letter to Grimm, dated
7 October) he composed his *Supplément au Voyage de Bougainville*, a work obviously not intended for immediate publication,
which first saw the light of day in 1796.

The text reproduced here is that of a MS. copy in the Leningrad
State Public Library, which was published in 1935 by Professor
Gilbert Chinard (Johns Hopkins University Press, Baltimore).

I

JUGEMENT DU VOYAGE DE BOUGAINVILLE

A. Cette superbe voûte étoilée sous laquelle nous revînmes hier et qui semblait nous garantir un beau jour, ne nous a pas tenu parole.

B. Qu'en savez-vous?

A. Le brouillard est si épais qu'il nous dérobe la vue des arbres voisins.

B. Il est vrai; mais si ce brouillard, qui ne reste dans la partie inférieure de l'atmosphère que parce qu'elle est suffisamment chargée d'humidité, retombe sur la terre?

A. Mais si au contraire il traverse l'éponge, s'élève et gagne la région supérieure où l'air est moins dense, et peut, comme disent les chimistes, n'être pas saturé?

B. Il faut attendre.

A. En attendant, que faites-vous?

B. Je lis.

A. Toujours ce Voyage de Bougainville?

B. Toujours.

A. Je n'entends rien à cet homme-là. L'étude des mathématiques, qui suppose une vie sédentaire, a rempli le temps de ses jeunes années; et voilà qu'il passe subitement d'une condition méditative et retirée au métier actif, pénible, errant et dissipé de voyageur.

B. Nullement. Si le vaisseau n'est qu'une maison flottante, et si vous considérez le navigateur qui traverse des espaces immenses, resserré et immobile dans une enceinte assez étroite, vous le verrez faisant le tour du globe sur une planche, comme vous et moi le tour de l'univers sur notre parquet.

A. Une autre bizarrerie apparente, c'est la contradiction du caractère de l'homme et de son entreprise. Bougainville a le goût des amusements de la société. Il aime les femmes, les spectacles, les repas délicats. Il se prête au tourbillon du monde d'aussi bonne grâce qu'aux inconstances de l'élément sur lequel il a été ballotté. Il est aimable et gai. C'est un véritable Français lesté, d'un bord, d'un traité de calcul différentiel et intégral, et de l'autre, d'un voyage autour du globe.

B. Il fait comme tout le monde: il se dissipe après s'être appliqué, et il s'applique après s'être dissipé.

A. Que pensez-vous de son Voyage?

B. Autant que j'en puis juger sur une lecture assez superficielle, j'en rapporterais l'avantage à trois points principaux: une meilleure connaissance de notre vieux domicile et de ses habitants; plus de sûreté sur des mers qu'il a parcourues la sonde à la main; et plus de correction dans nos cartes géographiques. Bougainville est parti avec les lumières nécessaires et les qualités propres à ses vues: de la philosophie, du courage, de la véracité; un coup d'œil prompt qui saisit les choses et abrège le temps des observations; de la circonspection, de la patience, le désir de voir, de s'éclairer et d'instruire; la science du calcul, des mécaniques, de la géométrie, de l'astronomie; et une teinture suffisante d'histoire naturelle.

A. Et son style?

B. Sans apprêt, le ton de la chose; de la simplicité et de la clarté, surtout quand on possède la langue des marins.

A. Sa course a été longue?

B. Je l'ai tracée sur ce globe. Voyez-vous cette ligne de points rouges?

A. Qui part de Nantes?

B. Et court jusqu'au détroit de Magellan, entre dans la mer Pacifique, serpente entre ces îles qui forment l'archipel immense qui s'étend des Philippines à la Nouvelle-Hollande, rase Madagascar, le cap de Bonne-Espérance, se prolonge dans l'Atlantique, suit les côtes d'Afrique, et rejoint l'une de ses extrémités à celle d'où le navigateur s'est embarqué.

A. Il a beaucoup souffert?

B. Tout navigateur s'expose et consent de s'exposer aux périls de l'air, du feu, de la terre et de l'eau: mais qu'après avoir erré

des mois entiers entre la mer et le ciel, entre la mort et la vie;
après avoir été battu des tempêtes, menacé de périr par naufrage,
par maladie, par disette d'eau et de pain, un infortuné vienne, son
bâtiment fracassé, tomber, en expirant de fatigue et de misère,
aux pieds d'un monstre d'airain qui lui refuse ou lui fait attendre
impitoyablement les secours les plus urgents, c'est une dureté!...[1]

A. Un crime digne de châtiment.

B. Une de ces calamités sur laquelle le voyageur n'a pas
compté.

A. Et n'a pas dû compter. Je croyais que les puissances européennes n'envoyaient, pour commandants dans leurs possessions
d'outre-mer, que des âmes honnêtes, des hommes bienfaisants,
des sujets remplis d'humanité et capables de compatir...

B. C'est bien là ce qui les soucie.

A. Il y a des choses singulières dans ce Voyage de Bougainville.

B. Beaucoup.

A. N'assure-t-il pas que les animaux sauvages s'approchent
de l'homme, et que les oiseaux viennent se poser sur lui, lorsqu'ils ignorent le péril de cette familiarité?

B. D'autres l'avaient dit avant lui.

A. Comment explique-t-il le séjour de certains animaux dans
des îles séparées de tout continent par des intervalles de mer
effrayants? Qui est-ce qui a porté là le loup, le renard, le chien,
le cerf, le serpent?

B. Il n'explique rien; il atteste le fait.

A. Et vous, comment l'expliquez-vous?

B. Qui sait l'histoire primitive de notre globe, et combien
d'espaces de terre maintenant isolés étaient autrefois continents?
Le seul phénomène sur lequel on pourrait former quelque conjecture, c'est la direction de la masse des eaux qui les a séparés.

A. Comment cela?

---

[1] The allusion is to Bougainville's call at Rio de Janeiro. As Portugal was then
at war with Spain, to whom France was bound by a treaty of alliance, he was not
allowed to effect proper repairs to his ship, and one of his chaplains was murdered
under the windows of the Governor.

B. Par la forme générale des arrachements. Quelque jour nous nous amuserons de cette recherche, si cela nous convient. Pour ce moment, voyez-vous cette île qu'on appelle des *Lanciers*?[1] A l'inspection du lieu qu'elle occupe sur le globe, il n'est personne qui ne se demande: Qui est-ce qui a placé là des hommes? quelle communication les liait autrefois avec le reste de leur espèce? que deviennent-ils en se multipliant sur un espace qui n'a pas plus d'une lieue de diamètre?

A. Ils s'exterminent et se mangent; et de là peut-être une première époque très ancienne et très naturelle de l'anthropophagie, insulaire d'origine.

B. Ou la multiplication y est limitée par quelque loi superstitieuse: l'enfant y est écrasé dans le sein de sa mère foulée sous les pieds d'une prêtresse.

A. Ou l'homme égorgé expire sous le couteau d'un prêtre. Ou l'on a recours à la castration des mâles...

B. A l'infibulation des femelles; et de là tant d'usages d'une cruauté nécessaire et bizarre, dont la cause s'est perdue dans la nuit des temps et met les philosophes à la torture. Une observation assez constante, c'est que les institutions surnaturelles et divines se fortifient et s'éternisent, en se transformant, à la longue, en lois civiles et nationales; et que les institutions civiles et nationales se consacrent et dégénèrent en préceptes surnaturels et divins.

A. C'est une des palingénésies les plus funestes.

B. Un brin de plus qu'on ajoute au lien dont on nous serre.

A. N'était-il pas au Paraguay au moment même de l'expulsion des Jésuites?[2]

B. Oui.

A. Qu'en dit-il?

[1] The name was invented by Bougainville because, when his boat approached the island, a number of inhabitants appeared, armed with long pikes, which discouraged him from trying to land.

[2] In 1767. Contemporaries were passionately interested in the social institutions set up in Paraguay by the Jesuits, since, according to some accounts, a kind of primitive communism reigned there. Compare Diderot's scathing comments with *Candide*: 'Los padres y ont tout; et les peuples rien' (Chap. XIV).

B. Moins qu'il n'en pourrait dire; mais assez pour nous apprendre que ces cruels Spartiates en jaquette noire en usaient avec leurs esclaves Indiens, comme les Lacédémoniens avec les Ilotes; les avaient condamnés à un travail assidu; s'abreuvaient de leurs sueurs, ne leur avaient laissé aucun droit de propriété; les tenaient sous l'abrutissement de la superstition; en exigeaient une vénération profonde; marchaient au milieu d'eux, un fouet à la main, et en frappaient indistinctement tout âge et tout sexe. Un siècle de plus et leur expulsion devenait impossible, ou le motif d'une longue guerre entre ces moines et le souverain dont ils avaient secoué peu à peu l'autorité.

A. Et ces Patagons, dont le docteur Maty et l'académicien La Condamine ont tant fait de bruit?[1]

B. Ce sont de bonnes gens qui viennent à vous et qui vous embrassent en criant *Chaoua*; forts, vigoureux, toutefois n'excédant pas la hauteur de cinq pieds cinq à six pouces; n'ayant d'énorme que leur corpulence, la grosseur de leur tête et l'épaisseur de leurs membres.

A. Né avec le goût du merveilleux qui exagère tout autour de lui, comment l'homme laisserait-il une juste proportion aux objets, lorsqu'il a, pour ainsi dire, à justifier le chemin qu'il a fait, et la peine qu'il s'est donnée pour les aller voir au loin? Et des sauvages, qu'en pense-t-il?[2]

B. C'est, à ce qu'il paraît, de la défense journalière contre les bêtes féroces, qu'il tient le caractère cruel qu'on lui remarque quelquefois. Il est innocent et doux partout où rien ne trouble son repos et sa sécurité. Toute guerre naît d'une prétention commune à la même propriété. L'homme civilisé a une prétention

[1] Various travellers had brought back stories about the gigantic height of the Patagonians, an idea attacked by Maty in a letter to La Condamine inserted in the *Journal Encyclopédique*. Matthew Maty (1718–76) was a physician and writer, and also held the post of Director of the British Museum. For the traveller La Condamine, see p. 128, n. 1.

[2] The remarks which follow, appear to be derived from Bougainville's account of the inhabitants of a small island in the Straits of Magellan, who were, he declared, 'exactement dans ce qu'on peut appeler l'état de nature'.

commune avec l'homme civilisé à la possession d'un champ dont ils occupent les deux extrémités, et ce champ devient un sujet de dispute entre eux.

A. Et le tigre a une prétention commune avec l'homme sauvage à la possession d'une forêt; et c'est la première des prétentions, et la cause de la plus ancienne des guerres... Avez-vous vu le Taïtien que Bougainville avait pris sur son bord et transporté dans ce pays-ci?

B. Je l'ai vu; il s'appelait Aotourou. A la première terre qu'il aperçut, il la prit pour la patrie du voyageur; soit qu'on lui en eût imposé sur la longueur du voyage; soit que, trompé naturellement par le peu de distance apparente des bords de la mer qu'il habitait, à l'endroit où le ciel semble confiner avec l'horizon, il ignorât la véritable étendue de la terre. L'usage commun des femmes était si bien établi dans son esprit qu'il se jeta sur la première Européenne qui vint à sa rencontre, et qu'il se disposait très sérieusement à lui faire la politesse de Taïti. Il s'ennuyait parmi nous. L'alphabet taïtien n'ayant ni *c*, ni *d*, ni *f*, ni *g*, ni *q*, ni *x*, ni *y*, ni *z*, il ne put jamais apprendre à parler notre langue, qui offrait à ses organes inflexibles trop d'articulations étrangères et de sons nouveaux. Il ne cessait de soupirer après son pays, et je n'en suis pas étonné. Le Voyage de Bougainville est le seul qui m'ait donné du goût pour une autre contrée que la mienne. Jusqu'à cette lecture j'avais pensé qu'on n'était nulle part aussi bien que chez soi; résultat que je croyais le même pour chaque habitant de la terre; effet naturel de l'attrait du sol; attrait qui tient aux commodités dont on jouit, et qu'on n'a pas la même certitude de retrouver ailleurs.

A. Quoi! vous ne croyez pas l'habitant de Paris aussi convaincu qu'il croisse des épis dans la campagne de Rome que dans les champs de la Beauce?

B. Ma foi, non. Bougainville a renvoyé Aotourou après avoir pourvu aux frais et à la sûreté de son retour.[1]

A. O Aotourou! que tu seras content de revoir ton père, ta

---

[1] On his journey home Aotourou died on the Island of Reunion.

mère, tes frères, tes sœurs, tes compatriotes! Que leur diras-tu de nous?

B. Peu de choses et qu'ils ne croiront pas.

A. Pourquoi peu de choses?

B. Parce qu'il en a peu compris, et qu'il ne trouvera dans sa langue aucuns termes correspondant à celles dont il a quelques idées.

A. Et pourquoi ne le croiront-ils pas?

B. Parce qu'en comparant leurs mœurs aux nôtres, ils aimeront mieux prendre Aotourou pour un menteur que de nous croire si fous.

A. En vérité?

B. Je n'en doute pas. La vie sauvage est si simple, et nos sociétés sont des machines si compliquées! Le Taïtien touche à l'origine du monde, et l'Européen touche à sa vieillesse. L'intervalle qui le sépare de nous est plus grand que la distance de l'enfant qui naît à l'homme décrépit. Il n'entend rien à nos usages, à nos lois, ou il n'y voit que des entraves déguisées sous cent formes diverses; entraves qui ne peuvent qu'exciter l'indignation et le mépris d'un être en qui le sentiment de la liberté est le plus profond des sentiments.

A. Est-ce que vous donneriez dans la fable de Taïti?

B. Ce n'est point une fable, et vous n'auriez aucun doute sur la sincérité de Bougainville, si vous connaissiez le Supplément de son Voyage.

A. Et où trouve-t-on ce Supplément?

B. Là, sur cette table.

A. Est-ce que vous ne me le confierez pas?

B. Non; mais nous pourrons le parcourir ensemble, si vous voulez.

A. Assurément, je le veux. Voilà le brouillard qui retombe, et l'azur du ciel qui commence à paraître. Il semble que mon lot soit d'avoir tort avec vous jusque dans les moindres choses. Il faut que je sois bien bon pour vous pardonner une supériorité continue.

B. Tenez, tenez, lisez. Passez ce préambule qui ne signifie rien, et allez droit aux adieux que fit un des chefs de l'île à nos voyageurs. Cela vous donnera quelque notion de l'éloquence de ces gens-là.

A. Comment Bougainville a-t-il compris ces adieux prononcés dans une langue qu'il ignorait?

B. Vous le saurez.

II

LES ADIEUX DU VIEILLARD

C'est un vieillard qui parle: il était père d'une famille nombreuse. A l'arrivée des Européens, il laissa tomber des regards de dédain sur eux, sans marquer ni étonnement, ni frayeur, ni curiosité. Ils l'abordèrent, il leur tourna le dos et se retira dans sa cabane. Son silence et son souci ne décelaient que trop sa pensée: il gémissait en lui-même sur les beaux jours de son pays éclipsés. Au départ de Bougainville, lorsque les habitants accouraient en foule sur le rivage, s'attachaient à ses vêtements, serraient ses camarades entre leurs bras et pleuraient, ce vieillard s'avança d'un air sévère et dit:

'Pleurez, malheureux Taïtiens! pleurez; mais que ce soit de l'arrivée, et non du départ de ces hommes ambitieux et méchants. Un jour vous les connaîtrez mieux. Un jour ils reviendront, le morceau de bois[1] que vous voyez attaché à la ceinture de celui-ci, dans une main, et le fer qui pend au côté de celui-là, dans l'autre, vous enchaîner, vous égorger ou vous assujettir à leurs extravagances et à leurs vices. Un jour vous servirez sous eux, aussi corrompus, aussi vils, aussi malheureux qu'eux. Mais je me console; je touche à la fin de ma carrière; et la calamité que je vous annonce, je ne la verrai point. O Taïtiens! ô mes amis! vous auriez un moyen d'échapper à un funeste avenir; mais j'aimerais mieux mourir que de vous en donner le conseil. Qu'ils s'éloignent et qu'ils vivent.'

Puis s'adressant à Bougainville, il ajouta: 'Et toi, chef des brigands qui t'obéissent, écarte promptement ton vaisseau de

[1] The chaplain's crucifix.

notre rive. Nous sommes innocents, nous sommes heureux, et tu ne peux que nuire à notre bonheur. Nous suivons le pur instinct de la nature; et tu as tenté d'effacer de nos âmes son caractère. Ici tout est à tous; et tu nous as prêché je ne sais quelle distinction du *tien* et du *mien*.[1] Nos filles et nos femmes nous sont communes; tu as partagé ce privilège avec nous, et tu es venu allumer en elles des fureurs inconnues. Elles sont devenues folles dans tes bras; tu es devenu féroce entre les leurs. Elles ont commencé à se haïr; vous vous êtes égorgés pour elles; et elles nous sont revenues teintes de votre sang. Nous sommes libres; et voilà que tu as enfoui dans notre terre le titre de notre futur esclavage. Tu n'es ni un dieu, ni un démon: qui es-tu donc pour faire des esclaves? Orou, toi qui entends la langue de ces hommes-là, dis-nous à tous, comme tu me l'as dit à moi-même, ce qu'ils ont écrit sur cette lame de métal: *Ce pays est à nous.* Ce pays est à toi! et pourquoi? Parce que tu y as mis le pied! Si un Taïtien débarquait un jour sur vos côtes et qu'il gravât sur une de vos pierres ou sur l'écorce d'un de vos arbres: *Ce pays est aux habitants de Taïti*, qu'en penserais-tu? Tu es le plus fort! Et qu'est-ce que cela fait? Lorsqu'on t'a enlevé une des méprisables bagatelles dont ton bâtiment est rempli, tu t'es récrié, tu t'es vengé, et dans le même instant tu as projeté au fond de ton cœur le vol de toute une contrée! Tu n'es pas esclave: tu souffrirais plutôt la mort que de l'être, et tu veux nous asservir! Tu crois donc que le Taïtien ne sait pas défendre sa liberté et mourir? Celui dont tu veux t'emparer comme de la brute, le Taïtien est ton frère. Vous êtes deux enfants de la nature; quel droit as-tu sur lui qu'il n'ait pas sur toi? Tu es venu; nous sommes-nous jetés sur ta personne? Avons-nous pillé ton vaisseau? T'avons-nous saisi et exposé aux flèches de nos ennemis? T'avons-nous associé dans nos champs au travail de nos animaux? Nous avons respecté

---

[1] After stating: 'Il paraîtrait que pour les choses absolument nécessaires à la vie, il n'y a point de propriété et que tout est à tous', Bougainville recants a few pages later and admits: 'Je me trompais; la distinction des rangs est fort marquée à Taïti, et la disproportion cruelle' (*Voyage*, pp. 216, 229).

notre image en toi. Laisse-nous nos mœurs; elles sont plus sages et plus honnêtes que les tiennes. Nous ne voulons point troquer ce que tu appelles notre ignorance contre tes inutiles lumières. Tout ce qui nous est nécessaire et bon, nous le possédons. Sommes-nous dignes de mépris parce que nous n'avons pas su nous faire des besoins superflus? Lorsque nous avons faim, nous avons de quoi manger; lorsque nous avons froid, nous avons de quoi nous vêtir. Tu es entré dans nos cabanes, qu'y manque-t-il, à ton avis? Poursuis jusqu'où tu voudras ce que tu appelles commodités de la vie; mais permets à des êtres sensés de s'arrêter, lorsqu'ils n'auraient à obtenir de la continuité de leurs pénibles efforts que des biens imaginaires. Si tu nous persuades de franchir l'étroite limite du besoin, quand finirons-nous de travailler? Quand jouirons-nous? Nous avons rendu la somme de nos fatigues annuelles et journalières la moindre qu'il était possible, parce que rien ne nous paraît préférable au repos. Va dans ta contrée t'agiter, te tourmenter tant que tu voudras. Laisse-nous reposer: ne nous entête ni de tes besoins factices, ni de tes vertus chimériques. Regarde ces hommes; vois comme ils sont droits, sains et robustes. Regarde ces femmes; vois comme elles sont droites, saines, fraîches et belles. Prends cet arc, c'est le mien; appelle à ton aide un, deux, trois, quatre de tes camarades, et tâchez de le tendre. Je le tends moi seul; je laboure la terre; je grimpe la montagne; je perce la forêt; je parcours une lieue de la plaine en moins d'une heure; tes jeunes compagnons ont eu peine à me suivre; et j'ai quatre-vingt-dix ans passés. Malheur à cette île! malheur aux Taïtiens présents et à tous les Taïtiens à venir, du jour où tu nous as visités! Nous ne connaissions qu'une maladie; celle à laquelle l'homme, l'animal et la plante ont été condamnés, la vieillesse; et tu nous en as apporté une autre: tu as infecté notre sang.[1] Il nous faudra peut-être exterminer de nos propres mains

---

[1] Bougainville states that, after they had left the island, 'il se déclara sur les deux navires plusieurs maladies vénériennes prises à Taïti. Elles portaient tous les symptômes connus en Europe. Je fis visiter Aotourou, il en était perdu...' (*Voyage*, p. 242).

nos filles, nos femmes, nos enfants; ceux qui ont approché tes femmes; celles qui ont approché tes hommes. Nos champs seront trempés du sang impur qui a passé de tes veines dans les nôtres; ou nos enfants condamnés à nourrir et à perpétuer le mal que tu as donné aux pères et aux mères, et qu'ils transmettront à jamais à leurs descendants. Malheureux! tu seras coupable, ou des ravages qui suivront les funestes caresses des tiens, ou des meurtres que nous commettrons pour en arrêter le poison. Tu parles de crimes! as-tu l'idée d'un plus grand crime que le tien? Quel est chez toi le châtiment de celui qui tue son voisin? la mort par le fer. Quel est chez toi le châtiment du lâche qui l'empoisonne? La mort par le feu. Compare ton forfait à ce dernier; et dis-nous, empoisonneur de nations, le supplice que tu mérites. Il n'y a qu'un moment, la jeune Taïtienne s'abandonnait avec transport aux embrassements du jeune Taïtien; elle attendait avec impatience que sa mère, autorisée par l'âge nubile, relevât son voile et mît sa gorge à nu. Elle était fière d'exciter les désirs et d'irriter les regards amoureux de l'inconnu, de ses parents, de son frère; elle acceptait sans frayeur et sans honte, en notre présence, au milieu d'un cercle d'innocents Taïtiens, au son des flûtes, entre les danses, les caresses de celui que son jeune cœur et la voix secrète de ses sens lui désignaient. L'idée du crime et le péril de la maladie sont entrés avec toi parmi nous. Nos jouissances, autrefois si douces, sont accompagnées de remords et d'effroi. Cet homme noir qui est près de toi, qui m'écoute, a parlé à nos garçons; je ne sais ce qu'il a dit à nos filles; mais nos garçons hésitent; mais nos filles rougissent. Enfonce-toi, si tu veux, dans la forêt obscure avec la compagne perverse de tes plaisirs, mais accorde aux bons et simples Taïtiens de se reproduire sans honte, à la face du ciel et au grand jour. Quel sentiment plus honnête et plus grand pourrais-tu mettre à la place de celui que nous leur avons inspiré et qui les anime? Ils pensent que le moment d'enrichir la nation et la famille d'un nouveau citoyen est venu, et ils s'en glorifient. Ils mangent pour vivre et pour croître: ils croissent pour multiplier, et ils n'y trouvent ni vice, ni honte. Écoute la suite de tes forfaits. A peine t'es-tu montré parmi eux, qu'ils sont devenus voleurs. A peine es-tu descendu dans notre terre, qu'elle a fumé de sang. Ce Taïtien qui courut à ta rencontre, qui t'accueillit, qui te reçut en criant: *Taïo! ami, ami*; vous l'avez tué. Et pourquoi l'avez-vous tué? Parce qu'il avait été séduit par l'éclat de tes petifs œufs de serpent.[1] Il te donnait ses fruits, il t'offrait sa femme et sa fille, il te cédait sa cabane, et tu l'as tué pour une poignée de ces grains qu'il avait pris sans te les demander. Au bruit de ton arme meurtrière, la terreur s'est emparée de lui et il s'est enfui dans la montagne. Mais crois qu'il n'aurait pas tardé d'en descendre; crois qu'en un instant, sans moi, vous périssiez tous. Eh! pourquoi les ai-je apaisés? pourquoi les ai-je contenus? pourquoi les contiens-je encore dans ce moment? Je l'ignore; car tu ne mérites aucun sentiment de pitié; car tu as une âme féroce qui ne l'éprouva jamais. Tu t'es promené, toi et les tiens, dans notre île; tu as été respecté; tu as joui de tout; tu n'as trouvé sur ton chemin ni barrière, ni refus. On t'invitait; tu t'asseyais; on étalait devant toi l'abondance du pays. As-tu voulu de jeunes filles? excepté celles qui n'ont pas encore le privilège de montrer leur visage et leur gorge, les mères t'ont présenté les autres toutes nues; te voilà possesseur de la tendre victime du devoir hospitalier; on a jonché, pour elle et pour toi, la terre de feuilles et de fleurs; les musiciens ont accordé leurs instruments; rien n'a troublé la douceur, ni gêné la liberté de tes caresses et des siennes.[2] On a chanté l'hymne, l'hymne qui t'exhortait à être homme, qui exhortait notre enfant à être femme, et femme complaisante et voluptueuse. On a dansé autour de votre couche; et c'est au sortir des bras de cette femme, après avoir éprouvé sur son sein la plus douce ivresse, que tu as tué son frère, son ami, son père peut-être. Tu as fait pis encore; regarde de ce côté; vois cette enceinte hérissée de flèches; ces armes qui n'avaient menacé que nos ennemis, vois-les tournées contre nos propres enfants: vois

---

[1] Presumably glass beads.
[2] Most of this long sentence is borrowed from Bougainville.

les malheureuses compagnes de vos plaisirs; vois leur tristesse; vois la douleur de leurs pères; vois le désespoir de leurs mères. C'est là qu'elles sont condamnées à périr ou par nos mains, ou par le mal que tu leur as donné. Éloigne-toi, à moins que tes yeux cruels ne se plaisent à des spectacles de mort: éloigne-toi, va, et puissent les mers coupables qui t'ont épargné dans ton voyage, s'absoudre et nous venger en t'engloutissant avant ton retour! Et vous, Taïtiens, rentrez dans vos cabanes, rentrez tous, et que ces indignes étrangers n'entendent à leur départ que le flot qui mugit, et ne voient que l'écume dont sa fureur blanchit une rive déserte!'

A peine eut-il achevé, que la foule des habitants disparut: un vaste silence régna dans toute l'étendue de l'île; et l'on n'entendit que le sifflement aigu des vents et le bruit sourd des eaux sur toute la longueur de la côte. On eût dit que l'air et la mer, sensibles à la voix du vieillard, se disposaient à lui obéir.

B. Eh bien! qu'en pensez-vous?

A. Ce discours me paraît véhément; mais à travers je ne sais quoi d'abrupt et de sauvage, il me semble retrouver des idées et des tournures européennes.

B. Pensez donc que c'est une traduction du taïtien en espagnol, et de l'espagnol en français. Le Taïtien s'était rendu la nuit chez cet Orou qu'il a interpellé, et dans la case duquel l'usage de la langue espagnole s'était conservé de temps immémorial.[1] Orou avait écrit en espagnol la harangue du vieillard, et Bougainville en avait une copie à la main, tandis que le Taïtien la prononçait.

A. Je ne vois que trop à présent pourquoi Bougainville a supprimé ce fragment. Mais ce n'est pas là tout, et ma curiosité pour le reste n'est pas légère.

B. Ce qui suit peut-être vous intéressera moins.

A. N'importe.

B. C'est un entretien de l'aumônier de l'équipage avec un habitant de l'île.

---

[1] The island was perhaps discovered in 1607 by Pedro Quiros. He was not a Spaniard, but a Portuguese.

A. Orou?

B. Lui-même. Lorsque le vaisseau de Bougainville approcha de Taïti, un nombre infini d'arbres creusés furent lancés sur les eaux; en un instant son bâtiment en fut environné; de quelque côté qu'il tournât ses regards, il voyait des démonstrations de surprise et de bienveillance. On lui jetait des provisions, on lui tendait les bras; on s'attachait à des cordes, on gravissait contre les planches, on avait rempli sa chaloupe. On criait vers le rivage d'où les cris étaient répondus; les habitants de l'île accouraient. Les voilà tous à terre. On s'empare des hommes de l'équipage, on se les partage; chacun conduit le sien dans sa cabane. Les hommes les tenaient embrassés par le milieu du corps; les femmes leur flattaient les joues de leurs mains. Placez-vous là; soyez témoin par pensée de ce spectacle d'hospitalité; et dites-moi comment trouvez-vous l'espèce humaine.

A. Très belle.

B. Mais j'oublierai peut-être de vous parler d'un événement assez singulier. Cette scène de bienveillance et d'humanité fut troublée tout à coup par les cris d'un homme qui appelait à son secours; c'était le domestique d'un des officiers de Bougainville. De jeunes Taïtiens s'étaient jetés sur lui, l'avaient étendu par terre, le déshabillaient et se disposaient à lui faire la civilité.

A. Quoi! ces peuples si simples, ces sauvages si bons, si honnêtes...

B. Vous vous trompez. Ce domestique était une femme déguisée en homme.[1] Ignorée de l'équipage entier pendant tout le temps d'une longue traversé, les Taïtiens devinèrent son sexe au premier coup d'œil. Elle était née en Bourgogne, elle s'appelait Barré; ni laide, ni jolie, âgée de vingt-six ans. Elle n'était jamais sortie de son hameau, et sa première pensée de voyager fut de faire le tour du globe. Elle montra toujours de la sagesse et du courage.

A. Ces frêles machines-là renferment quelquefois des âmes bien fortes.

[1] Though slightly arranged by Diderot, the story is taken from Bougainville.

III

L'ENTRETIEN DE L'AUMÔNIER ET D'OROU

B. Dans la division que les Taïtiens se firent de l'équipage de Bougainville, l'aumônier devint le partage d'Orou. L'aumônier et le Taïtien étaient à peu près du même âge, trente-cinq à trente-six ans. Orou n'avait alors que sa femme et trois filles appelées Asto, Palli et Thia. Elles le déshabillèrent, lui lavèrent le visage, les mains et les pieds, et lui servirent un repas sain et frugal. Lorsqu'il fut sur le point de se coucher, Orou, qui s'était absenté avec sa famille, reparut, lui présenta sa femme et ses trois filles nues, et lui dit:

— Tu as soupé, tu es jeune, tu te portes bien; si tu dors seul, tu dormiras mal; l'homme a besoin, la nuit, d'une compagne à son côté. Voilà ma femme, voilà mes filles: choisis celle qui te convient; mais si tu veux m'obliger, tu donneras la préférence à la plus jeune de mes filles qui n'a point encore eu d'enfants.

La mère ajouta: Hélas! je n'ai pas à m'en plaindre, la pauvre Thia! ce n'est pas sa faute.

L'aumônier répondit que sa religion, son état, les bonnes mœurs et l'honnêteté ne lui permettaient pas d'accepter ces offres.

Orou répliqua:

— Je ne sais ce que c'est que la chose que tu appelles religion; mais je ne puis qu'en penser mal, puisqu'elle t'empêche de goûter un plaisir innocent, auquel Nature, la souveraine maîtresse, nous invite tous; de donner l'existence à un de tes semblables; de rendre un service que le père, la mère et les enfants te demandent; de t'acquitter envers un hôte qui t'a fait un bon accueil, et d'enrichir une nation en l'accroissant d'un sujet de plus. Je ne sais ce que c'est que la chose que tu appelles état; mais ton premier devoir est d'être homme et d'être reconnaissant. Je ne te propose pas de porter dans ton pays les mœurs d'Orou; mais Orou, ton hôte et ton ami, te supplie de te prêter aux mœurs de Taïti. Les mœurs de Taïti sont-elles meilleures ou plus mauvaises que les vôtres? c'est une question facile à décider. La terre où tu es né a-t-elle plus d'hommes qu'elle n'en peut nourrir? en ce cas tes mœurs ne sont ni pires, ni meilleures que les nôtres. En peut-elle nourrir plus qu'elle n'en a? nos mœurs sont meilleures que les tiennes. Quant à l'honnêteté que tu m'objectes, je te comprends; j'avoue que j'ai tort et je t'en demande pardon. Je n'exige pas que tu nuises à ta santé; si tu es fatigué, il faut que tu te reposes; mais j'espère que tu ne continueras pas à nous contrister. Vois le souci que tu as répandu sur tous ces visages. Elles craignent que tu n'aies remarqué en elles quelques défauts qui leur attirent ton dédain. Mais quand cela serait, le plaisir d'honorer une de mes filles entre ses compagnes et ses sœurs, et de faire une bonne action, ne te suffirait-il pas? Sois généreux.

L'Aumônier. Ce n'est pas cela: elles sont toutes quatre également belles. Mais ma religion! mais mon état!

Orou. Elles m'appartiennent et je te les offre: elles sont à elles et elles se donnent à toi. Quelle que soit la pureté de conscience que la chose *religion* et la chose *état* te prescrivent, tu peux les accepter sans scrupule. Je n'abuse point de mon autorité; et sois sûr que je connais et que je respecte les droits des personnes.

Ici le véridique aumônier convient que jamais la Providence ne l'avait exposé à une aussi pressante tentation. Il était jeune; il s'agitait, il se tourmentait; il détournait ses regards des aimables suppliantes, et les ramenait sur elles; il levait ses yeux et ses mains au ciel. Thia, la plus jeune, embrassait ses genoux et lui disait: 'Étranger, n'afflige pas mon père, n'afflige pas ma mère, ne m'afflige pas. Honore-moi dans la cabane et parmi les miens; élève-moi au rang de mes sœurs qui se moquent de moi. Asto, l'aînée, a déjà trois enfants; Palli, la seconde, en a deux, et Thia n'en a point. Étranger, honnête étranger, ne me rebute pas; rends-moi mère; fais-moi un enfant que je puisse un jour promener par la main, à côté de moi, dans Taïti; qu'on voie dans neuf mois attaché à mon sein, dont je sois fière, et qui fasse une partie de ma dot lorsque je passerai de la cabane de mon père dans une autre. Je serai peut-être plus chanceuse avec toi qu'avec nos jeunes Taïtiens. Si tu m'accordes cette faveur, je ne t'oublierai plus; je te bénirai toute ma vie; j'écrirai ton nom sur mon bras et sur celui de ton fils; nous le prononcerons sans cesse avec joie; et lorsque tu quitteras ce rivage, mes souhaits t'accompagneront sur les mers jusqu'à ce que tu sois arrivé dans ton pays.'

Le naïf aumônier dit qu'elle lui serrait les mains, qu'elle attachait sur ses yeux des regards si expressifs et si touchants; qu'elle pleurait; que son père, sa mère et ses sœurs s'éloignèrent; qu'il resta seul avec elle, et qu'en disant: Mais ma religion! mais mon état! il se trouva le lendemain couché à côté de cette jeune fille qui l'accablait de caresses, et qui invitait son père, sa mère et ses sœurs, lorsqu'ils s'approchèrent de son lit le matin, à joindre leur reconnaissance à la sienne. Asto et Palli, qui s'étaient éloignées, rentrèrent avec les mets du pays, des boissons et des fruits. Elles embrassaient leur sœur et faisaient des vœux sur elle. Ils déjeunèrent tous ensemble; ensuite Orou, demeuré seul avec l'aumônier, lui dit:

— Je vois que ma fille est contente de toi; et je te remercie. Mais pourrais-tu m'apprendre ce que c'est que le mot religion[1] que tu as prononcé tant de fois et avec tant de douleur?

L'Aumônier. Qui est-ce qui a fait ta cabane et les ustensiles qui la meublent?

Orou. C'est moi.

L'Aumônier. Eh bien, nous croyons que ce monde et ce qu'il renferme est l'ouvrage d'un ouvrier.

Orou. Il a donc des pieds, des mains, une tête?

L'Aumônier. Non.

Orou. Où fait-il sa demeure?

L'Aumônier. Partout.

Orou. Ici même?

L'Aumônier. Ici.

---

[1] Bougainville attributes to the inhabitants of Tahiti whom he depicts as very superstitious and priest-ridden, a belief in a Supreme Being and in several other divinities, beneficent and otherwise.

Orou. Nous ne l'avons jamais vu.

L'Aumônier. On ne le voit pas.

Orou. Voilà un père bien indifférent! Il doit être vieux; car il a du moins l'âge de son ouvrage.

L'Aumônier. Il ne vieillit point. Il a parlé à nos ancêtres: il leur a donné des lois; il leur a prescrit la manière dont il voulait être honoré; il leur a ordonné certaines actions comme bonnes, il leur en a défendu d'autres comme mauvaises.

Orou. J'entends; et une de ces actions qu'il leur a défendues comme mauvaises, c'est de coucher avec une femme ou une fille? Pourquoi donc a-t-il fait deux sexes?

L'Aumônier. Pour s'unir, mais à de certaines conditions requises, après certaines cérémonies préalables, en conséquence desquelles un homme appartient à une femme et n'appartient qu'à elle, une femme appartient à un homme et n'appartient qu'à lui.

Orou. Pour toute leur vie?

L'Aumônier. Pour toute leur vie.

Orou. En sorte que, s'il arrivait à une femme de coucher avec un autre que son mari, ou à un mari de coucher avec une autre que sa femme... mais cela n'arrive point, car, puisqu'il est là et que cela lui déplaît, il sait les en empêcher.

L'Aumônier. Non, il les laisse faire, et ils pèchent contre la loi de Dieu (car c'est ainsi que nous appelons le grand ouvrier), contre la loi du pays, et nous commettons un crime.

Orou. Je serais fâché de t'offenser par mes discours; mais si tu le permettais, je te dirais mon avis.

L'Aumônier. Parle.

Orou. Ces préceptes singuliers, je les trouve opposés à la nature, contraires à la raison, faits pour multiplier les crimes et fâcher à tout moment le vieil ouvrier qui a tout fait sans tête, sans mains, et sans outils; qui est partout et qu'on ne voit nulle part; qui dure aujourd'hui et demain, et qui n'a pas un jour de plus; qui commande et qui n'est pas obéi; qui peut empêcher et qui n'empêche pas. Contraires à la nature, parce qu'ils supposent qu'un être sentant, pensant et libre peut être la propriété d'un être semblable à lui. Sur quoi ce droit serait-il fondé? Ne vois-tu pas qu'on a confondu dans ton pays la chose qui n'a ni sensibilité, ni pensée, ni désir, ni volonté; qu'on quitte, qu'on prend, qu'on garde, qu'on échange sans qu'elle souffre et sans qu'elle se plaigne, avec la chose qui ne s'échange point, qui ne s'acquiert point; qui a liberté, volonté, désir; qui peut se donner ou se refuser pour un moment; se donner ou se refuser pour toujours; qui se plaint et qui souffre; et qui ne saurait devenir un effet de commerce, sans qu'on oublie son caractère et qu'on fasse violence à la nature? Contraires à la loi générale des êtres: rien, en effet, te paraît-il plus insensé qu'un précepte qui proscrit le changement qui est en nous; qui commande une constance qui n'y peut être, et qui viole la Nature et la liberté du mâle et de la femelle en les enchaînant pour jamais l'un à l'autre; qu'une fidélité qui borne la plus capricieuse des jouissances à un même individu: qu'un serment d'immutabilité de deux êtres de chair, à la face d'un ciel qui n'est pas un instant le même, sous des antres qui menacent ruine, au bas d'une roche qui tombe en poudre, au pied d'un arbre qui se gerce, sur une pierre qui s'ébranle?[1] Crois-moi, vous avez rendu la condition de l'homme pire que celle de l'animal. Je ne sais ce que c'est que ton grand Ouvrier: mais je me réjouis qu'il n'ait point parlé à nos enfants, car il pourrait par hasard leur dire les mêmes sottises, et ils feraient peut-être celle de les croire. Hier, en soupant, tu nous as entretenus de magistrats et de prêtres. Je ne sais quels sont ces personnages que tu appelles *magistrats* et *prêtres*, dont l'autorité règle votre conduite; mais, dis-moi, sont-ils maîtres du bien et du mal? Peuvent-ils faire que ce qui est juste soit injuste, et que ce qui est injuste soit juste? Dépend-il d'eux d'attacher le bien à des actions nuisibles, et le mal à des actions innocentes ou utiles? Tu ne saurais le penser, car, à ce compte, il n'y aurait ni vrai ni faux, ni bon ni mauvais, ni beau ni laid; du moins, que ce qu'il plairait à ton grand Ouvrier, à tes magistrats, à tes prêtres, de

---

[1] These last few lines are also to be found in almost identical words in Diderot's *Jacques le Fataliste.*

prononcer tel; et, d'un moment à l'autre, tu serais obligé de changer d'idées et de conduite. Un jour on te dirait de la part de l'un de tes trois maîtres: *tue*, et tu serais obligé en conscience de tuer; un autre jour: *vole*, et tu serais tenu de voler; ou: *ne mange pas de ce fruit*; et tu n'oserais en manger; *je te défends ce légume ou cet animal*, et tu te garderais d'y toucher. Il n'y a point de bonté qu'on ne pût t'interdire, point de méchanceté qu'on ne pût t'ordonner. Et où en serais-tu réduit, si tes trois maîtres, peu d'accord entre eux, s'avisaient de te permettre, de t'enjoindre et de te défendre la même chose, comme je pense qu'il arrive souvent? Alors, pour plaire au prêtre, il faudra que tu te brouilles avec le magistrat; pour satisfaire le magistrat, il faudra que tu mécontentes le grand Ouvrier; et pour te rendre agréable au grand Ouvrier, il faudra que tu renonces à la Nature. Et sais-tu ce qui en arrivera? c'est que tu les mépriseras tous les trois, et que tu ne seras ni homme, ni citoyen, ni pieux; que tu ne seras rien; que tu seras mal avec toutes les sortes d'autorité; mal avec toi-même, méchant, tourmenté par ton cœur; persécuté par tes maîtres insensés; et malheureux, comme je te vis hier au soir, lorsque je te présentai mes filles et que tu t'écriais: Mais ma religion! mais mon état! Veux-tu savoir, en tout temps et en tout lieu, ce qui est bon et mauvais? Attache-toi à la nature des choses et des actions; à tes rapports avec ton semblable; à l'influence de ta conduite sur ton utilité particulière et le bien général. Tu es en délire si tu crois qu'il y ait rien, soit en haut, soit en bas, dans l'univers, qui puisse ajouter ou retrancher aux lois de la nature. Sa volonté éternelle est que le bien soit préféré au mal, et le bien général au bien particulier. Tu ordonneras le contraire, mais tu ne seras pas obéi. Tu multiplieras les malfaiteurs et les malheureux par la crainte, par le châtiment et par les remords; tu dépraveras les consciences, tu corrompras les esprits; ils ne sauront plus ce qu'ils ont à faire ou à éviter. Troublés dans l'état d'innocence, tranquilles dans le forfait, ils auront perdu de vue l'étoile polaire de leur chemin. Réponds-moi sincèrement; en dépit des ordres exprès de tes trois législateurs, un jeune homme, dans ton pays, ne couche-t-il jamais sans leur permission avec une jeune fille?

L'Aumônier. Je mentirais si je te l'assurais.

Orou. La femme qui a juré de n'appartenir qu'à son mari, ne se donne-t-elle point à un autre?

L'Aumônier. Rien n'est plus commun.

Orou. Tes législateurs sévissent ou ne sévissent pas. S'ils sévissent, ce sont des bêtes féroces qui battent la Nature. S'ils ne sévissent pas, ce sont des imbéciles qui ont exposé au mépris leur autorité par une défense inutile.

L'Aumônier. Les coupables qui échappent à la sévérité des lois, sont châtiés par le blâme général.

Orou. C'est-à-dire que la justice s'exerce par le défaut de sens commun de toute la nation, et que c'est la folie de l'opinion qui supplée aux lois.

L'Aumônier. La fille déshonorée ne trouve plus de mari.

Orou. Déshonorée! et pourquoi?

L'Aumônier. La femme infidèle est plus ou moins méprisée.

Orou. Méprisée! et pourquoi?

L'Aumônier. Le jeune homme s'appelle un lâche séducteur.

Orou. Un lâche! un séducteur! et pourquoi?

L'Aumônier. Le père, la mère et l'enfant sont désolés. L'époux volage est un libertin: l'époux trahi partage la honte de sa femme.

Orou. Quel monstrueux tissu d'extravagances tu m'exposes là! et encore tu ne me dis pas tout: car aussitôt qu'on s'est permis de disposer à son gré des idées de justice et de propriété; d'ôter ou de donner un caractère arbitraire aux choses; d'unir aux actions ou d'en séparer le bien et le mal, sans consulter que le caprice, on se blâme, on s'accuse, on se suspecte, on se tyrannise, on est envieux, on est jaloux, on se trompe, on s'afflige, on se cache, on dissimule, on s'épie, on se surprend, on se querelle, on ment; les filles en imposent à leurs parents; les maris à leurs femmes; les femmes à leurs maris; des filles, oui, je n'en doute pas, des filles étoufferont leurs enfants; des pères soupçonneux mépriseront et négligeront les leurs; des mères s'en sépareront et les abandonneront à la merci du sort; et le crime et la débauche se montreront sous toutes sortes de formes. Je sais tout cela, comme si j'avais vécu parmi vous. Cela est, parce que cela doit être; et la société dont votre chef vous vante le bel ordre, ne sera qu'un ramas ou d'hypocrites qui foulent secrètement aux pieds les lois, ou d'infortunés qui sont eux-mêmes les instruments de leur supplice en s'y soumettant; ou d'imbéciles en qui le préjugé a tout à fait étouffé la voix de la nature; ou d'êtres mal organisés en qui la nature ne réclame pas ses droits.

L'Aumônier. Cela ressemble. Mais vous ne vous mariez donc point?

Orou. Nous nous marions.

L'Aumônier. Qu'est-ce que votre mariage?

Orou. Le consentement d'habiter une même cabane et de coucher dans un même lit, tant que nous nous y trouvons bien.

L'Aumônier. Et lorsque vous vous y trouvez mal?

Orou. Nous nous séparons.

L'Aumônier. Que deviennent vos enfants?

Orou. O étranger! ta dernière question achève de me déceler la profonde misère de ton pays. Sache, mon ami, qu'ici la naissance d'un enfant est toujours un bonheur, et sa mort un sujet de regrets et de larmes. Un enfant est un bien précieux, parce qu'il doit devenir un homme; aussi en avons-nous un tout autre soin que de nos plantes et de nos animaux. Un enfant qui naît, occasionne la joie domestique et publique: c'est un accroissement de fortune pour la cabane, et de force pour la nation. Ce sont des bras et des mains de plus dans Taïti; nous voyons en lui un agriculteur, un pêcheur, un chasseur, un soldat, un époux, un père. En repassant de la cabane de son mari dans celle de ses parents, une femme emmène avec elle ses enfants qu'elle avait apportés en dot: on partage ceux qui sont nés pendant la cohabitation commune; et l'on compense, autant qu'il est possible, les mâles par les femelles, en sorte qu'il reste à chacun à peu près un nombre égal de filles et de garçons.

L'Aumônier. Mais des enfants sont longtemps à charge avant que de rendre service.

Orou. Nous destinons à leur entretien et à la subsistance des vieillards une sixième partie de tous les fruits du pays. Ce tribut les suit partout. Ainsi tu vois que plus la famille du Taïtien est nombreuse, plus elle est riche.

L'Aumônier. Une sixième partie!

Orou. C'est un moyen sûr d'encourager la population et d'intéresser au respect de la vieillesse et à la conservation des enfants.

L'Aumônier. Vos époux se reprennent-ils quelquefois?

Orou. Très souvent. Cependant la durée la plus courte d'un mariage est d'une lune à l'autre.

L'Aumônier. A moins que la femme ne soit grosse; alors la cohabitation est au moins de neuf mois?

Orou. Tu te trompes; la paternité, comme le tribut, suit son enfant partout.

L'Aumônier. Tu m'as parlé d'enfants qu'une femme apporte en dot à son mari.

Orou. Assurément. Voilà ma fille aînée qui a trois enfants; ils marchent, ils sont sains, ils sont beaux, ils promettent d'être forts. Lorsqu'il lui prendra fantaisie de se marier, elle les emmènera; ils sont siens: son mari les recevra avec joie, et sa femme ne lui en serait que plus agréable, si elle était enceinte d'une quatrième.

L'Aumônier. De lui?

Orou. De lui ou d'un autre. Plus nos filles ont d'enfants, plus elles sont recherchées; plus nos garçons sont vigoureux et beaux, plus ils sont riches. Aussi, autant nous sommes attentifs à préserver les unes de l'approche de l'homme, les autres du commerce de la femme, avant l'âge de fécondité; autant nous les exhortons à produire lorsque les garçons sont pubères et les filles nubiles. Tu ne saurais croire l'importance du service que tu auras rendu à ma fille Thia, si tu lui as fait un enfant. Sa mère ne lui dira plus à chaque lune: Mais, Thia, à quoi penses-tu donc? Tu ne deviens point grosse. Tu as dix-neuf ans; tu devrais avoir déjà deux enfants, et tu n'en as point. Quel est celui qui se chargera de toi? Si tu perds ainsi tes jeunes ans, que feras-tu dans ta vieillesse? Thia, il faut que tu aies quelques défauts qui éloignent de toi les hommes. Corrige-toi, mon enfant: à ton âge, j'avais été trois fois mère.

L'Aumônier. Quelles précautions prenez-vous pour garder vos filles et vos garçons adolescents?

Orou. C'est l'objet principal de l'éducation domestique et le point le plus important des mœurs publiques. Nos garçons jusqu'à l'âge de vingt-deux ans, deux ou trois ans au delà de la puberté, restent couverts d'une longue tunique, et les reins ceints d'une petite chaîne. Avant que d'être nubiles, nos filles n'oseraient sortir sans un voile blanc. Oter sa chaîne, relever son voile, est une faute qui se commet rarement, parce que nous leur en apprenons de bonne heure les fâcheuses conséquences. Mais au moment où le mâle a pris toute sa force, où les symptômes virils ont de la continuité, et où l'effusion fréquente et la qualité de la liqueur séminale nous rassurent; au moment où la jeune fille se fane, s'ennuie, est d'une maturité propre à concevoir des désirs, à en inspirer et à les satisfaire avec utilité, le père détache la chaîne à son fils et lui coupe l'ongle du doigt du milieu de la main droite, la mère relève le voile de sa fille. L'un peut solliciter une femme et en être sollicité; l'autre, se promener publiquement le visage découvert et la gorge nue, accepter ou refuser les caresses d'un homme. On indique seulement d'avance, au garçon les filles, à la fille les garçons qu'ils doivent préférer. C'est une grande fête que celle de l'émancipation d'une fille ou d'un garçon. Si c'est une fille, la veille les jeunes garçons se rassemblent en foule autour de la cabane, et l'air retentit pendant toute la nuit du chant des voix et du son des instruments. Le jour, elle est conduite par son père et par sa mère dans une enceinte où l'on danse et où l'on fait l'exercice du saut, de la lutte et de la course. On déploie l'homme nu devant elle sous toutes les faces et dans toutes les attitudes. Si c'est un garçon, ce sont les jeunes filles qui font en sa présence les frais et les honneurs de la fête et exposent à ses regards la femme nue sans réserve et sans secret. Le reste de la cérémonie s'achève sur un lit de feuilles, comme tu l'as vu à ta descente parmi nous. A la chute du jour, la fille rentre dans la cabane de ses parents, ou passe dans la cabane de celui dont elle a fait choix, et elle y reste tant qu'elle s'y plaît.

L'Aumônier. Ainsi cette fête est ou n'est point un jour de mariage?

Orou. Tu l'as dit. —

— *A.* Qu'est-ce que je vois là en marge?

B. C'est une note où le bon aumônier dit que les préceptes des parents sur le choix des garçons et des filles étaient pleins de bon sens et d'observations très fines et très utiles; mais qu'il a supprimé ce catéchisme qui aurait paru à des gens aussi corrompus et aussi superficiels que nous, d'une licence impardonnable; ajoutant toutefois que ce n'était pas sans regret qu'il avait retranché des détails où l'on aurait vu, premièrement, jusqu'où une nation, qui s'occupe sans cesse d'un objet important, peut être conduite dans ses recherches sans les secours de la physique et de l'anatomie; secondement, la différence des idées de la beauté dans une contrée où l'on rapporte les formes au plaisir d'un moment, et chez un peuple où elles sont appréciées d'après une utilité plus constante. Là, pour être belle, on exige un teint éclatant, un grand front, de grands yeux, des traits fins et délicats, une taille légère, une petite bouche, de petites mains, un petit pied. Ici presque aucun de ces éléments n'entre en calcul. La femme sur laquelle les regards s'attachent et que le désir poursuit, est celle qui promet beaucoup d'enfants (la femme du cardinal d'Ossat), et qui les promet actifs, intelligents, courageux, sains et robustes. Il n'y a presque rien de commun entre la Vénus d'Athènes et celle de Taïti; l'une est Vénus galante, l'autre est Vénus féconde. Une Taïtienne disait un jour avec mépris à une autre femme du pays: 'Tu es belle, mais tu fais de laids enfants; je suis laide, mais je fais de beaux enfants, et c'est moi que les hommes préfèrent.'

Après cette note de l'aumônier, Orou continue.

A. Avant que de reprendre son discours, j'ai une prière à vous faire : c'est de me rappeler une aventure arrivée dans la Nouvelle-Angleterre.[1]

B. La voici. Une fille, Miss Polly Baker, devenue grosse pour la cinquième fois, fut traduite devant le tribunal de justice de Connecticut, près de Boston. La loi condamne toutes les personnes du sexe qui ne doivent le titre de mère qu'au libertinage, à une amende ou à une punition corporelle, lorsqu'elles ne peuvent payer l'amende. Miss Polly, en entrant dans la salle où les juges étaient assemblés, leur tint ce discours : 'Permettez-moi, messieurs, de vous adresser quelques mots. Je suis une fille malheureuse et pauvre, je n'ai pas le moyen de payer des avocats pour prendre ma défense, et je ne vous retiendrai pas longtemps. Je ne me flatte pas que dans la sentence que vous allez prononcer, vous vous écartiez de la loi. Ce que j'ose espérer, c'est que vous daignerez implorer pour moi les bontés du gouvernement et obtenir qu'il me dispense de l'amende. Voici la cinquième fois, messieurs, que je parais devant vous pour le même sujet. Deux fois j'ai payé des amendes onéreuses, deux fois j'ai subi une punition publique et honteuse parce que je n'ai pas été en état de payer. Cela peut être conforme à la loi, je ne le conteste point ; mais il y a quelquefois des lois injustes, et on les abroge. Il y en a aussi de trop sévères, et la puissance législatrice peut dispenser de leur exécution. J'ose dire que celle qui me condamne, est à la fois injuste en elle-même et trop sévère envers moi. Je n'ai jamais offensé personne dans le lieu où je vis, et je défie mes ennemis, si j'en ai quelques-uns, de pouvoir prouver que j'aie fait le moindre tort à un homme, à une femme, à un enfant. Permettez-moi d'oublier un moment que la loi existe. Alors je ne conçois pas quel peut être mon crime. J'ai mis cinq beaux enfants au monde, au péril de ma vie. Je les ai nourris de mon

---

[1] The story of Polly Baker, which was a complete invention of Franklin, first appeared in an American magazine (now lost), and was then reprinted both in the *Gentleman's Magazine* and the *London Magazine* in 1747. In 1770 Abbé Raynal reproduced the story, which he gave out as authentic, in his *Histoire philosophique des deux Indes* (see p. 187, n. 1).

lait, je les ai soutenus par mon travail, et j'aurais fait davantage pour eux si je n'avais pas payé des amendes qui m'en ont ôté les moyens. Est-ce un crime d'augmenter les sujets de Sa Majesté dans une nouvelle contrée qui manque d'habitants? Je n'ai enlevé aucun mari à sa femme, ni débauché aucun jeune homme. Jamais on ne m'a accusée de ces procédés coupables, et si quelqu'un se plaint de moi, ce ne peut être que le ministre à qui je n'ai point payé de droits de mariage. Mais est-ce ma faute? J'en appelle à vous, messieurs. Vous me supposez sûrement assez de bon sens pour être persuadés que je préférerais l'honorable état de femme à la condition honteuse dans laquelle j'ai vécu jusqu'à présent. J'ai toujours désiré et je désire encore de me marier, et je ne crains point de dire que j'aurais la bonne conduite, l'industrie et l'économie convenables à une femme, comme j'en ai la fécondité. Je défie qui que ce soit de dire que j'aie refusé de m'engager dans cet état. Je consentis à la première et seule proposition qui m'en ait été faite. J'étais vierge encore; j'eus la simplicité de confier mon honneur à un homme qui n'en avait point. Il me fit mon premier enfant et m'abandonna. Cet homme, vous le connaissez tous: il est actuellement magistrat comme vous et s'assied à vos côtés. J'avais espéré qu'il paraîtrait aujourd'hui au tribunal et qu'il aurait intéressé votre pitié en ma faveur, en faveur d'une malheureuse qui ne l'est que par lui. Alors j'aurais été incapable de l'exposer à rougir en rappelant ce qui s'est passé entre nous. Ai-je tort de me plaindre aujourd'hui de l'injustice des lois? La première cause de mes égarements, mon séducteur, est élevé au pouvoir et aux honneurs par ce même gouvernement qui punit mes malheurs par le fouet et par l'infamie. On me répondra que j'ai transgressé les préceptes de la religion. Si mon offense est contre Dieu, laissez-lui le soin de m'en punir; vous m'avez déjà exclue de la communion de l'église, cela ne suffit-il pas? Pourquoi au supplice de l'enfer que vous croyez m'attendre dans l'autre monde, ajoutez-vous dans celui-ci les amendes et le fouet? Pardonnez, messieurs, ces réflexions. Je ne suis point un théologien, mais j'ai peine à croire que ce me soit un grand crime d'avoir donné le jour à de beaux enfants que Dieu a doués d'âmes immortelles et qui l'adorent. Si vous faites des lois qui changent la nature des actions et en font des crimes, faites-en contre les célibataires dont le nombre augmente tous les jours, qui portent la séduction et l'opprobre dans les familles, qui trompent les jeunes filles comme je l'ai été, et qui les forcent à vivre dans l'état honteux dans lequel je vis, au milieu d'une société qui les repousse et les méprise. Ce sont eux qui troublent la tranquillité publique. Voilà des crimes qui méritent plus que le mien l'animadversion des lois.'

Ce discours singulier produisit l'effet qu'en attendait Miss Baker; ses juges lui remirent l'amende et la peine qui en tient lieu. Son séducteur, instruit de ce qui s'était passé, sentit le remords de sa première conduite; il voulut la réparer. Deux jours après il épousa Miss Baker, et fit une honnête femme de celle dont cinq ans auparavant il avait fait une fille publique.

A. Et ce n'est pas là un conte de votre invention?

B. Non.

A. J'en suis bien aise.

B. Je ne sais si l'Abbé Raynal[1] ne rapporte pas le fait et le discours dans son *Histoire du Commerce des deux Indes*.

A. Ouvrage excellent et d'un ton si différent des précédents qu'on a soupçonné l'Abbé d'y avoir employé des mains étrangères.

B. C'est une injustice.[2]

---

[1] Guillaume Thomas François Raynal (1713–96) suddenly achieved fame in 1770 with his *Histoire philosophique et politique des établissements et du commerce des Européens dans les deux Indes*, enlarged editions of which appeared in 1774 and 1780. His exile in 1781 merely aided the success of the work in France and Europe in general, as it appealed to the contemporary interest in colonial questions and also (especially in the later editions) was full of eloquent declamation against tyranny and fanaticism.

[2] This remark raises a rather curious problem, as it is certain that Raynal had collaborators in this work and also that Diderot was one of them. Indeed, at this very time he was composing material which was incorporated by Raynal in later editions of his book. (See H. Dieckmann, 'Les contributions de Diderot à la *Correspondance littéraire* et à l'*Histoire des Deux Indes*', *Revue d'histoire littéraire de la France* (1951), pp. 417–40.)

B. Ou une méchanceté. On dépèce le laurier qui ceint la tête d'un grand homme et on le dépèce si bien qu'il ne lui en reste plus qu'une feuille.

A. Mais le temps rassemble les feuilles éparses et refait la couronne.

B. Mais l'homme est mort. Il a souffert de l'injure qu'il a reçue de ses contemporains, et il est insensible à la réparation qu'il obtient de la postérité.

IV

Orou. L'heureux moment pour une jeune fille et pour ses parents que celui où sa grossesse est constatée! Elle se lève, elle accourt, elle jette ses bras autour du cou de sa mère et de son père; c'est avec des transports d'une joie mutuelle qu'elle leur annonce et qu'ils apprennent cet événement. Maman! mon papa! embrassez-moi; je suis grosse! — Est-il bien vrai? — Très vrai. — Et de qui l'êtes-vous? — Je le suis d'un tel.

L'Aumônier. Comment peut-elle nommer le père de son enfant?

Orou. Pourquoi veux-tu qu'elle l'ignore? Il en est de la durée de nos amours comme de celle de nos mariages; elle est au moins d'une lune à la lune suivante.

L'Aumônier. Et cette règle est bien scrupuleusement observée?

Orou. Tu vas en juger. D'abord, l'intervalle de deux lunes n'est pas long; mais lorsque deux pères ont une prétention bien fondée à la formation d'un enfant, il n'appartient plus à sa mère.

L'Aumônier. A qui appartient-il donc?

Orou. A celui des deux à qui il lui plaît de le donner. Voilà tout son privilège: et un enfant étant par lui-même un objet d'intérêt et de richesse, tu conçois que parmi nous les libertines sont rares, et que les jeunes garçons s'en éloignent.

L'Aumônier. Vous avez donc aussi vos libertines? J'en suis bien aise.

Orou. Nous en avons même de plus d'une sorte: mais tu m'écartes de mon sujet. Lorsqu'une de nos filles est grosse, si le père de l'enfant est un jeune homme beau, bien fait, brave, intelligent et laborieux, l'espérance que l'enfant héritera des vertus de son père renouvelle l'allégresse. Notre enfant n'a honte que d'un mauvais choix. Tu dois concevoir quel prix nous attachons à la santé, à la beauté, à la force, à l'industrie, au courage; tu dois concevoir comment, sans que nous nous en mêlions, les prérogatives du sang doivent s'éterniser parmi nous. Toi qui as parcouru différentes contrées, dis-moi si tu as remarqué dans aucune autant de beaux hommes et autant de belles femmes que dans Taïti. Regarde-moi: comment me trouves-tu? Eh bien, il y a dix mille hommes ici plus grands, aussi robustes; mais pas un plus brave que moi. Aussi les mères me désignent-elles souvent à leurs filles.

L'Aumônier. Mais de tous ces enfants que tu peux avoir faits hors de ta cabane, que t'en revient-il?

Orou. Le quatrième, mâle ou femelle. Il s'est établi parmi nous une circulation d'hommes, de femmes et d'enfants, ou de bras de tout âge et de toute fonction, qui est bien d'une autre importance que celle de vos denrées qui n'en sont que le produit.

L'Aumônier. Je le conçois. Qu'est-ce que c'est que ces voiles noirs que j'ai rencontrés quelquefois?

Orou. Le signe de la stérilité, vice de naissance, ou suite de l'âge avancé. Celle qui quitte ce voile et se mêle avec les hommes, est une libertine. Celui qui relève ce voile et s'approche de la femme stérile, est un libertin.

L'Aumônier. Et ces voiles gris?

Orou. Le signe de la maladie périodique. Celle qui quitte ce voile et se mêle avec les hommes, est une libertine. Celui qui le relève et s'approche de la femme malade, est un libertin.

L'Aumônier. Avez-vous des châtiments pour ce libertinage?

Orou. Point d'autres que le blâme.

L'Aumônier. Un père peut-il coucher avec sa fille, une mère avec son fils, un frère avec sa sœur, un mari avec la femme d'un autre?

Orou. Pourquoi non?

L'Aumônier. Passe pour la fornication; mais l'inceste! mais l'adultère!

Orou. Qu'est-ce que tu veux dire avec tes mots, *fornication, inceste, adultère?*

L'Aumônier. Des crimes, des crimes énormes, pour l'un desquels l'on brûle dans mon pays.

Orou. Qu'on brûle ou qu'on ne brûle pas dans ton pays, peu m'importe. Mais tu n'accuseras pas les mœurs d'Europe par celles de Taïti, ni par conséquent les mœurs de Taïti par celles de ton pays. Il nous faut une règle plus sûre; et quelle sera cette règle? En connais-tu une autre que le bien général et l'utilité particulière? A présent, dis-moi ce que ton crime *inceste* a de contraire à ces deux fins de nos actions. Tu te trompes, mon ami, si tu crois qu'une loi une fois publiée, un mot ignominieux inventé, un supplice décerné, tout est dit. Réponds-moi donc, qu'entends-tu par *inceste?*

L'Aumônier. Mais un inceste...

Orour. Un *inceste...* Y a-t-il longtemps que ton grand Ouvrier sans tête, sans mains et sans outils, a fait le monde?

L'Aumônier. Non.

Orou. Fit-il toute l'espèce humaine à la fois?

L'Aumônier. Il créa seulement une femme et un homme.

Orou. Eurent-ils des enfants?

L'Aumônier. Assurément.

Orou. Suppose que ces deux premiers parents n'aient eu que des filles, et que leur mère soit morte la première; ou qu'ils n'aient eu que des garçons, et que la femme ait perdu son mari.

L'Aumônier. Tu m'embarrasses; mais tu as beau dire, l'inceste est un crime abominable, et parlons d'autre chose.

Orou. Cela te plaît à dire. Je me tais, moi, tant que tu ne m'auras pas dit ce que c'est que le crime abominable d'inceste.

L'Aumônier. Eh bien, je t'accorde que peut-être l'inceste ne blesse en rien la nature; mais ne suffit-il pas qu'il menace la constitution politique? Que deviendraient la sûreté d'un chef et la tranquillité d'un État, si toute une nation composée de plusieurs millions d'hommes, se trouvait rassemblée autour d'une cinquantaine de pères de famille.

Orou. Le pis aller, c'est qu'où il n'y a qu'une grande société, il y en aurait cinquante petites, plus de bonheur et un crime de moins.

L'Aumônier. Je crois cependant que même ici un fils couche rarement avec sa mère.

Orou. A moins qu'il n'ait beaucoup de respect pour elle, et une tendresse qui lui fasse oublier la disparité d'âge, et préférer une femme de quarante ans à une fille de dix-neuf.

L'Aumônier. Et le commerce des pères avec leurs filles?

Orou. Guère plus fréquent, à moins que la fille ne soit laide et peu recherchée. Si son père l'aime, il s'occupe à lui préparer sa dot en enfants.

L'Aumônier. Cela me fait imaginer que le sort des femmes que la nature a disgraciées ne doit pas être heureux dans Taïti.

Orou. Cela me prouve que tu n'as pas une haute opinion de la générosité de nos jeunes gens.

L'Aumônier. Pour les unions des frères et des sœurs, je ne doute pas qu'elles ne soient très communes.

Orou. Et très approuvées.

L'Aumônier. A t'entendre, cette passion qui produit tant de crimes et de maux dans nos contrées, serait ici tout à fait innocente.

Orou. Étranger, tu manques de jugement et de mémoire: de jugement, car, partout où il y a défense, il faut qu'on soit tenté de faire la chose défendue et qu'on la fasse: de mémoire, puisque tu ne te souviens plus de ce que je t'ai dit. Nous avons de vieilles dissolues qui sortent la nuit sans leur voile noir et reçoivent des hommes, lorsqu'il ne peut rien résulter de leur approche; si elles sont reconnues ou surprises, l'exil au nord de l'île ou l'esclavage est leur châtiment: des filles précoces qui relèvent leur voile blanc à l'insu de leurs parents, et nous avons pour elles un lieu fermé dans la cabane; des jeunes hommes qui déposent leur chaîne avant le temps prescrit par la nature et par la loi, et nous en réprimandons leurs parents; des femmes à qui le temps de la grossesse paraît long; des femmes et des filles peu scrupuleuses à garder leur voile gris; mais dans le fait nous n'attachons pas une grande importance à toutes ces fautes; et tu ne saurais croire combien l'idée de richesse particulière ou publique, unie dans nos têtes à l'idée de population, épure nos mœurs sur ce point.

L'Aumônier. La passion de deux hommes pour une même femme, ou le goût de deux femmes ou de deux filles pour un même homme, n'occasionnent-ils point de désordres?

Orou. Je n'en ai pas vu quatre exemples. Le choix de la femme ou celui de l'homme finit tout. La violence d'un homme serait une faute grave; mais il faut une plainte publique, et il est presque inouï qu'une fille ou qu'une femme se soit plainte. La seule chose que j'aie remarquée, c'est que nos femmes ont moins de pitié des hommes laids, que nos jeunes gens des femmes disgraciées; et nous n'en sommes pas fâchés.

L'Aumônier. Vous ne connaissez guère la jalousie, à ce que je vois; mais la tendresse maritale, l'amour paternel, ces deux sentiments si puissants et si doux, s'ils ne sont pas étrangers ici, y doivent être assez faibles.

Orou. Nous y avons suppléé par un autre, qui est tout autrement général, énergique et durable, l'intérêt. Mets la main sur ta conscience; laisse là cette fanfaronnade de vertu qui est sans cesse sur les lèvres de tes camarades, et qui ne réside pas au fond de leur cœur. Dis-moi si, dans quelque contrée que ce soit, il y a un père qui, sans la honte qui le retient, n'aimât mieux perdre son enfant, un mari qui n'aimât mieux perdre sa femme, que sa fortune et l'aisance de toute sa vie. Sois sûr que partout où l'homme sera attaché à la conservation de son semblable comme à son lit, à sa santé, à son repos, à sa cabane, à ses fruits, à ses champs, il fera pour lui tout ce qu'il est possible de faire. C'est ici que les pleurs trempent la couche d'un enfant qui souffre; c'est ici que les mères sont soignées dans la maladie; c'est ici qu'on prise une femme féconde, une fille nubile, un garçon adolescent; c'est ici qu'on s'occupe de leur institution, parce que leur conservation est toujours un accroissement, et leur perte toujours une diminution de fortune.

L'Aumônier. Je crains bien que ce sauvage n'ait raison. Le paysan misérable de nos contrées qui excède sa femme pour soulager son cheval, laisse périr son enfant sans secours, et appelle le médecin pour son bœuf...

Orou. Je n'entends pas trop ce que tu viens de dire; mais, à ton retour dans ta patrie si policée, tâche d'y introduire ce ressort, et c'est alors qu'on y sentira le prix de l'enfant qui naît, et l'importance de la population. Veux-tu que je te révèle un secret? mais prends garde qu'il ne t'échappe. Vous arrivez: nous vous abandonnons nos femmes et nos filles; vous vous en étonnez; vous nous en témoignez une gratitude qui nous fait rire. Vous nous remerciez, lorsque nous asseyons sur toi et sur tes compagnons la plus forte de toutes les impositions. Nous ne t'avons point demandé d'argent; nous ne nous sommes point jetés sur tes marchandises; nous avons méprisé tes denrées: mais nos femmes et nos filles sont venues exprimer le sang de tes veines. Quand tu t'éloigneras, tu nous auras laissé des enfants. Ce tribut levé sur ta personne, sur ta propre substance, à ton avis, n'en vaut-il pas bien un autre? Et si tu veux en apprécier la valeur, imagine que tu aies deux cents lieues de côtes à courir, et qu'à chaque vingt milles on te mette à pareille contribution. Nous avons des terres immenses en friche, nous manquons de bras, et nous t'en avons demandé. Nous avons des calamités épidémiques à réparer, et nous t'avons employé à réparer le vide qu'elles laisseront. Nous avons des ennemis voisins à combattre, un besoin de soldats, et nous t'avons prié de nous en faire: le nombre de nos femmes et de nos filles est trop grand pour celui des hommes, et nous t'avons associé à notre tâche. Parmi ces femmes et ces filles, il y en a dont nous n'avons jamais pu obtenir d'enfants, et ce sont celles que nous avons exposées à vos premiers embrassements. Nous avons à payer une redevance en hommes à un voisin oppresseur; c'est toi et tes camarades qui nous défrayeront;

et dans cinq à six ans nous lui enverrons vos fils, s'ils valent moins que les nôtres. Plus robustes, plus sains que vous, nous nous sommes aperçus au premier coup d'œil que vous nous surpassiez en intelligence; et, sur-le-champ, nous avons destiné quelques-unes de nos femmes et de nos filles les plus belles à recueillir la semence d'une race meilleure que la nôtre. C'est un essai que nous avons tenté et qui pourra nous réussir. Nous avons tiré de toi et des tiens le seul parti que nous en pouvions tirer: et crois que, tout sauvages que nous sommes, nous savons aussi calculer. Va où tu voudras, et tu trouveras presque toujours l'homme aussi fin que toi. Il ne te donnera jamais que ce qui ne lui est bon à rien, et te demandera toujours ce qui lui est utile. S'il te présente un morceau d'or pour un morceau de fer, c'est qu'il ne fait aucun cas de l'or, et qu'il prise le fer. Mais dis-moi donc pourquoi tu n'es pas vêtu comme les autres? Que signifie cette casaque longue qui t'enveloppe de la tête aux pieds, et ce sac pointu que tu laisses tomber sur tes épaules ou que tu ramènes sur tes oreilles?

L'Aumônier. C'est que, tel que tu me vois, je me suis engagé dans une société d'hommes qu'on appelle dans mon pays des moines. Le plus sacré de leurs vœux est de n'approcher d'aucune femme et de ne point faire d'enfants.

Orou. Que faites-vous donc?

L'Aumônier. Rien.

Orou. Et ton magistrat souffre cette espèce de paresseux, la pire de toutes?

L'Aumônier. Il fait plus; il la respecte et la fait respecter.

Orou. Ma première pensée était que la nature, quelque accident ou un art cruel vous avait privés de la faculté de produire votre semblable, et que par pitié on aimait mieux vous laisser vivre que de vous tuer. Mais, moine, ma fille m'a dit que tu étais un homme, et un homme aussi robuste qu'un Taïtien, et qu'elle espérait que tes caresses réitérées ne seraient pas infructueuses. A présent que j'ai compris pourquoi tu t'es écrié hier au soir: *Mais ma religion! mais mon état!* pourrais-tu m'apprendre le motif de la faveur et du respect que les magistrats vous accordent?

L'Aumônier. Je l'ignore.

Orou. Tu sais au moins par quelle raison, étant homme, tu t'es librement condamné à ne le pas être?

L'Aumônier. Cela serait trop long et trop difficile à t'expliquer.

Orou. Et ce vœu de stérilité, le moine y est-il bien fidèle?

L'Aumônier. Non.

Orou. J'en étais sûr. Avez-vous aussi des moines femelles?

L'Aumônier. Oui.

Orou. Aussi sages que les moines mâles?

L'Aumônier. Plus renfermées, elles sèchent de douleur, périssent d'ennui.

Orou. Et l'injure faite à la nature est vengée. O le vilain pays! Si tout y est ordonné comme ce que tu m'en dis, vous êtes plus barbares que nous.

Le bon aumônier raconte qu'il passa le reste de la journée à parcourir l'île, à visiter les cabanes, et que le soir, après souper, le père et la mère l'ayant supplié de coucher avec la seconde de leurs filles, Palli s'était présentée dans le même déshabillé que Thia, et qu'il s'était écrié plusieurs fois pendant la nuit: *Mais ma religion! mais mon état!* que la troisième nuit il avait été agité des mêmes remords avec Asto l'aînée, et que la quatrième, il l'avait accordée par honnêteté à la femme de son hôte.

A. J'estime cet aumônier poli.

B. Et moi, beaucoup davantage les mœurs des Taïtiens et le discours d'Orou.

V

SUITE DU DIALOGUE ENTRE *A* ET *B*

A. Quoique un peu modelé à l'européenne.

B. Je n'en doute pas.

— Ici le bon aumônier se plaint de la brièveté de son séjour dans Taïti et de la difficulté de mieux connaître les usages d'un peuple assez sage pour s'être arrêté de lui-même à la médiocrité, ou assez heureux pour habiter un climat dont la fertilité lui assurait un long engourdissement; assez actif pour s'être mis à l'abri des besoins absolus de la vie, et assez indolent pour que son innocence, son repos et sa félicité n'eussent rien à redouter d'un progrès trop rapide de ses lumières. Rien n'y était mal par l'opinion ou par la loi que ce qui était mal de sa nature. Les travaux et les récoltes s'y faisaient en commun. L'acception du mot *propriété* y était très étroite. La passion de l'amour, réduite à un simple appétit physique, n'y produisait aucun de nos désordres. L'île entière offrait l'image d'une seule famille nombreuse dont chaque cabane représentait les divers appartements d'une de nos grandes maisons. Il finit par protester que ces Taïtiens seront toujours présents à sa mémoire, qu'il avait été tenté de jeter ses vêtements dans le vaisseau et de passer le reste de ses jours parmi eux, et qu'il craint bien de se repentir plus d'une fois de ne l'avoir pas fait.

A. Malgré cet éloge, quelles conséquences utiles à tirer des mœurs et des usages bizarres d'un peuple non civilisé?

B. Je vois qu'aussitôt que quelques causes physiques, telles, par exemple, que la nécessité de vaincre l'ingratitude du sol, ont mis en jeu la sagacité de l'homme, cet élan le conduit bien au delà du but, et que, le terme du besoin passé, on est porté dans l'océan sans bornes des fantaisies, d'où l'on ne se tire plus. Puisse l'heureux Taïtien s'arrêter où il en est! Je vois qu'excepté dans ce recoin écarté de notre globe, il n'y a point eu de mœurs, et qu'il n'y en aura peut-être jamais nulle part.

A. Qu'entendez-vous donc par des mœurs?

B. J'entends une soumission générale et une conduite conséquente à des lois bonnes ou mauvaises. Si les lois sont bonnes, les mœurs sont bonnes. Si les lois sont mauvaises, les mœurs sont mauvaises. Si les lois, bonnes ou mauvaises, ne sont point observées, la pire condition d'une société, il n'y a point de mœurs. Or, comment voulez-vous que des lois s'observent quand elles se contredisent? Parcourez l'histoire des siècles et des nations tant anciennes que modernes, et vous trouverez les hommes assujettis à trois codes, le code de la nature, le code civil et le code religieux, et contraints d'enfreindre alternativement ces trois codes qui n'ont jamais été d'accord; d'où il est arrivé qu'il n'y a eu dans aucune contrée, comme Orou le devine de la nôtre, ni homme, ni citoyen, ni religieux.

A. D'où vous concluez, sans doute, qu'en fondant la morale sur les rapports éternels qui subsistent entre les hommes, la loi religieuse devient peut-être superflue, et que la loi civile ne doit être que l'énonciation de la loi de nature.

B. Et cela sous peine de multiplier les méchants, au lieu de faire de bons.

A. Ou que, si l'on juge nécessaire de les conserver toutes trois, il faut que les deux dernières ne soient que des calques rigoureuses de la première, que nous apportons gravée au fond de nos cœurs et qui sera toujours la plus forte.

B. Cela n'est pas exact. Nous n'apportons en naissant qu'une similitude d'organisation avec d'autres êtres, les mêmes besoins, de l'attrait vers les mêmes plaisirs, une aversion commune pour les mêmes peines, ce qui constitue l'homme ce qu'il est et doit fonder la morale qui lui convient.

A. Cela n'est pas aisé.

B. Cela n'est pas si difficile, que je croirais volontiers le peuple le plus sauvage de la terre, le Taïtien qui s'en est tenu scrupuleusement à la loi de nature, plus voisin d'une bonne législation qu'aucun peuple civilisé.

A. Parce qu'il lui est plus facile de se défaire de son trop de rusticité, qu'à nous de revenir sur nos pas et de réformer nos abus.

B. Surtout ceux qui tiennent à l'union de l'homme avec la femme.

A. Cela se peut. Mais commençons par le commencement. Interrogeons bonnement la nature, et voyons sans partialité ce qu'elle nous répondra sur ce point.

B. J'y consens.

A. Le mariage est-il dans la nature?

B. Si vous entendez par le mariage la préférence qu'une femelle accorde à un mâle sur tous les autres mâles, ou celle qu'un mâle donne à une femelle sur toutes les autres femelles, préférence mutuelle en conséquence de laquelle il se forme une union plus ou moins durable, qui perpétue l'espèce par la reproduction des individus, le mariage est dans la nature.

A. Je le pense comme vous; car cette préférence se remarque non seulement dans l'espèce humaine, mais encore dans les autres espèces d'animaux: témoin ce nombreux cortége de mâles qui poursuivent une même femelle au printemps dans nos campagnes, et dont un seul obtient le titre de mari. Et la galanterie?

B. Si vous entendez par galanterie cette variété de moyens énergiques ou délicats que la passion inspire, soit au mâle, soit à la femelle, pour obtenir cette préférence qui conduit à la plus douce, la plus importante et la plus générale des jouissances, la galanterie est dans la nature.

A. Je le pense comme vous: témoin toute cette diversité de gentillesses pratiquées par le mâle pour plaire à la femelle, et par la femelle pour irriter la passion et fixer le goût du mâle. Et la coquetterie?

B. C'est un mensonge qui consiste à simuler une passion qu'on ne sent pas, et à promettre une préférence qu'on n'accordera point. Le mâle coquet se joue de la femelle; la femelle coquette se joue du mâle: jeu perfide qui amène quelquefois les catastrophes les plus funestes; manège ridicule, dont le trompeur et le trompé sont également châtiés par la perte des instants les plus précieux de leur vie.

A. Ainsi la coquetterie, selon vous, n'est pas dans la nature?

B. Je ne dis pas cela.

A. Et la constance?

B. Je ne vous en dirai rien de mieux que ce qu'en a dit Orou à l'aumônier: pauvre vanité de deux enfants qui s'ignorent euxmêmes, et que l'ivresse d'un instant aveugle sur l'instabilité de tout ce qui les entoure.

A. Et la fidélité, ce rare phénomène?

B. Presque toujours l'entêtement et le supplice de l'honnête homme et de l'honnête femme dans nos contrées; chimère à Taïti.

A. La jalousie?

B. Passion d'un animal indigent et avare qui craint de manquer; sentiment injuste de l'homme; conséquence de nos fausses mœurs et d'un droit de propriété étendu sur un objet sentant, pensant, voulant et libre.

A. Ainsi la jalousie, selon vous, n'est pas dans la nature?

B. Je ne dis pas cela. Vices et vertus, tout est également dans la nature.

A. Le jaloux est sombre.

B. Comme le tyran, parce qu'il en a la conscience.

A. La pudeur?

B. Mais vous m'engagez là dans un cours de morale galante. L'homme ne veut être ni troublé ni distrait dans ses jouissances. Celles de l'amour sont suivies d'une faiblesse qui l'abandonnerait à la merci de son ennemi. Voilà tout ce qu'il pourrait y avoir de naturel dans la pudeur, le reste est d'institution. L'aumônier remarque, dans un troisième morceau que je ne vous ai point lu, que le Taïtien ne rougit pas des mouvements involontaires qui s'excitent en lui à côté de sa femme, au milieu de ses filles; et que celles-ci en sont spectatrices, quelquefois émues, jamais embarrassées. Aussitôt que la femme devint la propriété de l'homme et que la jouissance furtive fut regardée comme un vol, on vit naître les termes *pudeur*, *retenue*, *bienséance*, des vertus et des vices imaginaires; en un mot, entre les deux sexes des barrières qui empêchassent de s'inviter réciproquement à la violation des lois qu'on leur avait imposées, et qui produisirent souvent un effet contraire en échauffant l'imagination et en irritant les désirs. Lorsque je vois des arbres plantés autour de nos palais, et un vêtement de cou qui cache et montre une partie de la gorge d'une femme, il me semble reconnaître un retour secret vers la forêt et un appel à la liberté première de notre ancienne demeure. Le Taïtien nous dirait: Pourquoi te caches-tu? de quoi es-tu honteuse? fais-tu le mal quand tu cèdes à l'impulsion la plus auguste de la nature? Homme, présente-toi franchement si tu plais. Femme, si cet homme te convient, reçois-le avec la même franchise.

A. Ne vous fâchez pas. Si nous débutons comme des hommes civilisés, il est rare que nous ne finissions pas comme le Taïtien.

B. Oui, mais ces préliminaires de convention consument la moitié de la vie d'un homme de génie.

A. J'en conviens; mais qu'importe, si cet élan pernicieux de l'esprit humain, contre lequel vous vous êtes récrié tout à l'heure, en est d'autant ralenti? Un philosophe de nos jours, interrogé pourquoi les hommes faisaient la cour aux femmes, et non les femmes aux hommes, répondit qu'il était naturel de demander à celui qui pouvait toujours accorder.

B. Cette raison m'a paru de tout temps plus ingénieuse que solide. La nature, indécente si vous voulez, presse indistinctement un sexe vers l'autre: et dans un état de l'homme triste et sauvage qui se conçoit et qui peut-être n'existe nulle part...

A. Pas même à Taïti?

B. Non; l'intervalle qui séparerait un homme d'une femme serait franchi par le plus amoureux. S'ils s'attendent, s'ils se fuient, s'ils se poursuivent, s'ils s'évitent, s'ils s'attaquent, s'ils se défendent, c'est que la passion, inégale dans ses progrès, ne s'explique pas en eux de la même force. D'où il arrive que la volupté se répand, se consomme et s'éteint d'un côté, lorsqu'elle commence à peine à s'élever de l'autre, et qu'ils en restent tristes tous deux. Voilà l'image fidèle de ce qui se passerait entre deux êtres libres, jeunes et parfaitement innocents. Mais lorsque la femme a connu, par l'expérience ou l'éducation, les suites plus ou moins cruelles d'un moment doux, son cœur frissonne à l'approche de l'homme. Le cœur de l'homme ne frissonne point; ses sens commandent et il obéit. Les sens de la femme s'expliquent, et elle craint de les écouter. C'est l'affaire de l'homme que de la distraire de sa crainte, de l'enivrer et de la séduire. L'homme conserve toute son impulsion naturelle vers la femme; l'impulsion naturelle de la femme vers l'homme, dirait un géomètre, est en raison composée de la directe de la passion et de l'inverse de la crainte, raison qui se complique d'une multitude d'éléments divers dans nos sociétés, éléments qui concourent presque tous à accroître la pusillanimité d'un sexe et la durée de la poursuite de l'autre. C'est une espèce de tactique où les ressources de la défense et les moyens de l'attaque ont marché sur la même ligne. On a consacré la résistance de la femme; on a attaché l'ignominie à la violence de l'homme, violence qui ne serait qu'une injure légère dans Taïti et qui devient un crime dans nos idées.

A. Mais comment est-il arrivé qu'un acte dont le but est si solennel, et auquel la nature nous invite par l'attrait le plus puissant, que le plus grand, le plus doux, le plus innocent des plaisirs soit devenu la source la plus féconde de notre dépravation et de nos maux?

B. Orou l'a fait entendre dix fois à l'aumônier. Écoutez-le donc encore et tâchez de le retenir:

C'est par la tyrannie de l'homme qui a converti la possession de la femme en une propriété.

Par les mœurs et les usages qui ont surchargé de conditions l'union conjugale.

Par les lois civiles qui ont assujetti le mariage à une infinité de formalités.

Par la nature de notre société où la diversité des fortunes et des rangs a institué des convenances et des disconvenances.

Par une contradiction bizarre et commune à toutes les sociétés subsistantes, où la naissance d'un enfant, toujours regardée comme un accroissement de richesse pour la nation, est plus souvent et plus sûrement encore un accroissement d'indigence dans la famille.

Par les vues politiques des souverains qui ont tout rapporté à leur intérêt et à leur sécurité.

Par les institutions religieuses qui ont attaché les noms de vices et de vertus à des actions qui n'étaient susceptibles d'aucune moralité.

Combien nous sommes loin de la nature et du bonheur! L'empire de la nature ne peut être détruit: on aura beau la contrarier par des obstacles, il durera. Écrivez tant qu'il vous plaira sur des tables d'airain, pour me servir de l'expression du sage Marc-Aurèle, que le frottement voluptueux de deux intestins est un crime, le cœur de l'homme sera froissé entre la menace de votre inscription et la violence de ses penchants. Mais ce cœur indocile ne cessera de réclamer, et cent fois dans le cours de la vie vos caractères effrayants disparaîtront à nos yeux. Gravez sur le marbre: Tu ne mangeras ni de l'ixion,[1] ni du griffon; tu ne connaîtras que ta femme, tu ne seras point le mari de ta sœur... mais vous n'oublierez pas d'accroître les châtiments à proportion de la bizarrerie de vos défenses; vous deviendrez féroces, et vous ne réussirez point à me dénaturer.

A. Que le code des nations serait court, si on le conformait rigoureusement à celui de la nature! combien de vices et d'erreurs épargnés à l'homme!

B. Voulez-vous savoir l'histoire abrégée de presque toute notre misère? La voici. Il existait un homme naturel: on a introduit au dedans de cet homme un homme artificiel; et il s'est élevé dans la caverne une guerre continuelle qui dure toute la vie. Tantôt l'homme naturel est le plus fort, tantôt il est terrassé par l'homme moral et artificiel; et dans l'un et l'autre cas le triste monstre est tiraillé, tenaillé, tourmenté, étendu sur la roue, sans cesse gémissant, sans cesse malheureux, soit qu'un faux enthousiasme de gloire le transporte et l'enivre, ou qu'une fausse ignominie le courbe et l'abatte. Cependant il est des circonstances extrêmes qui ramènent l'homme à sa première simplicité.

A. La misère et la maladie, deux grands exorcistes.

B. Vous les avez nommés. En effet, que deviennent alors toutes ces vertus conventionnelles? Dans la misère l'homme est sans remords, dans la maladie la femme est sans pudeur.

A. Je l'ai remarqué.

---

[1] Cf. the Vulgate, Deuteronomy xiv. 13, where among the birds the eating of which is forbidden are '*ixion*, et vulturem ac milvum juxta genus suum'. The Authorized Version has: 'And the glede, and the kite, and the vulture after his kind.'

B. Mais un autre phénomène qui ne vous aura pas échappé davantage, c'est que le retour de l'homme artificiel et moral suit pas à pas les progrès de l'état de maladie à l'état de convalescence et de l'état de convalescence à l'état de santé. Le moment où l'infirmité cesse est celui où la guerre intestine recommence, et presque toujours avec désavantage pour l'intrus.

A. Il est vrai. J'ai moi-même éprouvé que l'homme naturel avait dans la convalescence une vigueur funeste pour l'homme artificiel et moral. Mais enfin, dites-moi, faut-il civiliser l'homme ou l'abandonner à son instinct?

B. Faut-il vous répondre net?

A. Sans doute.

B. Si vous vous proposez d'en être le tyran, civilisez-le. Empoisonnez-le de votre mieux d'une morale contraire à la nature; faites-lui des entraves de toute espèce; embarrassez ses mouvements de mille obstacles; attachez-lui des fantômes qui l'effraient; éternisez la guerre dans la caverne, et que l'homme naturel y soit toujours enchaîné sous les pieds de l'homme moral. Le voulez-vous heureux et libre? ne vous mêlez pas de ses affaires: assez d'incidents imprévus le conduiront à la lumière et à la dépravation; et demeurez à jamais convaincu que ce n'est pas pour vous, mais pour eux, que ces sages législateurs vous ont pétri et maniéré comme vous l'êtes. J'en appelle à toutes les institutions politiques, civiles et religieuses: examinez-les profondément, et je me trompe fort, ou vous y verrez l'espèce humaine pliée de siècle en siècle au joug qu'une poignée de fripons se promettait de lui imposer. Méfiez-vous de celui qui vient mettre de l'ordre. Ordonner, c'est toujours se rendre le maître des autres en les gênant: et les Calabrais sont presque les seuls à qui la flatterie des législateurs n'en ait point encore imposé.

A. Et cette anarchie de la Calabre vous plaît?

B. J'en appelle à l'expérience, et je gage que leur barbarie est moins vicieuse que notre urbanité. Combien de petites scélératesses compensent ici l'atrocité de quelques grands crimes dont on fait tant de bruit! Je considère les hommes non civilisés comme une multitude de ressorts épars et isolés. Sans doute, s'il arrivait à quelques-uns de ces ressorts de se choquer, l'un ou l'autre, ou tous les deux, se briseraient. Pour obvier à cet inconvénient, un individu d'une sagesse profonde et d'un génie sublime rassembla ces ressorts et en composa une machine, et dans cette machine appelée société, tous les ressorts furent rendus agissants, ré-agissant les uns contre les autres, sans cesse fatigués; et il s'en rompit plus dans un jour, sous l'état de législation, qu'il ne s'en rompait en un an sous l'anarchie de Nature. Mais quel fracas, quel ravage, quelle énorme destruction de petits ressorts, lorsque deux, trois, quatre de ces énormes machines vinrent à se heurter avec violence!

A. Ainsi vous préféreriez l'état de nature brute et sauvage?

B. Ma foi, je n'oserais prononcer; mais je sais qu'on a vu plusieurs fois l'homme des villes se dépouiller et rentrer dans la forêt, et qu'on n'a jamais vu l'homme de la forêt se vêtir et s'établir dans la ville.

A. Il m'est venu souvent dans la pensée que la somme des biens et des maux était variable pour chaque individu, mais que le bonheur ou le malheur d'une espèce animale quelconque avait sa limite qu'elle ne pouvait franchir, et que peut-être nos efforts nous rendaient en dernier résultat autant d'inconvénient que d'avantage; en sorte que nous nous étions bien tourmentés pour accroître les deux membres d'une équation, entre lesquels il subsistait une éternelle et nécessaire égalité. Cependant je ne doute pas que la vie moyenne de l'homme civilisé ne soit plus longue que la vie moyenne de l'homme sauvage.

B. Et si la durée d'une machine n'est pas une juste mesure de son plus ou moins de fatigue, qu'en concluez-vous?

A. Je vois qu'à tout prendre, vous inclineriez à croire les hommes d'autant plus méchants et plus malheureux qu'ils sont plus civilisés?

B. Je ne parcourrai pas toutes les contrées de l'univers, mais je vous avertis seulement que vous ne trouverez la condition de l'homme heureuse que dans Taïti, et supportable que dans un recoin de l'Europe. Là, des maîtres ombrageux et jaloux de leur sécurité se sont occupés à le tenir dans ce que vous appelez l'abrutissement.

A. A Venise, peut-être?

B. Pourquoi non? Vous ne nierez pas, du moins, qu'il n'y ait nulle part moins de lumières acquises, moins de moralité artificielle, et moins de vices et de vertus chimériques.

A. Je ne m'attendais pas à l'éloge de ce gouvernement.

B. Aussi ne le fais-je pas. Je vous indique une espèce de dédommagement de la servitude, que tous les voyageurs ont senti et préconisé.

A. Pauvre dédommagement.

B. Peut-être. Les Grecs proscrivirent celui qui avait ajouté une corde à la lyre de Mercure.

A. Et cette défense est une satire sanglante de leurs premiers législateurs. C'est la première corde qu'il fallait couper.

B. Vous m'avez compris. Partout où il y a une lyre, il y a des cordes. Tant que les appétits naturels seront sophistiqués, comptez sur des femmes méchantes.

A. Comme la Reymer.

B. Sur des hommes atroces.

A. Comme Gardeil.

B. Et sur des infortunés à propos de rien.

A. Comme Tanié, mademoiselle de La Chaux, le chevalier Desroches et madame de La Carlière.[1] Il est certain qu'on chercherait inutilement dans Taïti des exemples de la dépravation des deux premiers et du malheur des trois derniers. Que ferons-nous donc? Reviendrons-nous à la nature? Nous soumettrons-nous aux lois?

B. Nous parlerons contre les lois insensées jusqu'à ce qu'on les réforme, et, en attendant, nous nous y soumettrons. Celui

---

[1] Tanié, Mme Reymer, Gardeil and Mlle de La Chaux are characters in *Ceci n'est pas un conte*, while the story of Le chevalier Desroches and Mme de La Carlière is to be found in *Sur l'inconséquence du Jugement public de nos actions particulières*. Both these works of Diderot were composed immediately before the *Supplément*.

qui de son autorité privée enfreint une loi mauvaise, autorise tout autre à enfreindre les bonnes. Il y a moins d'inconvénient à être fou avec des fous qu'à être sage tout seul. Disons-nous à nous-mêmes, crions incessamment qu'on a attaché la honte, le châtiment et l'ignominie à des actions innocentes en elles-mêmes; mais ne les commettons pas, parce que la honte, le châtiment et l'ignominie sont les plus grands de tous les maux. Imitons le bon aumônier, moine en France, sauvage dans Taïti.

A. Prendre le froc du pays où l'on va, et garder celui du pays où l'on est.

B. Et surtout être honnête et sincère jusqu'au scrupule avec des êtres fragiles qui ne peuvent faire notre bonheur sans renoncer aux avantages les plus précieux de nos sociétés. Et ce brouillard épais, qu'est-il devenu?

A. Il est retombé.

B. Et nous serons encore libres cet après-dîner de sortir ou de rester?

A. Cela dépendra, je crois, un peu plus des femmes que de nous.

B. Toujours les femmes! on ne saurait faire un pas sans les rencontrer à travers son chemin.

A. Si nous leur lisions l'entretien de l'aumônier et d'Orou?

B. A votre avis, qu'en diraient-elles?

A. Je n'en sais rien.

B. Et qu'en penseraient-elles?

A. Peut-être le contraire de ce qu'elles en diraient.

ENTRETIEN D'UN PHILOSOPHE
AVEC LA MARÉCHALE DE ✳✳✳

This work was written by Diderot in 1774 at The Hague where he spent several months on his return journey from Russia. On 13 September he wrote to Catherine the Great: 'J'ai ébauché un petit dialogue entre la maréchale de ✳✳✳ et moi. Ce sont quelques pages moitié sérieuses et moitié gaies.' It probably first appeared in the curious form of a supplement to the *Pensées Philosophiques en françois et en italien* published in 1777 with the imprint *Londres*. Here it bears the title: *Entretien d'un Philosophe avec Mde. la Duchesse de ✳✳✳. Ouvrage Posthume de Thomas Crudeli*, and the Italian and French texts are printed on opposite pages. Although the 1787 edition of Métra's *Correspondance secrète* reproduces the text of the *Entretien avec la maréchale de ✳✳✳* under the date of 23 July 1776, there is no proof that it was in fact offered to the subscribers at that date. The Leningrad MS. is probably a copy of the 1777 version; it replaces 'Crudeli' by 'Diderot' and restores the word 'maréchale' in the title, but leaves 'duc' and 'duchesse' in the text.

The text reproduced here is that of the 1777 edition, except that, the need for all disguise having vanished, 'Crudeli', 'Duchesse' and 'Duc' have been replaced by 'Diderot', 'Maréchale' and 'Maréchal'. The names of the speakers which are given neither in the 1777 version nor by Métra, have been added to the dialogue.

J'avais je ne sais quelle affaire à traiter avec le maréchal de ✳✳✳. J'allai à son hôtel un matin; il était absent. Je me fis annoncer à madame la maréchale. C'est une femme charmante; elle est belle et dévote comme un ange; elle a la douceur peinte sur son visage; et puis un son de voix et une naïveté de discours tout à fait avenants à sa physionomie. Elle était à sa toilette. On m'approche un fauteuil; je m'assieds, et nous causons. Sur quelques propos de ma part, qui l'édifièrent et qui la surprirent (car elle était dans l'opinion que celui qui nie la très sainte Trinité est un homme de sac et de corde qui finira par être pendu), elle me dit:

N'êtes-vous pas monsieur Diderot?

Diderot. Oui, madame.

La Maréchale. C'est donc vous qui ne croyez rien?

Diderot. Moi-même.

La Maréchale. Cependant votre morale est d'un croyant.

Diderot. Pourquoi non, quand il est honnête homme?

La Maréchale. Et cette morale-là, vous la pratiquez?

Diderot. De mon mieux.

La Maréchale. Quoi! vous ne volez point, vous ne tuez point, vous ne pillez point?

Diderot. Très rarement.

La Maréchale. Que gagnez-vous donc à ne pas croire?

Diderot. Rien du tout, madame la maréchale. Est-ce qu'on croit parce qu'il y a quelque chose à gagner?

La Maréchale. Je ne sais; mais la raison d'intérêt ne gâte rien aux affaires de ce monde ni de l'autre. J'en suis un peu fâchée pour notre pauvre espèce humaine: nous n'en valons pas mieux. Mais quoi! vous ne volez point?

Diderot. Non, d'honneur.

La Maréchale. Si vous n'êtes ni voleur ni assassin, convenez du moins que vous n'êtes pas conséquent.

Diderot. Pourquoi donc?

La Maréchale. C'est qu'il me semble que si je n'avais rien à espérer ni à craindre quand je n'y serai plus, il y a bien de petites douceurs dont je ne me priverais pas à présent que j'y suis. J'avoue que je prête à Dieu à la petite semaine.[1]

Diderot. Vous l'imaginez.

La Maréchale. Ce n'est point une imagination, c'est un fait.

Diderot. Et pourrait-on vous demander quelles sont ces choses que vous vous permettriez, si vous étiez incrédule?

---

[1] 'I lend to God at a high rate of interest.'

La Maréchale. Non pas, s'il vous plaît; c'est un article de ma confession.

Diderot. Pour moi, je mets à fonds perdu.[1]

La Maréchale. C'est la ressource des gueux.

Diderot. M'aimeriez-vous mieux usurier?

La Maréchale. Mais oui: on peut faire l'usure avec Dieu tant qu'on veut: on ne le ruine pas. Je sais bien que cela n'est pas délicat, mais qu'importe? Comme le point est d'attraper le ciel ou d'adresse ou de force, il faut tout porter en ligne de compte, ne négliger aucun profit. Hélas! nous aurons beau faire, notre mise sera toujours bien mesquine en comparaison de la rentrée que nous attendons. Et vous n'attendez rien, vous?

Diderot. Rien.

La Maréchale. Cela est triste. Convenez donc que vous êtes bien méchant ou bien fou!

Diderot. En vérité, je ne saurais, madame la maréchale.

La Maréchale. Quel motif peut avoir un incrédule d'être bon, s'il n'est pas fou? Je voudrais bien le savoir.

Diderot. Et je vais vous le dire.

La Maréchale. Vous m'obligerez.

Diderot. Ne pensez-vous pas qu'on peut être si heureusement né qu'on trouve un grand plaisir à faire le bien?

La Maréchale. Je le pense.

Diderot. Qu'on peut avoir reçu une excellente éducation qui fortifie le penchant naturel à la bienfaisance?

La Maréchale. Assurément.

Diderot. Et que, dans un âge plus avancé, l'expérience nous ait convaincus qu'à tout prendre il vaut mieux, pour son bonheur dans ce monde, être un honnête homme qu'un coquin?

La Maréchale. Oui-da; mais comment est-on honnête homme, lorsque de mauvais principes se joignent aux passions pour entraîner au mal?

Diderot. On est inconséquent: et y a-t-il rien de plus commun que d'être inconséquent?

[1] 'I have put my capital into a life annuity.'

La Maréchale. Hélas! malheureusement non; on croit, et tous les jours on se conduit comme si on ne croyait pas.

Diderot. Et sans croire, on se conduit à peu près comme si l'on croyait.

La Maréchale. A la bonne heure; mais quel inconvénient y aurait-il à avoir une raison de plus, la religion, pour faire le bien, et une raison de moins, l'incrédulité, pour mal faire?

Diderot. Aucun, si la religion était un motif de faire le bien, et l'incrédulité un motif de faire le mal.

La Maréchale. Est-ce qu'il y a quelque doute là-dessus? Est-ce que l'esprit de la religion n'est pas de contrarier cette vilaine nature corrompue; et celui de l'incrédulité, de l'abandonner à sa malice en l'affranchissant de la crainte?

Diderot. Ceci, madame la maréchale, va nous jeter dans une longue discussion.

La Maréchale. Qu'est-ce que cela fait? Le maréchal ne rentrera pas sitôt; et il vaut mieux que nous parlions raison que de médire de notre prochain.

Diderot. Il faudra que je reprenne les choses d'un peu haut.

La Maréchale. De si haut que vous voudrez, pourvu que je vous entende.

Diderot. Si vous ne m'entendiez pas, ce serait bien ma faute.

La Maréchale. Cela est poli; mais il faut que vous sachiez que je n'ai jamais lu que mes heures, et que je ne me suis guère occupée qu'à pratiquer l'Évangile et à faire des enfants.

Diderot. Ce sont deux devoirs dont vous vous êtes bien acquittée?

La Maréchale. Oui, pour les enfants, vous en avez trouvé six autour de moi, et dans quelques jours vous en pourriez voir un de plus sur mes genoux: mais commencez.

Diderot. Madame la maréchale, y a-t-il quelque bien dans ce monde-ci qui soit sans inconvénient?

La Maréchale. Aucun.

Diderot. Et quelque mal qui soit sans avantage?

La Maréchale. Aucun.

Diderot. Qu'appelez-vous donc mal ou bien?

La Maréchale. Le mal, ce sera ce qui a plus d'inconvénients que d'avantages; et le bien, au contraire, ce qui a plus d'avantages que d'inconvénients.

Diderot. Madame la maréchale aura-t-elle la bonté de se souvenir de sa définition du bien et du mal?

La Maréchale. Je m'en souviendrai. Vous appelez cela une définition?

Diderot. Oui.

La Maréchale. C'est donc de la philosophie?

Diderot. Excellente.

La Maréchale. Et j'ai fait de la philosophie!

Diderot. Ainsi vous êtes persuadée que la religion a plus d'avantages que d'inconvénients; et c'est pour cela que vous l'appelez un bien?

La Maréchale. Oui.

Diderot. Pour moi, je ne doute point que votre intendant ne vous vole un peu moins la veille de Pâques que le lendemain des fêtes, et que de temps en temps la religion n'empêche nombre de petits maux et ne produise nombre de petits biens.

La Maréchale. Petit à petit cela fait somme.

Diderot. Mais croyez-vous que les terribles ravages qu'elle a causés dans les temps passés, et qu'elle causera dans les temps à venir, soient suffisamment compensés par ces guenilleux avantages-là? Songez qu'elle a créé et qu'elle perpétue la plus violente antipathie entre les nations. Il n'y a pas un musulman qui n'imaginât faire une action agréable à Dieu et au saint Prophète en exterminant tous les chrétiens, qui de leur côté ne sont guère plus tolérants. Songez qu'elle a créé et qu'elle perpétue dans une même contrée des divisions qui se sont rarement éteintes sans effusion de sang. Notre histoire ne nous en offre que de trop récents et de trop funestes exemples. Songez qu'elle a créé et qu'elle perpétue dans la société entre les citoyens, et dans la famille entre les proches, les haines les plus fortes et les plus constantes. Le Christ a dit qu'il était venu pour séparer l'époux de la femme, la mère de ses enfants, le frère de la sœur, l'ami de l'ami; et sa prédiction ne s'est que trop fidèlement accompli.

La Maréchale. Voilà bien les abus; mais ce n'est pas la chose.

Diderot. C'est la chose, si les abus en sont inséparables.

La Maréchale. Et comment me montrerez-vous que les abus de la religion sont inséparables de la religion?

Diderot. Très aisément. Dites-moi: si un misanthrope s'était proposé de faire le malheur du genre humain, qu'aurait-il pu inventer de mieux que la croyance en un être incompréhensible sur lequel les hommes n'auraient jamais pu s'entendre, et auquel ils auraient attaché plus d'importance qu'à leur vie? Or, est-il possible de séparer de la notion d'une divinité l'incompréhensibilité la plus profonde et l'importance la plus grande?

La Maréchale. Non.

Diderot. Concluez donc.

La Maréchale. Je conclus que c'est une idée qui n'est pas sans conséquence dans la tête des fous.

Diderot. Et ajoutez que les fous ont toujours été et seront toujours le plus grand nombre; et que les plus dangereux sont ceux que la religion fait, et dont les perturbateurs de la société savent tirer bon parti dans l'occasion.

La Maréchale. Mais il faut quelque chose qui effraye les hommes sur les mauvaises actions qui échappent à la sévérité des lois; et si vous détruisez la religion, que lui substituerez-vous?

Diderot. Quand je n'aurais rien à mettre à la place, ce serait toujours un terrible préjugé de moins; sans compter que dans aucun siècle et chez aucune nation les opinions religieuses n'ont servi de base aux mœurs nationales. Les dieux qu'adoraient ces vieux Grecs et ces vieux Romains, les plus honnêtes gens de la terre, étaient la canaille la plus dissolue: un Jupiter à brûler tout vif; une Vénus à enfermer à l'Hôpital; un Mercure à mettre à Bicêtre.[1]

---

[1] The name of L'Hôpital will be familiar to readers of *Manon Lescaut*. Bicêtre was, among other things, a prison for erring youths.

La Maréchale. Et vous pensez qu'il est tout à fait indifférent que nous soyons chrétiens ou païens; que païens, nous n'en vaudrions pas moins; et que chrétiens, nous n'en valons pas mieux?

Diderot. Ma foi, j'en suis convaincu, à cela près que nous serions un peu plus gais.

La Maréchale. Cela ne se peut.

Diderot. Mais, madame la maréchale, est-ce qu'il y a des chrétiens? Je n'en ai jamais vu.

La Maréchale. Et c'est à moi que vous dites cela, à moi?

Diderot. Non, madame, ce n'est pas à vous; c'est à une de mes voisines qui est honnête et pieuse comme vous l'êtes, et qui se croyait chrétienne de la meilleure foi du monde, comme vous le croyez.

La Maréchale. Et vous lui fîtes voir qu'elle avait tort?

Diderot. En un instant.

La Maréchale. Comment vous y prîtes-vous?

Diderot. J'ouvris un Nouveau Testament, dont elle s'était beaucoup servie, car il était fort usé. Je lui lus le sermon sur la montagne, et à chaque article je lui demandai: 'Faites-vous cela? et cela donc? et cela encore?' J'allai plus loin. Elle est belle, et quoiqu'elle soit très dévote, elle ne l'ignore pas. Elle a la peau très blanche, et quoiqu'elle n'attache pas un grand prix à ce frêle avantage, elle n'est pas fâchée qu'on en fasse l'éloge. Elle a la gorge aussi bien qu'il soit possible de l'avoir et, quoiqu'elle soit très modeste, elle trouve bon qu'on s'en aperçoive.

La Maréchale. Pourvu qu'il n'y ait qu'elle et son mari qui le sachent.

Diderot. Je crois que son mari le sait mieux qu'un autre; mais pour une femme qui se pique de grand christianisme, cela ne suffit pas. Je lui dis: 'N'est-il pas écrit dans l'Évangile, que celui qui a convoité la femme de son prochain, a commis l'adultère dans son cœur?'

La Maréchale. Elle vous répondit que oui?

Diderot. Je lui dis: 'Et l'adultère commis dans le cœur ne damne-t-il pas aussi sûrement qu'un adultère mieux conditionné?'

La Maréchale. Elle vous répondit encore que oui?

Diderot. Je lui dis: 'Et si l'homme est damné pour l'adultère qu'il a commis dans le cœur, quel sera le sort de la femme qui invite tous ceux qui l'approchent à commettre ce crime?' Cette dernière question l'embarrassa.

La Maréchale. Je comprends; c'est qu'elle ne voilait pas fort exactement cette gorge qu'elle avait aussi bien qu'il est possible de l'avoir.

Diderot. Il est vrai. Elle me répondit que c'était une chose d'usage; comme si rien n'était plus d'usage que de s'appeler chrétien et de ne l'être pas; qu'il ne fallait pas se vêtir ridiculement, comme s'il y avait quelque comparaison à faire entre un misérable petit ridicule, sa damnation éternelle et celle de son prochain; qu'elle se laissait habiller par sa couturière, comme s'il ne valait pas mieux changer de couturière que renoncer à sa religion; que c'était la fantaisie de son mari, comme si un époux était assez insensé d'exiger de sa femme l'oubli de la décence et de ses devoirs, et qu'une véritable chrétienne dût pousser l'obéissance pour un époux extravagant jusqu'au sacrifice de la volonté de son Dieu et au mépris des menaces de son rédempteur!

La Maréchale. Je savais d'avance toutes ces puérilités-là; je vous les aurais peut-être dites comme votre voisine; mais elle et moi, nous aurions été toutes deux de mauvaise foi. Mais quel parti prit-elle d'après votre remontrance?

Diderot. Le lendemain de cette conversation (c'était un jour de fête) je remontais chez moi, et ma dévote et belle voisine descendait de chez elle pour aller à la messe.

La Maréchale. Vêtue comme de coutume?

Diderot. Vêtue comme de coutume. Je souris, elle sourit, et nous passâmes l'un à côté de l'autre sans nous parler. Madame la maréchale, une honnête femme! une chrétienne! une dévote! Après cet exemple et cent mille autres de la même espèce, quelle influence réelle puis-je accorder à la religion sur les mœurs? Presque aucune, et tant mieux.

La Maréchale. Comment tant mieux?

Diderot. Oui, madame: s'il prenait en fantaisie à vingt mille habitants de Paris de conformer strictement leur conduite au sermon sur la montagne...

La Maréchale. Eh bien! il y aurait quelques belles gorges plus couvertes.

Diderot. Et tant de fous que le lieutenant de police ne saurait qu'en faire; car nos petites-maisons n'y suffiraient pas. Il y a dans les livres inspirés deux morales: l'une générale et commune à toutes les nations, à tous les cultes, et qu'on suit à peu près; une autre propre à chaque nation et à chaque culte, à laquelle on croit, qu'on prêche dans les temples, qu'on préconise dans les maisons et qu'on ne suit point du tout.

La Maréchale. Et d'où vient cette bizarrerie?

Diderot. De ce qu'il est impossible d'assujettir un peuple à une règle qui ne convient qu'à quelques hommes mélancoliques qui l'ont calquée sur leur caractère. Il en est des religions comme des institutions monastiques qui toutes se relâchent avec le temps. Ce sont des folies qui ne peuvent tenir contre l'impulsion constante de la nature, qui nous ramène sous sa loi. Et faites que le bien des particuliers soit si étroitement lié avec le bien général, qu'un citoyen ne puisse presque pas nuire à la société sans se nuire à lui-même; assurez à la vertu sa récompense, comme vous avez assuré à la méchanceté son châtiment; que sans aucune distinction de culte, dans quelque condition que le mérite se trouve, il conduise aux grandes places de l'État; et ne comptez plus sur d'autres méchants que sur un petit nombre d'hommes qu'une nature perverse, que rien ne peut corriger, entraîne au vice. Madame la maréchale, la tentation est trop proche et l'enfer est trop loin: n'attendez rien qui vaille la peine qu'un sage législateur s'en occupe, d'un système d'opinions bizarres qui n'en impose qu'aux enfants; qui encourage au crime par la commodité des expiations; qui envoie le coupable demander pardon à Dieu de l'injure faite à l'homme, et qui avilit l'ordre des devoirs naturels et moraux en le subordonnant à un ordre de devoirs chimériques.

La Maréchale. Je ne vous comprends pas.

Diderot. Je m'explique: mais il me semble que voilà le carrosse de M. le maréchal, qui rentre fort à propos pour m'empêcher de dire une sottise.

La Maréchale. Dites, dites votre sottise, je ne l'entendrai pas; je me suis accoutumée à n'entendre que ce qu'il me plaît.

Diderot. Je m'approchai de son oreille, et je lui dis tout bas: Madame la maréchale, demandez au vicaire de votre paroisse: de ces deux crimes, pisser dans un vase sacré, ou noircir la réputation d'une femme honnête, quel est le plus atroce? Il frémira d'horreur au premier, criera au sacrilège; et la loi civile, qui prend à peine connaissance de la calomnie, tandis qu'elle punit le sacrilège par le feu, achèvera de brouiller les idées et de corrompre les esprits.

La Maréchale. Je connais plus d'une femme qui se ferait un scrupule de manger gras le vendredi, et qui... J'allais dire aussi ma sottise. Continuez.

Diderot. Mais, madame, il faut absolument que je parle à M. le maréchal.

La Maréchale. Encore un moment, et puis nous l'irons voir ensemble. Je ne sais trop que vous répondre, et cependant vous ne me persuadez pas.

Diderot. Je ne me suis pas proposé de vous persuader. Il en est de la religion comme du mariage. Le mariage, qui fait le malheur de tant d'autres, a fait votre bonheur et celui de M. le maréchal; vous avez très bien fait de vous marier tous deux. La religion, qui a fait, qui fait et qui fera tant de méchants, vous a rendue meilleure encore; vous faites bien de la garder. Il vous est doux d'imaginer à côté de vous, au-dessus de votre tête, un Être grand et puissant qui vous voit marcher sur la terre, et cette idée affermit vos pas. Continuez, madame, à jouir de ce garant auguste de vos pensées, de ce spectateur, de ce modèle sublime de vos actions.

La Maréchale. Vous n'avez pas, à ce que je vois, la manie du prosélytisme.

Diderot. Aucunement.

La Maréchale. Je vous en estime davantage.

Diderot. Je permets à chacun de penser à sa manière, pourvu qu'on me laisse penser à la mienne; et puis ceux qui sont faits pour se délivrer de ces préjugés n'ont guère besoin qu'on les catéchise.

La Maréchale. Croyez-vous que l'homme puisse se passer de la superstition?

Diderot. Non, tant qu'il restera ignorant et peureux.

La Maréchale. Eh bien! superstition pour superstition, autant la nôtre qu'une autre.

Diderot. Je ne le pense pas.

La Maréchale. Parlez-moi vrai, ne vous répugne-t-il point de n'être plus rien après votre mort?

Diderot. J'aimerais mieux exister, bien que je ne sache pas pourquoi un Être qui a pu me rendre malheureux sans raison, ne s'en amuserait pas deux fois.

La Maréchale. Si, malgré cet inconvénient, l'espoir d'une vie à venir vous paraît consolant et doux, pourquoi nous l'arracher?

Diderot. Je n'ai pas cet espoir, parce que le désir ne m'en a point donné[1] la vanité; mais je ne l'ôte à personne. Si l'on peut croire qu'on verra quand on n'aura plus d'yeux; qu'on entendra quand on n'aura plus d'oreilles; qu'on pensera quand on n'aura plus de tête; qu'on aimera quand on n'aura plus de cœur; qu'on sentira quand on n'aura plus de sens; qu'on existera quand on ne sera nulle part; qu'on sera quelque chose sans étendue et sans lieu; j'y consens.

La Maréchale. Mais ce monde-ci, qui est-ce qui l'a fait?

Diderot. Je vous le demande.

La Maréchale. C'est Dieu.

Diderot. Et qu'est que Dieu?

La Maréchale. Un esprit.

Diderot. Si un esprit fait de la matière, pourquoi de la matière ne ferait-elle pas un esprit?

La Maréchale. Et pourquoi le ferait-elle?

[1] The Leningrad MS. and Métra have *dérobé*.

Diderot. C'est que je lui en vois faire tous les jours. Croyez-vous que les bêtes aient des âmes?

La Maréchale. Certainement je le crois.

Diderot. Et pourriez-vous me dire ce que devient, par exemple, l'âme du serpent du Pérou pendant qu'il se dessèche, suspendu dans une cheminée et exposé à la fumée un ou deux ans de suite?

La Maréchale. Qu'elle devienne ce qu'elle voudra, qu'est-ce que cela me fait?

Diderot. C'est que madame la maréchale ne sait pas que ce serpent enfumé, desséché, ressuscite et renaît.

La Maréchale. Je n'en crois rien.

Diderot. C'est pourtant un habile homme, c'est Bouguer[1] qui l'assure.

La Maréchale. Votre habile homme en a menti.

Diderot. S'il avait dit vrai?

La Maréchale. J'en serais quitte pour croire que les animaux sont des machines.

Diderot. Et l'homme qui n'est qu'un animal un peu plus parfait qu'un autre... Mais M. le maréchal...

La Maréchale. Encore une question, et c'est la dernière. Êtes-vous bien tranquille dans votre incrédulité?

Diderot. On ne saurait davantage.

La Maréchale. Pourtant, si vous vous trompiez?

Diderot. Quand je me tromperais?

La Maréchale. Tout ce que vous croyez faux serait vrai, et vous seriez damné. Monsieur Diderot, c'est une terrible chose que d'être damné; brûler toute une éternité, c'est bien long.

Diderot. La Fontaine croyait que nous y serions comme le poisson dans l'eau.

La Maréchale. Oui, oui, mais votre La Fontaine devint bien sérieux au dernier moment, et c'est où je vous attends.

---

[1] Pierre Bouguer (1698–1758), mathematician and physicist, who took part with La Condamine in a scientific expedition to Peru which is described in *La Figure de la Terre* (1749). In this work (p. xcvii) he gives an account, at second-hand, of a snake left to dry for ten or twelve years and then recalled to life.

Diderot. Je ne réponds de rien, quand ma tête n'y sera plus; mais si je finis par une de ces maladies qui laissent à l'homme agonisant toute sa raison, je ne serai pas plus troublé au moment où vous m'attendez qu'au moment où vous me voyez.

La Maréchale. Cette intrépidité me confond.

Diderot. J'en trouve bien davantage au moribond qui croit en un juge sévère qui pèse jusqu'à nos plus secrètes pensées, et dans la balance duquel l'homme le plus juste se perdrait par sa vanité, s'il ne tremblait de se trouver trop léger; si ce moribond avait alors à son choix, ou d'être anéanti, ou de se présenter à ce tribunal, son intrépidité me confondrait bien autrement s'il balançait à prendre le premier parti, à moins qu'il ne fût plus insensé que le compagnon de saint Bruno,[1] ou plus ivre de son mérite que Bohola.

La Maréchale. J'ai lu l'histoire de l'associé de saint Bruno, mais je n'ai jamais entendu parler de votre Bohola.

Diderot. C'est un jésuite du collège de Pinsk, en Lithuanie, qui laissa en mourant une cassette pleine d'argent, avec un billet écrit et signé de sa main.

La Maréchale. Et ce billet?

Diderot. Était conçu en ces termes: 'Je prie mon cher confrère, dépositaire de cette cassette, de l'ouvrir lorsque j'aurai fait des miracles. L'argent qu'elle contient servira aux frais du procès de ma béatification. J'y ai ajouté quelques mémoires authentiques pour la confirmation de mes vertus, et qui pourront servir utilement à ceux qui entreprendront d'écrire ma vie.'

La Maréchale. Cela est à mourir de rire.

Diderot. Pour moi, madame la maréchale; mais pour vous? Votre Dieu n'entend pas raillerie.

---

[1] The reference is presumably to the legend (rejected by the Catholic Church in the seventeenth century) concerning Raymond Diocrès, a pious canon of Paris, of whom St Bruno was a pupil. At the funeral service held for him, when the words 'Responde mihi; quantas habeo iniquitates' were reached, the body raised its head and exclaimed: 'Justo Dei judicio judicatus sum.' The same thing happened on the following day, but on the third day, when the same point in the service was reached, the corpse exclaimed: 'Justo Dei judicio condemnatus sum', and was thereupon refused Christian burial.

La Maréchale. Vous avez raison.

Diderot. Madame la maréchale, il est bien facile de pécher grièvement contre votre loi.

La Maréchale. J'en conviens.

Diderot. La justice qui décidera de votre sort est bien rigoureuse.

La Maréchale. Il est vrai.

Diderot. Et si vous en croyez les oracles de votre religion sur le nombre des élus, il est bien petit.

La Maréchale. Oh! c'est que je ne suis pas janséniste; je ne vois la médaille que par son revers consolant. Le sang de Jésus-Christ couvre un grand espace à mes yeux, et il me semblerait très singulier que le diable, qui n'a pas livré son fils à la mort, eût pourtant la meilleure part.

Diderot. Damnez-vous Socrate, Phocion, Aristide, Caton, Trajan, Marc-Aurèle?

La Maréchale. Fi donc! il n'y a que des bêtes féroces qui puissent le penser. Saint Paul dit que chacun sera jugé par la loi qu'il a connue, et saint Paul a raison.

Diderot. Et par quelle loi l'incrédule sera-t-il jugé?

La Maréchale. Votre cas est un peu différent. Vous êtes un de ces habitants maudits de Corozaïn et de Betzaïda [1] qui fermèrent leurs yeux à la lumière qui les éclairait, et qui étoupèrent leurs oreilles pour ne pas entendre la voix de la vérité qui leur parlait.

Diderot. Madame la maréchale, ces Corozaïnois et ces Betzaïdains furent des hommes comme il n'y en eut jamais que là, s'ils furent maîtres de croire ou de ne pas croire.

La Maréchale. Ils virent des prodiges qui auraient mis l'enchère aux sacs et à la cendre, s'ils avaient été faits à Tyr et à Sidon.

Diderot. C'est que les habitants de Tyr et de Sidon étaient des gens d'esprit, et que ceux de Corozaïn et de Betzaïda n'étaient que des sots. Mais est-ce que celui qui fit les sots les punira pour

---

[1] Cf. Matthew xi. 21: 'Woe unto thee, Chorazin! woe unto thee, Bethsaida! for if the mighty works, which were done in you, had been done in Tyre and Sidon, they would have repented long ago in sackcloth and ashes.'

avoir été sots? Je vous ai fait tout à l'heure une histoire, et il me prend envie de vous faire un conte. Un jeune Mexicain... Mais M. le maréchal?

La Maréchale. Je vais envoyer savoir s'il est visible. Eh bien, votre jeune Mexicain?

Diderot. Las de son travail, se promenait un jour au bord de la mer. Il voit une planche qui trempait d'un bout dans les eaux et qui de l'autre posait sur le rivage. Il s'assied sur cette planche, et là, prolongeant ses regards sur la vaste étendue qui se déployait devant lui, il se disait: Rien n'est plus vrai que ma grand'mère radote avec son histoire de je ne sais quels habitants qui, dans je ne sais quel temps, abordèrent ici de je ne sais où, d'une contrée au delà de nos mers. Il n'y a pas le sens commun: ne vois-je pas la mer confiner avec le ciel? Et puis-je croire, contre le témoignage de mes sens, une vieille fable dont on ignore la date, que chacun arrange à sa manière, et qui n'est qu'un tissu de circonstances absurdes sur lesquelles ils se mangent le cœur et s'arrachent le blanc des yeux? Tandis qu'il raisonnait ainsi, les eaux agitées le berçaient sur sa planche et il s'endormit. Pendant qu'il dort, le vent s'accroît, le flot soulève la planche sur laquelle il est étendu, et voilà notre jeune raisonneur embarqué.

La Maréchale. Hélas! c'est bien là notre image. Nous sommes chacun sur notre planche; le vent souffle, et le flot nous emporte.

Diderot. Il était déjà loin du continent lorsqu'il s'éveilla. Qui fut bien surpris de se trouver en pleine mer? Ce fut notre Mexicain. Qui le fut bien davantage? Ce fut encore lui, lorsqu'ayant perdu de vue le rivage sur lequel il se promenait il n'y a qu'un instant, la mer lui parut confiner avec le ciel de tous côtés. Alors il soupçonna qu'il pourrait bien s'être trompé, et que, si le vent restait au même point, peut-être serait-il porté sur la rive et parmi ces habitants, dont sa grand'mère l'avait si souvent entretenu.

La Maréchale. Et de son souci, vous ne m'en dites mot.

Diderot. Il n'en eut point. Il se dit: Qu'est-ce que cela me fait, pourvu que j'aborde? J'ai raisonné comme un étourdi, soit; mais j'ai été sincère avec moi-même, et c'est tout ce qu'on peut exiger de moi. Si ce n'est pas une vertu que d'avoir de l'esprit, ce n'est pas un crime que d'en manquer. Cependant le vent continuait, l'homme et la planche voguaient, et la rive inconnue commençait à paraître: il y touche et l'y voilà.

La Maréchale. Nous nous y reverrons un jour, monsieur Diderot.

Diderot. Je le souhaite, madame la maréchale; en quelque endroit que ce soit, je serai toujours très flatté de vous faire ma cour. A peine eut-il quitté sa planche et mis le pied sur le sable, qu'il aperçut un vieillard vénérable, debout à ses côtés. Il lui demanda où il était et à qui il avait l'honneur de parler: 'Je suis le Souverain de la contrée,' lui répondit le Vieillard. 'Vous avez nié mon existence. — Il est vrai. — Et celle de mon empire. — Il est vrai. — Je vous le pardonne, parce que je suis celui qui voit le fond des cœurs, et que j'ai lu au fond du vôtre que vous étiez de bonne foi; mais le reste de vos pensées et de vos actions n'est pas également innocent.' Alors le Vieillard, qui le tenait par l'oreille, lui rappelait toutes les erreurs de sa vie; et à chaque article le jeune Mexicain s'inclinait, se frappait la poitrine et demandait pardon... Là, madame la maréchale, mettez-vous pour un moment à la place du Vieillard et dites-moi ce que vous auriez fait. Auriez-vous pris ce jeune insensé par les cheveux, et vous seriez-vous complu à le traîner à toute éternité sur le rivage?

La Maréchale. En vérité, non.

Diderot. Si un de ces six jolis enfants que vous avez, après s'être échappé de la maison paternelle et avoir fait force sottises, y revenait bien repentant?

La Maréchale. Moi, je courrais à sa rencontre, je le serrerais entre mes bras et je l'arroserais de mes larmes; mais M. le maréchal son père ne prendait pas la chose si doucement.

Diderot. M. le maréchal n'est pas un tigre.

La Maréchale. Il s'en faut bien.

Diderot. Il se ferait peut-être un peu tirailler, mais il pardonnerait.

La Maréchale. Certainement.

Diderot. Surtout s'il venait à considérer qu'avant de donner la naissance à cet enfant, il en savait toute la vie, et que le châtiment de ses fautes serait sans aucune utilité ni pour lui-même, ni pour le coupable, ni pour ses frères.

La Maréchale. Le Vieillard et M. le maréchal sont deux.

Diderot. Vous voulez dire que M. le maréchal est meilleur que le Vieillard?

La Maréchale. Dieu m'en garde! Je veux dire que, si ma justice n'est pas celle de M. le maréchal, la justice de M. le maréchal pourrait bien n'être pas celle du Vieillard.

Diderot. Ah! madame! vous ne sentez pas les suites de cette réponse. Ou la définition générale convient également à vous, à M. le maréchal, à moi, au jeune Mexicain et au Vieillard; ou je ne sais plus ce que c'est, et j'ignore comment on plaît ou l'on déplaît à ce dernier.

Nous en étions là lorsqu'on nous avertit que M. le maréchal nous attendait. Je donnai la main à Mme la maréchale qui me disait: C'est à faire tourner la tête, n'est-ce pas?

Diderot. Pourquoi donc, quand on l'a bonne?

La Maréchale. Après tout, le plus court est de se conduire comme si le Vieillard existait.

Diderot. Même quand on n'y croit pas.

La Maréchale. Et quand on y croit, de ne pas trop compter sur sa bonté.

Diderot. Si ce n'est pas le plus poli, c'est du moins le plus sûr.

La Maréchale. A propos, si vous aviez à rendre compte de vos principes à nos magistrats, les avoueriez-vous?

Diderot. Je ferais de mon mieux pour leur épargner une action atroce.

La Maréchale. Ah! le lâche! Et si vous étiez sur le point de mourir, vous soumettriez-vous aux cérémonies de l'Église?

Diderot. Je n'y manquerais pas.

La Maréchale. Fi! le vilain hypocrite.